Klaus Weltner (Hrsg.)

Mathematik für Physiker

Lehrbuch Band 1

D1102014

Mathematik
für Physiker

Lehrbuch Band 1

Vektorrechnung – Skalarprodukt, Vektorprodukt – Einfache Funktionen, Trigonometrische Funktionen – Potenzen, Logarithmus, Umkehrfunktion – Differentialrechnung – Integralrechnung – Taylorreihe und Potenzreihen – Komplexe Zahlen – Differentialgleichungen – Wahrscheinlichkeitsrechnung – Wahrscheinlichkeitsverteilungen – Fehlerrechnung

dazu gehören

Leitprogramm 1

Leitprogramm 2

Lehrbuch Band 2

Funktionen mehrerer Variablen, skalare Felder und Vektorfelder – Partielle Ableitung, totales Differential und Gradient – Mehrfachintegrale, Koordinatensysteme – Parameterdarstellung, Linienintegral – Oberflächenintegrale, Divergenz und Rotation – Koordinatentransformationen und Matrizen – Lineare Gleichungssysteme und Determinanten – Eigenwerte und Eigenvektoren – Fourierreihen – Fourier-Integrale – Laplace-Transformationen – Die Wellengleichungen

dazu gehört

Leitprogramm 3

Vieweg

Klaus Weltner (Hrsg.)

Mathematik für Physiker

Basiswissen für das
Grundstudium der Experimentalphysik

Lehrbuch Band 1

verfaßt von
Klaus Weltner, Hartmut Wiesner,
Paul-Bernd Heinrich, Peter Engelhardt,
Helmut Schmidt

11., durchgesehene Auflage

Die Deutsche Bibliothek – CIP-Einheitsaufnahme

Mathematik für Physiker: Basiswissen für das Grundstudium
der Experimentalphysik / Klaus Weltner (Hrsg.). Verf. von
Klaus Weltner ... – Braunschweig; Wiesbaden: Vieweg
NE: Weltner, Klaus [Hrsg.]
Lehrbuch.
    Bd. 1. – 11., durchges. Aufl. – 1999
    ISBN 3-528-93052-7

Dr. *Klaus Weltner* ist Professor für Didaktik der Physik, Universität Frankfurt,
Institut für Didaktik der Physik.

Dr. *Hartmut Wiesner* ist Professor für Didaktik der Physik am Institut für Didaktik der Physik,
Universität München.

Dr. *Paul-Bernd Heinrich* ist Professor für Mathematik an der Fachhochschule Mönchengladbach.

Dipl.-Phys. *Peter Engelhardt* war wissenschaftlicher Mitarbeiter am Institut für Didaktik
der Physik, Universität Frankfurt.

Dr. *Helmut Schmidt* ist Professor für Didaktik der Physik an der Universität Köln.

1. Auflage 1975
2., durchgesehene Auflage 1977
3., durchgesehene Auflage 1978
4., durchgesehene und erweiterte Auflage 1981
5., durchgesehene Auflage 1983

6., durchgesehene Auflage 1984
7., verbesserte und erweiterte Auflage 1986
8., verbesserte Auflage 1988
9., durchgesehene und verbesserte Auflage 1989
10., vollständig neu bearbeitete Auflage 1994
11., durchgesehene Auflage 1999

Der Verlag Vieweg ist ein Unternehmen der Bertelsmann Fachinformation GmbH.

Umschlaggestaltung: Klaus Birk, Wiesbaden
Druck und buchbinderische Verarbeitung: Lengericher Handelsdruckerei, Lengerich
Gedruckt auf säurefreiem Papier
Printed in Germany

ISBN 3-528-93052-7
Bestell-Nr. für das Lehrbuch und Leitprogramm: ISBN 3-528-03126-3

Vorwort zur 10. Auflage

Die Lehrbücher sind gründlich überarbeitet, erweitert und neu gegliedert worden. Die Kapitel „Vektoren" stehen jetzt am Anfang, weil sie sofort gebraucht werden. Aus dem gleichen Grund ist das Kapitel „Fehlerrechnung" in den ersten Band übernommen. Neu hinzugekommen sind im zweiten Band Einführungen in die Themen „Eigenwerte", „Laplace-Transformationen" und „Fourier-Transformationen".

In zunehmendem Maße können heute Computerprogramme wie „Mathematica", „Derive", „Maple" u.a. benutzt werden, um Gleichungen zu lösen, Umformungen vorzunehmen, Funktionen graphisch darzustellen, zu integrieren und vielfältige Rechnungen auszuführen. Damit wird Mathematik als Hilfsmittel zugänglicher und handhabbarer. Voraussetzung allerdings bleibt, daß man den Sinn der mathematischen Prozeduren verstanden hat, um sie sachgerecht zu nutzen. Computer können viel helfen. Eins können sie nicht, das Studium der Mathematik ersetzen.

Lehrbuch und Leitprogramme haben nicht nur Studienanfängern der Physik, sondern auch Studienanfängern der Ingenieurwissenschaften und der anderen Naturwissenschaften geholfen, die Schwierigkeiten der ersten Semester zu meistern. Dennoch ist der Titel nicht geändert worden in „Mathematik für Physiker, Ingenieure und Naturwissenschaftler". Die für dieses Werk charakteristische Verbindung von Lehrbuch und Leitprogramm ist mit dem Titel „Mathematik für Physiker" verknüpft und bekannt geworden, und daher wird er beibehalten.

Lehrbücher und Leitprogramme sind neu gesetzt. Das spart Platz, Papier und kommt dem Preis zugute. Verbunden ist damit allerdings die Gefahr neuer Druckfehler. Hinweise und Anregungen für Verbesserungen sind also nach wie vor erwünscht. Für die tatkräftige und umsichtige Hilfe am Textsatzprogramm danke ich Frau A. Sauer und Herrn M. Gresser sehr herzlich.

Klaus Weltner
Frankfurt am Main, 1994

Aus dem Vorwort zur 1. Auflage

Lehrbuch und Leitprogramme „Mathematik für Physiker" sind in erster Linie für Studienanfänger des ersten und zweiten Semesters geschrieben. Es werden diejenigen Mathematikkenntnisse vermittelt, die für das Grundstudium der Experimentalphysik benötigt werden. Das Lehrbuch kann unabhängig von den Leitprogrammen benutzt werden. Die Leitprogramme sind neuartige Studienhilfen und haben nur Sinn im Zusammenhang mit dem Lehrbuch. Lehrbuch und Leitprogramme eignen sich vor allem zur Unterstützung des Selbststudiums, zur Vorbereitung des Studiums und als Grundlage für einführend mathematische Ergänzungsveranstaltungen neben der Experimentalphysik-Vorlesung.

Lehrbuch und Leitprogramme wurden im regulären Studiengang in drei Studienjahren verwendet und aufgrund der Erfahrung und Rückmeldungen der Studenten gründlich revidiert. Besonders bei der Entwicklung der Leitprogramme waren die Anregungen der Studenten hilfreich.

Natürlich sind weitere Verbesserungen möglich; niemandem ist dies klarer als den Autoren. Konkrete Vorschläge der Leser sind erwünscht und werden bei künftigen Auflagen nach Möglichkeit berücksichtigt.

Entwicklung, Abstimmung, Erprobung und mehrfache Revision sind das Ergebnis einer Teamarbeit. Das Mathematiklehrbuch ist vorwiegend von Physikern geschrieben. Für wertvolle Hinweise und Formulierungen danke ich Herrn Dr. Mrowka. Bei der Bearbeitung der in die Leitprogramme integrierten Anleitungen zu Lern- und Studiertechniken unterstützte mich Herr Dipl.Psych. G. Kanig. Allen hier genannten und vielen nichtgenannten Mitarbeitern danke ich herzlich.

Klaus Weltner
Frankfurt am Main, 1975

Aus dem Vorwort zur 8. Auflage

In den Neuauflagen seit 1975 ist das Lehrbuch in vielen Details verbessert worden. Die im Vorwort zur ersten Auflage erbetenen Hinweise sind von Lesern und Kollegen eingegangen. Sie sind weitgehend berücksichtigt.

Neu geschrieben ist das Kapitel „Gleichungssysteme". Hier stehen jetzt die praktischen Eliminationsverfahren im Vordergrund. Auch das Kapitel „Matrizen" ist erheblich erweitert.

Was die Autoren bei der Entwicklung der Leitprogramme erhofften, hat sich bestätigt. Die Leitprogramme ermöglichen das selbständige Erarbeiten des Lehrbuchs und helfen dem Studenten, ein selbstverantwortetes und selbstgeregeltes Studienverhalten aufzubauen.

In einer überarbeiteten und erweiterten Form sind Lehrbuch und Leitprogramme inzwischen ins Englische übersetzt.

Klaus Weltner
Frankfurt am Main, 1986

Einleitung

Auswahlgesichtspunkte für den mathematischen Inhalt

Es sollen die mathematischen Kenntnisse vermittelt werden, die im ersten Studienjahr für die einführenden Vorlesungen in der Physik und in den Ingenieurwissenschaften benötigt werden. Die mathematischen Vorkenntnisse der Studienanfänger streuen. Nicht immer schließt der Studienbeginn an die Schule an, oft liegen Jahre dazwischen. Es kommt hinzu, daß sich der Schwerpunkt des Mathematikunterrichtes in den letzten Jahrzehnten neuen Bereichen zugewandt hat wie Mengenlehre, Axiomatik, Informatik.

Aus diesem Grunde werden in einigen Kapiteln Themen ausführlich behandelt, die eigentlich zum Lehrstoff der Schule gehören wie Vektoralgebra, Funktionen, Differentialrechnung, Integralrechnung u.a. Hier soll das Lehrbuch bewußt eine Brückenfunktion zwischen Schule und Universität erfüllen. Hauptziel ist, eine möglichst rasche Adaption der vorhandenen Mathematikkenntnisse an die neuen Bedürfnisse zu erreichen und fehlende Kenntnisse zu vermitteln. Daher können je nach Vorkenntnissen bestimmte Kapitel und Abschnitte studiert und überschlagen werden.

Die Anordnung der Kapitel folgt zwei Gesichtspunkten. Einerseits sollen in den ersten Wochen des beginnenden Studiums Grundkenntnisse dann zur Verfügung stehen, wenn sie in Fachvorlesungen benötigt werden. Andererseits ist die Mathematik nach ihren eigenen Zusammenhängen logisch aufgebaut. Die vorliegende Anordnung ist ein Kompromiß zwischen beiden Gesichtspunkten. Die Mathematik ist weitgehend so angeordnet, wie sie im fortschreitenden Studium benötigt wird, ohne daß die mathematische Kohärenz verloren geht.

Der Mathematiker wird in der Beweisführung und Begriffsbildung gelegentlich die ihm – aber meist nur ihm – hilfreiche und liebgewordene Strenge vermissen. Für manchen Studenten wird demgegenüber das Bedürfnis nach mathematischer Strenge bereits überschritten sein.

Brückenkurse: Für den Studienanfänger der Physik, der Naturwissenschaften und der Ingenieurwissenschaften ist es empfehlenswert, vor Aufnahme des Studiums diejenigen Kapitel zu wiederholen, die sich weitgehend mit der Schulmathematik decken oder an sie anschließen. Dazu gehören vor allem Vektoren, Funktionen, Potenzen und Logarithmen, Differentialrechnung, Integralrechnung.

Aufgabe und Zielsetzung der Leitprogramme zum Lehrbuch

Leitprogramme sind ausführliche Studieranleitungen und Studienhilfen. Sie enthalten Arbeitsanweisungen für das Studium einzelner Abschnitte des Lehrbuchs, Fragen, Kontrollaufgaben und Probleme, mit denen der Student nach kurzen Studienabschnitten seinen Lernfortschritt überprüfen kann, sowie Zusatzerläuterungen und Hilfen, die auf individuelle Lernschwierigkeiten eingehen.

Im Vordergrund des durch Leitprogramme unterstützten Studiums steht die selbständige Erarbeitung geschlossener Abschnitte des Lehrbuchs. Diese Abschnitte sind zunächst klein, werden aber im Verlauf größer. Grundlage des Studiums sind damit immer inhaltlich geschlossene und zusammenhängende Einheiten. Diese selbständigen Studienphasen werden dann durch Arbeitsphasen am Leitprogramm unterbrochen, in denen der Lernerfolg überprüft und das Gelernte gefestigt und angewandt wird. Bei individuellen Lernschwierigkeiten werden Zusatzerläuterungen angeboten.

Die Fähigkeit, sachgerecht mit Lehrbüchern, Handbüchern und später mit beliebigen Arbeitsunterlagen umzugehen, ist nicht nur die Grundlage für erfolgreiches Studium sondern auch für erfolgreiche Berufsausübung. Diese Fähigkeit soll gefördert werden. Wir sind darüber hinaus der Ansicht, daß es für den Bereich des Studienanfangs und des Übergangs von der Schule zur Universität für den Studenten Hilfen geben muß, die ihn anhand fachlicher Studien – also über größere Zeiträume hinweg – in akademische Lern- und Studiertechniken einführen. Dies ist der Grund dafür, daß in den Leitprogrammen Lern- und Studiertechniken erläutert und häufig mit lernpsychologischen Befunden begründet werden. Beispiele für derartige Techniken:

– Arbeitseinteilung und Studienplanung, förderliche Arbeitszeiten;
– Hinweise zur Verbindung von Gruppenarbeit mit Einzelarbeit;
– Intensives Lesen; Exzerpieren, Mitrechnen;
– Selektives Lesen;
– Wiederholungstechniken, Prüfungsvorbereitung.

Lehrbuch und Leitprogramme können in mehrfacher Weise verwendet werden: Zur selbständigen Vorbereitung des Studiums, bei der Behebung unzureichender Vorkenntnisse, neben der Vorlesung, als Grundlage für das Studium in Gruppen und für Tutorien. Es liegt auf der Hand, daß ein selbständiges Erarbeiten einzelner Kapitel oder die Bearbeitung von Teilabschnitten bei Bedarf möglich ist. Leitprogramme sind für die Kapitel und Abschnitte entwickelt, die zum Grundlagenwissen gerechnet werden. Weiterführende Abschnitte und Kapitel des Lehrbuches können beim ersten Durchgang übersprungen und später bei Bedarf erarbeitet werden.[1]

Leitprogramme fördern die Fähigkeit und Bereitschaft zum Selbststudium und fördern damit die Selbständigkeit des Studenten im Sinne einer größeren Unabhängigkeit und Selbstverantwortung.[2]

---

[1]Diese Abschnitte sind im Inhaltsverzeichnis gekennzeichnet.

[2]Die Grundgedanken der Leitprogramme, die lernpsychologischen Konzepte und die Durchführung und Ergebnisse der empirischen Untersuchungen sind dargestellt in:
WELTNER, K. „Autonomes Lernen", Klett-Cotta, Stuttgart, 1978.

Inhaltsverzeichnis

*Die mit einem Stern (*) gekennzeichneten Abschnitte werden beim ersten Durchgang anhand der Leitprogramme übersprungen.

1 Vektorrechnung

1.1 Skalare und Vektoren

In der Physik wird die Mathematik zur zweckmäßigen Beschreibung von Natur-vorgängen benutzt. Dabei verwendet der Physiker weitgehend Größen, die durch Angabe eines Zahlenwertes und einer Maßeinheit bestimmt sind. Das reicht oft nicht aus. Über die Luftbewegung liege eine Angabe aus der Wettervorhersage vor:

„Über der Nordsee herrscht Windstärke 4 aus West."

Die Angabe über die Luftbewegung besteht aus zwei Anteilen, der Windstärke und der Angabe der Richtung.

Ohne diese Richtungsangabe ist die Luftbewegung nicht vollständig beschrieben. Wetterkarten ent-halten diese Richtungsangaben in Form von Rich-tungspfeilen. Für einen Segler ist es unmittelbar evident, daß er diese Richtung kennen muß. Die Überlegung gilt allgemein für jede Geschwindig-keitsangabe, die erst dann vollständig und eindeu-tig ist, wenn neben dem *Betrag* die *Richtung* ange-geben wird. Derartige Größen, von denen wir hier als Beispiel die Geschwindigkeit betrachtet haben, heißen *vektorielle Größen* oder *Vektoren*.

Betrachten wir als ein mathematisches Beispiel für Vektoren die Ortsverschiebung eines Punktes von P_1 nach P_2. Diese Ortsverschiebung – auch Punktverschiebung genannt – hat einen Betrag und eine eindeutig definierte Richtung. Wir können diese Punktverschiebung als Pfeil darstellen. Die Länge des Pfeils gibt den Betrag der Verschiebung an, die Richtung ist durch die Lage im Koordinatensystem – oder allgemeiner – im Raum angegeben. Die Punktverschiebung ist ebenfalls ein Vektor.

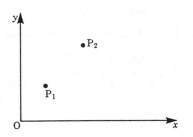 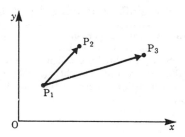

Die Zweckmäßigkeit dieser Betrachtung ergibt sich, wenn wir die Parallelverschiebung[1]einer Figur im Raum oder in der
Ebene betrachten. In der Abbildung sei ein
Rechteck aus der Lage A in die Lage B verschoben.

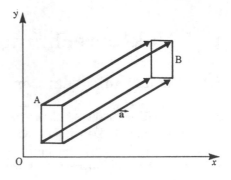

Jeder Punkt des Rechtecks ist dabei um
den gleichen Betrag und in die gleiche Richtung verschoben. Wir verabreden,
Verschiebungen in gleicher Richtung und
um den gleichen Betrag als gleich zu betrachten.

Mit der Angabe eines einzigen Verschiebungsvektors $\vec{a}$ ist daher die gesamte Verschiebung eindeutig bestimmt.

Hier wird deutlich, daß es sinnvoll und vorteilhaft ist, Vektoren, die die Verschiebung
der einzelnen Punkte angeben, als gleich zu betrachten. Für die betrachtete Klasse
von Vektoren gilt:

*Zwei Vektoren werden als gleich betrachtet, wenn sie in ihrer Länge und in ihrer
Richtung übereinstimmen.*

Vektoren können parallel zu sich verschoben werden, wie in der linken Abbildung.
Da Richtung und Größe erhalten bleiben, sind alle Vektoren äquivalent und gleich
im Sinne unserer Verabredung.

Das gilt ebenso, wenn ein Vektor in seiner Richtung verschoben wird.

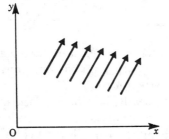
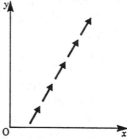

Für Vektoren lassen sich bestimmte Verknüpfungsregeln zweckmäßig bilden. Dies
sei hier zur Einführung am Beispiel der *Addition* von Vektoren skizziert.

---

[1]Parallelverschiebungen sind Verschiebungen, bei denen die Richtung aller Geraden der ver-
schobenen Figur erhalten bleibt.

[2]Mit dieser Verabredung teilen wir alle Verschiebungen in Klassen ein. Jede Klasse enthält
Verschiebungen in gleicher Richtung und um den gleichen Betrag. Eine Klasse von Verschiebungen
ist dann vollständig beschrieben durch die Angabe *eines einzigen Repräsentanten* aus dieser Klasse.

Wir betrachten die Verschiebung eines Punktes P_1 nach P_2 und eine zweite darauf folgende Verschiebung von P_2 nach P_3. Die beiden aufeinander folgenden Verschiebungen sind in der Abbildung durch je einen Vektor dargestellt. Das Ergebnis der beiden Verschiebungen ist der neue Vektor $\overrightarrow{P_1P_3}$. Wir können die Aufeinanderfolge zweier Verschiebungen als Summe zweier Verschiebungsvektoren interpretieren, deren Ergebnis der dritte Vektor ist.

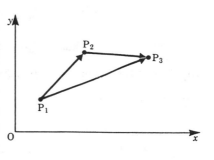

Wenn Vektoren zur Abbildung physikalischer vektorieller Größen benutzt werden, so muß bei dieser Abbildung eine Zuordnung zwischen der physikalischen Maßeinheit und der Längeneinheit getroffen werden.

Definition:	*Vektoren* sind Größen, die durch Betrag und Richtungsangabe bestimmt sind. Das geometrische Bild eines physikalischen Vektors ist ein Pfeil mit der Richtung des Vektors, dessen Länge den Betrag des Vektors repräsentiert.

Zur Unterscheidung von vektoriellen Größen heißen diejenigen physikalischen Größen, die durch Angabe eines Zahlenwertes und einer Maßeinheit beschrieben werden können, *skalare Größen* oder *Skalare*.[3] Derartige Größen können oft auf der Skala eines Meßinstrumentes abgelesen werden.

Definition:	*Skalare* sind Größen, die durch einen Betrag vollständig bestimmt sind. Der Betrag besteht aus Maßzahl und Maßeinheit.

Das Rechnen mit skalaren Größen ist das vertraute Rechnen mit positiven und negativen Zahlen einschließlich der Maßeinheiten. Das Rechnen mit Vektoren scheint zunächst schwieriger. Es wird jedoch durch die anschauliche geometrische Darstellung vektorieller Größen erleichtert. Mit Vektoren ist eine prägnante Darstellung und eine übersichtliche Schreibweise vieler physikalischer Zusammenhänge möglich.

Bezeichnungsweise: Für Vektoren sind unterschiedliche Bezeichnungen im Gebrauch:

a) zwei Großbuchstaben, über die ein Pfeil gesetzt wird, der den Richtungssinn angibt: $\overrightarrow{P_1P_2}$ (P_1 ist der Anfangspunkt, P_2 der Endpunkt des Vektors.)

b) kleine lateinische Buchstaben mit darübergesetztem Pfeil: $\vec{a}, \vec{b}, \vec{c}$

Wir werden im folgenden diese Bezeichnungen benutzen.

---

[3] Der Begriff skalare Größe leitet sich ab von dem lateinischen Wort scala = Leiter. Skalare sind Größen, die sich auf einer Zahlengeraden abbilden lassen.

In anderen Büchern findet man noch:

   c) deutsche Buchstaben: $\mathcal{A}, \mathcal{B}, \mathcal{C}$

   d) Fettdruck lateinischer Buchstaben: **a**, **A**

   e) unterstrichene Kleinbuchstaben: $\underline{a}, \underline{b}, \ldots$

Wollen wir von der Richtung eines Vektors absehen und nur den Betrag betrachten, benutzen wir das in der Mathematik übliche Zeichen für den Betrag:

$$|\vec{a}| = a$$

bedeutet Betrag des Vektors $\vec{a}$. Der Betrag $|\vec{a}|$ ist eine skalare Größe.

1.2 Addition von Vektoren

Die geometrischen Bilder von Vektoren kann man aufgrund einfacher Regeln verknüpfen. Für den Physiker ist es wichtig, daß die Ergebnisse dieser Operationen dem Verhalten der abgebildeten vektoriellen physikalischen Größen entsprechen.

1.2.1   Summe zweier Vektoren: Geometrische Addition

Ein Beispiel für die Summe zweier Vektoren war bereits die Zusammensetzung zweier Verschiebungen. Das Ergebnis zweier aufeinander folgender Verschiebungen kann durch einen neuen Verschiebungsvektor dargestellt werden. Dieses Verfahren läßt sich bereits auf den allgemeinen Fall übertragen:

Gesucht ist die Summe $\vec{c}$ der Vektoren $\vec{a}$ und $\vec{b}$: $\vec{c} = \vec{a} + \vec{b}$

Wenn man von einer beliebigen Lage der Vektoren ausgeht, ist durch eine Verschiebung zunächst zu erreichen, daß beide Vektoren einen gemeinsamen Anfangspunkt haben. Dann verschieben wir den Vektor $\vec{b}$ parallel zu sich, bis sein Anfangspunkt in den Endpunkt von $\vec{a}$ fällt.

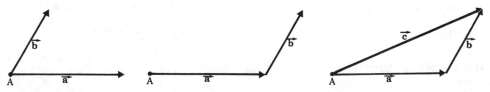

Als Summe von $\vec{a}$ und $\vec{b}$ definieren wir den Vektor $\vec{c}$, dessen Anfangspunkt mit dem Anfangspunkt von $\vec{a}$ und dessen Endpunkt mit dem Endpunkt von $\vec{b}$ zusammenfällt. Diese Addition heißt *geometrische Addition*.

Schreibweise: $\vec{a} + \vec{b} = \vec{c}$

Die Summe mehrerer Vektoren erhält man durch sukzessive geometrische Addition. In der Abbildung unten ist die Summe aus vier Vektoren gebildet.

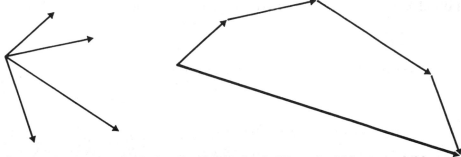

Bei der Vektoraddition wird also eine fortlaufende Kette der Vektoren gebildet. Die Reihenfolge, in der die Vektoren addiert werden, hat keinen Einfluß auf das Ergebnis (kommutatives Gesetz). Das Ergebnis der Vektoraddition ist wieder ein Vektor. Man nennt ihn: *Summenvektor* oder *resultierenden Vektor* oder *Resultante*.[4]

Für Vektoren gilt das *kommutative Gesetz*:

$$\vec{a} + \vec{b} = \vec{b} + \vec{a}$$

Für Vektoren gilt das *assoziative Gesetz:*

$$\vec{a} + (\vec{b} + \vec{c}) = (\vec{a} + \vec{b}) + \vec{c}$$

1.3   Subtraktion von Vektoren

1.3.1   Der Gegenvektor

Die Subtraktion von Vektoren läßt sich auf die Addition zurückführen. Zu diesem Zweck führen wir den Begriff des Gegenvektors ein.

---

[4] Die Vektoraddition ist auch als Newtonsches Kräfteparallelogramm bekannt. Kräfte darf man nämlich nur dann geometrisch addieren, wenn sie an einem Punkt angreifen. Die Konstruktion des Summenvektors aus den beiden Vektoren $\vec{a}$ und $\vec{b}$ geht wie folgt vor sich: $\vec{a}$ und $\vec{b}$ werden zu einem Parallelogramm ergänzt. Der Summenvektor $\vec{a} + \vec{b} = \vec{c}$ wird dann durch die orientierte Diagonale $\vec{AB}$ repräsentiert (Parallelogrammregel). Es ist unmittelbar evident, daß beide Verfahren gleichwertig sind.

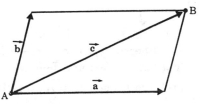

Definition: Als *Gegenvektor* eines Vektors $\vec{a}$ bezeichnen wir einen Vektor mit
                entgegengesetzter Richtung und gleichem Betrag.

                Schreibweise: $-\vec{a}$

Hat $\vec{a}$ den Anfangspunkt A und den Endpunkt B, so gilt:

$$\vec{a} = \overrightarrow{AB}; \qquad -\vec{a} = \overrightarrow{BA}$$

Die Summe von Vektor und Gegenvektor verschwindet.

$$\vec{a} + (-\vec{a}) = \vec{0}$$

$\vec{0}$ heißt in der Vektorrechnung *Nullvektor*.

1.3.2   Differenz zweier Vektoren: Geometrische Subtraktion

Zu lösen ist die Aufgabe

$$\vec{c} = \vec{a} - \vec{b}$$

Das Ergebnis nennen wir *Differenzvektor* $\vec{c}$. Der Differenzvektor kann als Summe
von $\vec{a}$ und dem Gegenvektor zu $\vec{b}$ aufgefaßt werden:

$$\vec{c} = \vec{a} + (-\vec{b})$$

Die geometrische Ausführung zeigt die Abbildung unten in drei Schritten:

> Bildung des Gegenvektors zu $\vec{b}$: $-\vec{b}$

> Addition: $\vec{a}+$ Gegenvektor zu $\vec{b}$: $\vec{a} - \vec{b}$

> Einzeichnen des Differenzvektors: $\vec{c} = \vec{a} + (-\vec{b})$

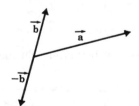
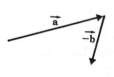
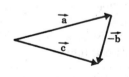

Der Differenzvektor $\vec{c} = \vec{a} - \vec{b}$ läßt sich auch auf andere Weise konstruieren: Wir
ergänzen die Vektoren $\vec{a}+\vec{b}$ zu einem Parallelogramm. Dann wird der Vektor $\vec{c} = \vec{a}-\vec{b}$
durch die Diagonale $\overrightarrow{BA}$ repräsentiert.

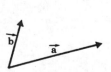
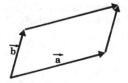
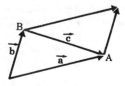

Man kann sich leicht davon überzeugen, daß beide Konstruktionen zum gleichen Vektor führen. Bei der letzteren Konstruktion wird deutlich, daß der Differenzvektor als gerichtete Verbindungslinie der Endpunkte der beiden voneinander zu subtrahierenden Vektoren aufgefaßt werden kann.

1.4   Das rechtwinklige Koordinatensystem

Koordinatensysteme werden benutzt, um die Lage von Punkten, Vektoren und später auch Kurven in einer Ebene oder im Raum eindeutig zu beschreiben. Wir beginnen mit dem ebenen Koordinatensystem, das aus zwei senkrecht aufeinanderstehenden Achsen besteht. Die senkrechte Koordinatenachse – die y-Achse – heißt *Ordinaten-Achse*. Die waagrechte Achse – die x-Achse – heißt *Abszissen-Achse*.

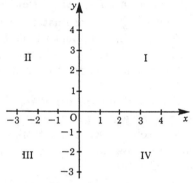

Die Koordinatenachsen tragen einen Maßstab. Die Wahl des Maßstabs ist eine Frage der Zweckmäßigkeit, sie hängt ab vom behandelten Problem und vom behandelten Wertebereich. Das Koordinatensystem teilt die Ebene in vier Bereiche auf. Sie heißen *Quadranten*. Die Quadranten numeriert man entgegen dem Uhrzeigersinn.

In einem ebenen Koordinatensystem läßt sich jeder Punkt P durch die Angabe von zwei Zahlenwerten eindeutig festlegen. Von P wird ein Lot auf die x-Achse gefällt. Das Lot trifft die Achse in P_x. Wir nennen P_x die *Projektion* von P auf die x-Achse.

Dem Punkt P_x entspricht eine Zahl auf der x-Achse. Diese Zahl heißt *x-Koordinate* oder *Abszisse*.

Ebenso wird die Projektion von P auf die y-Achse durchgeführt, die die *y-Koordinate* ergibt. Sie heißt *Ordinate*. Kennen wir für einen Punkt beide Koordinaten, so ist der Punkt eindeutig bestimmt.

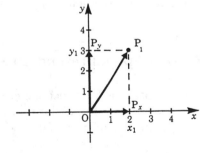

Für einen Punkt P_1 mit den Koordinaten x_1 und y_1 verwendet man i.a. die folgende Schreibweise:

$$P_1 = (x_1, y_1)$$

Die beiden Koordinaten eines Punktes stellen ein geordnetes Zahlenpaar dar. Die Reihenfolge ist festgelegt. Zuerst kommt die x-, dann die y-Koordinate, wie im Alphabet. Der Punkt P in der Abbildung auf der vorigen Seite heißt dann

$$P = (2, 3)$$

Das rechtwinklige Koordinatensystem ist von Descartes eingeführt und heißt nach ihm *kartesisches Koordinatensystem*.

Bestimmung der Lage eines Punktes bei gegebenen Koordinaten

Gegeben sind die Koordinaten eines Punktes $P_1 = (x_1, y_1)$. Gesucht ist die Lage des Punktes im Koordinatensystem. Man findet die Lage nach folgender Handlungsvorschrift:

Auf der x-Achse wird der Wert der Koordinate x_1 abgetragen.

An der Stelle x_1 wird eine Senkrechte errichtet und auf ihr der Wert der Koordinate y_1 abgetragen.

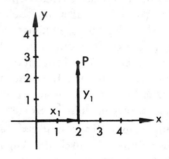

Damit ist der Punkt P erreicht. Man überzeugt sich leicht, daß man zum gleichen Ergebnis kommt, wenn man die Reihenfolge der Operationen umgekehrt, also auf der y-Achse an der Stelle y_1 die Senkrechte errichtet und, auf ihr x_1 abträgt.

1.5   Komponente und Projektion eines Vektors

Wir betrachten die Verschiebung eines Massenpunktes um den Vektor $\vec{a}$. Wir fragen nun, um wieviel der Punkt dabei in x-Richtung verschoben ist. Um die Verschiebung in x-Richtung zu ermitteln, fällen wir vom Anfangs- und vom Endpunkt des Vektors das Lot auf die x-Achse.

Die durch diese Projektion der beiden
Punkte auf der x-Achse abgeschnittene
Strecke ist die Projektion des Vektors $\vec{a}$ auf
die x-Achse.[5]

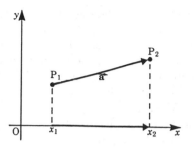

Diese Projektion heißt auch *Komponente*
von $\vec{a}$ in x-Richtung. Sie ist die Verschiebung
in x-Richtung. Den Betrag der Komponente
von $\vec{a}$ in x-Richtung erhalten wir als Differenz der x-Koordinaten von Endpunkt und
Anfangspunkt des Vektors $\vec{a}$.

Anfangs- und Endpunkt von $\vec{a}$ sei in Koordinatendarstellung gegeben:

$$P_1 = (x_1,\, y_1) \qquad P_2 = (x_2,\, y_2)$$

Der Betrag der Komponente von $\vec{a}$ in x-Richtung ergibt sich dann zu:

$$a_x = x_2 - x_1$$

Analog gewinnen wir die Verschiebung in
y-Richtung. Anfangs- und Endpunkt von $\vec{a}$
werden auf die y-Achse projiziert. Damit ist
die Projektion von $\vec{a}$ in y-Richtung festgelegt. Sie heißt auch y-Komponente von $\vec{a}$.
Der Betrag der y-Komponente ist gegeben
durch

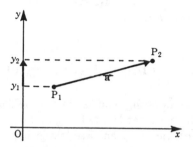

$$a_y = y_2 - y_1$$

Die Beträge der Komponenten des Vektors $\vec{a}$ in x- und y-Richtung sind dann a_x, a_y.

Verallgemeinerung des Begriffs der Projektion: Bisher haben wir die Projektion
eines Vektors auf die Koordinatenachse betrachtet. Den Projektionsbegriff können
wir verallgemeinern. Die Projektion eines Vektors $\vec{a}$ auf einen Vektor $\vec{b}$ erhalten wir
wie folgt:

---

[5]Neben rechtwinkligen Koordinaten gibt es schiefwinklige Koordinaten, bei denen die Koordinatenachsen statt eines rechten Winkels einen beliebigen Winkel einschließen. Projektionen in
einem schiefwinkligen Koordinatensystem werden durchgeführt, indem die Projektionslinien parallel zu den Koordinatenachsen geführt werden. Schiefwinklige Koordinatensysteme werden in der
Kristallographie benutzt. In diesem Buch machen wir weiter keinen Gebrauch von ihnen.

Wir fällen vom Anfangs- und Endpunkt von
$\vec{a}$ das Lot auf die Wirkungslinie[6]
des Vektors $\vec{b}$. Die beiden Lote teilen von
dieser Wirkungslinie eine gerichtete Strecke
ab, die wir Komponente von $\vec{a}$ in Richtung
$\vec{b}$ nennen. Bezeichnung der Komponente von
$\vec{a}$ in Richtung $\vec{b}$: $\vec{a}_b$.
Eine Erleichterung der Konstruktion erhält
man, wenn man zunächst einen der Vektoren so verschiebt, daß beide Vektoren einen gemeinsamen Anfang haben. Der Be-
trag der Projektion von $\vec{a}$ auf $\vec{b}$ läßt sich
aus dem rechtwinkligen Dreieck in der Abbildung rechts leicht berechnen:

$$|\vec{a}_b| = |\vec{a}| \cos\alpha$$

Entsprechend erhält man die Projektion des
Vektors $\vec{b}$ auf den Vektor $\vec{a}$.

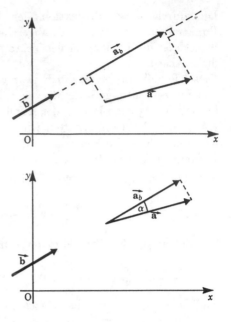

1.6   Komponentendarstellung im Koordinatensystem

Vorbemerkung: Die zeichnerische Addition und Subtraktion von Vektoren läßt sich
leicht bei einer Darstellung in der Fläche durchführen. Häufig sind jedoch räumliche
Probleme zu lösen. Sie lassen sich rechnerisch lösen, wenn die Komponenten der
Vektoren in Richtung der drei Koordinatenachsen bekannt sind. Dann können die
Komponenten in einer Koordinatenrichtung wie Skalare bezüglich der Addition und
Subtraktion behandelt werden.

1.6.1   Ortsvektoren

Ein Sonderfall der Vektoren sind *Ortsvektoren*. Die gerichtete Strecke vom Koordinatenursprungs zu einem beliebigen Punkt P in der Fläche oder im Raum nennt man
den zu P gehörenden *Ortsvektor*. Damit ist jedem Punkt eindeutig ein Ortsvektor
zugeordnet. Ortsvektoren gehen von einem Punkt aus und sind nicht verschiebbar.
Derartige Vektoren heißen auch *gebundene Vektoren*.

---

[6] Wirkungslinie nennen wir die durch einen gezeichneten Pfeil bestimmte Gerade, die Verlängerung des Vektors nach beiden Seiten. Verschiebt man den gezeichneten Vektorpfeil parallel, verschiebt sich auch die Wirkungslinie. Auf das Ergebnis der Konstruktion hat dies keinen Einfluß.

Die Differenz zweier Ortsvektoren $\vec{P}_2 - \vec{P}_1$ ist der Vektor, der vom Punkt $\vec{P}_1$ zum Punkt $\vec{P}_2$ führt. Es ist die gerichtete Verbindung der beiden Punkte.

Die Differenz zweier Ortsvektoren kann gebildet werden. Diese Differenz ist dann aber kein Ortsvektor mehr.

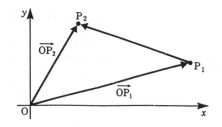

1.6.2   Einheitsvektoren

Vektoren haben Betrag und Richtung. Will man *nur* die Richtung angeben, so benutzt man dazu den *Einheitsvektor.*

Einheitsvektoren haben den Betrag 1. Man kann sie als Träger der Richtung auffassen. In der Abbildung rechts sind die zu den drei Vektoren $\vec{a}, \vec{b}$ und $\vec{c}$ gehörigen Einheitsvektoren gezeichnet. Damit gewinnt man die Möglichkeit, den Betrag eines Vektors getrennt zu betrachten.

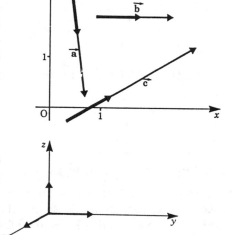

Von besonderer Bedeutung sind die Einheitsvektoren in Richtung der Koordinatenachsen. Im dreidimensionalen Koordinatensystem bezeichnet man sie häufig mit den gleichwertigen Symbolen $\vec{i}, \vec{j}, \vec{k}$; oder e_x, e_y, e_z oder $\vec{e}_1, \vec{e}_2, \vec{e}_3$.
Im folgenden werden wir die Einheitsvektoren in Richtung der Koordinatenachsen mit $\vec{e}_x, \vec{e}_y, \vec{e}_z$ bezeichnen.

Hat ein Punkt P die Koordinaten p_x, p_y, p_z, so erhalten wir für die drei *Komponenten* seines Ortsvektors:

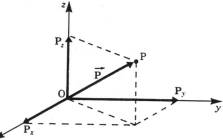

Komponente in Richtung der
x-Achse: $p_x \cdot \vec{e}_x$

Komponente in Richtung der
y-Achse: $p_y \cdot \vec{e}_y$

Komponente in Richtung der
z-Achse: $p_z \cdot \vec{e}_z$

Aus der Zeichnung ist unmittelbar ersichtlich, daß der Ortsvektor $\vec{p}$ sich dann als Summe schreiben läßt:

$$\vec{p} = p_x \cdot \vec{e}_x + p_y \cdot \vec{e}_y + p_z \cdot \vec{e}_z$$

1.6.3 Komponentendarstellung eines Vektors

Jeder Vektor läßt sich konstruieren,
wenn seine Komponenten in Richtung
der Koordinatenachsen bekannt sind.
Um einen Vektor festzulegen, genügen
also zwei Angaben:

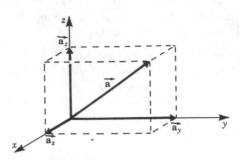

1. Das benutzte Koordinatensystem.

2. Die Komponenten des Vektors in
   Richtung der Koordinatenachsen.

Wenn das Koordinatensystem als bekannt vorausgesetzt werden kann, gibt man nur
die Koordinaten an. Seien a_x, a_y, a_z die Koordinaten des Vektors $\vec{a}$. Dann ist $\vec{a}$
gegeben durch:

$$\vec{a} = a_x \vec{e}_x + a_y \vec{e}_y + a_z \vec{e}_z$$

Gleichwertig und häufig gebraucht sind die abgekürzten Notierungen:

$$\vec{a} = (a_x, a_y, a_z) \qquad \text{oder} \qquad \vec{a} = \begin{pmatrix} a_x \\ a_y \\ a_z \end{pmatrix}$$

Der Vektor $\vec{a}$ ist damit eindeutig durch die drei Zahlen a_x, a_y und a_z bestimmt.[7]

Man gibt bei dieser Darstellung nur noch die Beträge der Komponenten in Richtung
der Koordinatenachsen an. Es ist eine abgekürzte Schreibweise, denn man muß diese
Koordinaten noch mit den Einheitsvektoren als Träger der Richtung multiplizieren,
um den Vektor zu konstruieren.

Definition:	Für die *Komponentendarstellung* des Vektors $\vec{a}$ gibt es zwei gleich-wertige Schreibweisen: $$\vec{a} = (a_x, a_y, a_z) = \begin{pmatrix} a_x \\ a_y \\ a_z \end{pmatrix}$$

---

[7]Die Koordinaten des Vektors sind Skalare. Die Komponenten sind Vektoren. Um diesen Unterschied zu betonen, nennt man die Komponenten auch Vektorkomponenten.

Beispiel: Der Vektor in der
Abbildung hat die
Komponentendarstellung

$$\vec{a} = (1,\, 3,\, 3)$$

oder

$$\vec{a} = \begin{pmatrix} 1 \\ 3 \\ 3 \end{pmatrix}$$

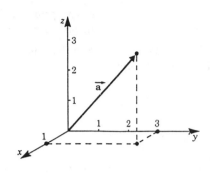

Zwei Vektoren sind genau dann gleich, wenn ihre Komponenten gleich sind. Daher ist die *Vektorgleichung*

$$\vec{a} = \vec{b}$$

zwischen den Vektoren $\vec{a}$ und $\vec{b}$ eine Zusammenfassung von drei Gleichungen:

$$a_x = b_x \qquad a_y = b_y \qquad a_z = b_z$$

1.6.4 Summe zweier Vektoren in Komponentenschreibweise

Hier wird gezeigt, daß das Ergebnis der geometrischen Addition zweier Vektoren auch rein rechnerisch dadurch erhalten werden kann, daß die Komponenten in jeder Richtung separat addiert werden.

Gegeben seien die beiden Vektoren $\vec{a}$ und $\vec{b}$. Wir betrachten zunächst das ebene Problem. Die ausführliche Darstellung der Vektoren $\vec{a} = (a_x,\, a_y)$ und $\vec{b} = (b_x,\, b_y)$ ist:

$$\vec{a} = a_x \cdot \vec{e}_x + a_y \cdot \vec{e}_y$$

$$\vec{b} = b_x \cdot \vec{e}_x + b_y \cdot \vec{e}_y$$

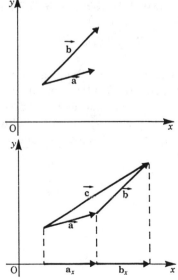

Wir addieren $\vec{a}$ und $\vec{b}$ geometrisch und erhalten den resultierenden Vektor $\vec{c}$

$$\vec{c} = \vec{a} + \vec{b}$$

Wir ermitteln die x-Komponente von $\vec{c}$

$$c_x \cdot \vec{e}_x = a_x \cdot \vec{e}_x + b_x \cdot \vec{e}_x$$

Wir klammern den Einheitsvektor aus und erhalten

$$c_x \cdot \vec{e}_x = (a_x + b_x) \cdot \vec{e}_x$$

Das bedeutet, daß die x-Komponente des resultierenden Vektors gleich der algebraischen Summe der x-Komponenten der Ausgangsvektoren ist.

In gleicher Weise ermitteln wir die
y-Komponente von $\vec{c}$

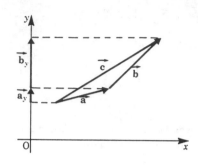

$$c_y \cdot \vec{e}_y = a_y \cdot \vec{e}_y + b_y \cdot \vec{e}_y$$

$$c_y \cdot \vec{e}_y = (a_y + b_y) \cdot \vec{e}_y$$

Damit haben wir die Komponenten des Summenvektors gewonnen. Wir können den Summenvektor vollständig hinschreiben und erhalten

$$\vec{c} = (a_x + b_x) \cdot \vec{e}_x + (a_y + b_y) \cdot \vec{e}_y$$

Der Summenvektor $\vec{a} + \vec{b}$ hat also die beiden Koordinaten

$$(a_x + b_x); \qquad (a_y + b_y)$$

In Komponentenschreibweise:

$$\vec{a} + \vec{b} = (a_x + b_x, \quad a_y + b_y)$$

Man bildet die Summe zweier Vektoren, indem man die Koordinaten der Komponenten in jeder Achsenrichtung einzeln algebraisch addiert.

Das Verfahren läßt sich auf drei und beliebig viele Dimensionen übertragen. Bei räumlichen Vektoren $\vec{a}$ und $\vec{b}$ mit $\vec{a} = (a_x, a_y, a_z)$ und $\vec{b} = (b_x, b_y, b_z)$ gilt:

$$\vec{a} + \vec{b} = (a_x + b_x, \quad a_y + b_y, \quad a_z + b_z)$$

Allgemein gilt: Die Summe zweier oder mehrerer Vektoren kann gefunden werden, indem die Vektorkomponenten in jeder Koordinatenrichtung einzeln aufsummiert werden. Dies ist für die praktische Lösung von Problemen von Vorteil, denn kennen wir die Komponentendarstellung der Vektoren, so ist ihre Addition und – wie sich zeigen wird – auch ihre Subtraktion rechnerisch bequem zu lösen.

1.6.5 Differenz von Vektoren in Komponentenschreibweise

Die Differenz $\vec{a} - \vec{b}$ zweier Vektoren $\vec{a}$ und $\vec{b}$ wird mit Hilfe des Gegenvektors auf die Addition zurückgeführt. Die Komponenten der zu subtrahierenden Vektoren werden negativ gezählt. Zweidimensionaler Fall:

$$\vec{a} - \vec{b} = (a_x - b_x, \quad a_y - b_y) = \begin{pmatrix} a_x - b_x \\ a_y - b_y \end{pmatrix}$$

Für den dreidimensionalen Fall gilt analog:

$$\vec{a} - \vec{b} = (a_x - b_x, \quad a_y - b_y, \quad a_z - b_z)$$

Beispiel: Gegeben seien die Vektoren $\vec{a} = (2, 5, 1)$ und $\vec{b} = (3, -7, 4)$
Der Differenzvektor $\vec{a} - \vec{b}$ hat dann die Komponentendarstellung

$$\vec{a} - \vec{b} = (2 - 3, 5 + 7, 1 - 4) = (-1, 12, -3)$$

Eine besondere praktische Bedeutung hat die Bildung des Differenzvektors für den Sonderfall der Differenz zweier Ortsvektoren. Dann ist der Differenzvektor der Vektor, der die beiden Endpunkte der Ortsvektoren verbindet. Anders ausgedrückt, der Differenzvektor zweier Ortsvektoren ist die Verbindung zweier Punkte.

Der in der Abbildung von Punkt P_2 zu P_1 führende Vektor $\vec{c}$ ist die Differenz der beiden Ortsvektoren $\vec{p_1} - \vec{p_2}$. In Formeln bei gegebenen Koordinaten der Vektoren $\vec{p_2}$ und $\vec{p_1}$:

$$\vec{c} = \vec{p_1} - \vec{p_2} = (p_{x1} - p_{x2}, \, p_{y1} - p_{y2})$$

Wir können $\vec{c}$ auch direkt als Differenz schreiben:

$$\vec{c} = \vec{p_1} - \vec{p_2}.$$

Damit haben wir die Möglichkeit gewonnen, jeden Vektor in beliebiger Lage darzustellen, wenn Anfangs- und Endpunkt des Vektors bekannt sind. Wir können ihn dann darstellen als Differenz. Vom Ortsvektor zum Endpunkt wird der Ortsvektor zum Anfangspunkt abgezogen.

Beispiel: Seien $P_1 = (3, -1, 0)$ und $P_2 = (-2, 3, -1)$ die Ortsvektoren zweier Punkte im Raum. Dann ist der Vektor $\vec{a} = \vec{p_2} - \vec{p_1}$ der von P_1 nach P_2 führende Vektor.

$$\vec{a} = (-2 - 3, \quad 3 - (-1), \quad -1 - 0) = (-5, 4, -1)$$

1.7   Multiplikation eines Vektors mit einem Skalar

Gezeigt wird hier, wie man einen Vektor mit einem Skalar multiplizieren kann. Das Ergebnis ist ein Vektor, dessen Richtung unverändert und dessen Betrag gleich dem Produkt des ursprünglichen Betrages mit dem Skalar ist.

Bildet man den Summenvektor $\vec{s} = \vec{a} + \vec{a}$ – Verdoppelung –, so hat dieser den Betrag

$$|\vec{s}| = |2\vec{a}|$$

Es ist daher üblich zu schreiben:

$$\vec{s} = \vec{a} + \vec{a} = 2\vec{a}$$

Hier soll nun allgemein definiert werden, was unter dem Vektor $\lambda \cdot a$ zu verstehen ist, falls λ eine reelle positive Zahl – also ein Skalar – ist.

Definition:	Multiplikation eines Vektors mit einem Skalar
	Der Vektor $\lambda\vec{a}$ hat 1. die Länge λa
	2. dieselbe Richtung wie $\vec{a}$
	Der Vektor $-\lambda\vec{a}$ hat 1. die Länge λa
	2. die entgegengesetzte Richtung wie $\vec{a}$.

Die Multiplikation eines Vektors mit einem Skalar ist besonders einfach, wenn die Komponenten des Vektors bekannt sind.

Sei λ eine reelle Zahl und sei $\vec{a} = (a_x, a_y, a_z)$.
Dann besitzt der Vektor $\lambda\vec{a}$ die Komponentendarstellung:

$$\lambda\vec{a} = (\lambda a_x, \lambda a_y, \lambda a_z)$$

Beispiel: Gegeben sei $\vec{a} = (2, 5, 1)$
Dann haben die Vektoren $3\vec{a}$ und $-3\vec{a}$ die Komponentendarstellungen:

$$3\vec{a} = (6, 15, 3)$$
$$-3\vec{a} = (-6, -15, -3)$$

Falls $\lambda = 0$ ist, erhalten wir den Vektor $(0, 0, 0)$. Dieser Vektor heißt *Nullvektor*.

1.8   Betrag eines Vektors

Sind die Komponenten eines Vektors bekannt, läßt sich der Betrag des Vektors unmittelbar unter Benutzung des Satzes des Pythagoras angeben.
Gegeben sei der Vektor $\vec{a}$ in der Ebene. Er habe die Komponentendarstellung

$$\vec{a} = (a_x, a_y)$$

Für das rechtwinklige Dreieck läßt sich unmittelbar angeben: $a^2 = a_x^2 + a_y^2$

Der Betrag selbst ist dann: $|\vec{a}| = \sqrt{a_x^2 + a_y^2}$

Die Betrachtung läßt sich auf das räumliche Problem übertragen. Gegeben seien die drei Koordinaten des Vektors $\vec{a}$:

$$\vec{a} = (a_x, a_y, a_z)$$

Dann gilt wieder:

$$a^2 = a_x^2 + a_y^2 + a_z^2$$

oder

$$|\vec{a}| = a = \sqrt{a_x^2 + a_y^2 + a_z^2}$$

Beispiel: Für den Vektor $\vec{a}$ sei gegeben: $\vec{a} = (3, -7, 4)$

Dann ist der Betrag: $a = \sqrt{9 + 49 + 16} = \sqrt{74} \approx 8,60$

Der Betrag eines Vektors, dessen Komponenten bekannt sind, läßt sich also immer berechnen. Wichtig ist die Bestimmung des Abstandes zweier Punkte. Die Entfernung der beiden Punkte ermitteln wir dann als Betrag des Verbindungsvektors.

Beispiel: Gegeben seien zwei Punkte mit den Koordinaten

$$P_1 = (x_1, y_1) \qquad P_2 = (x_2, y_2)$$

Gesucht ist der Abstand der beiden Punkte. Wir suchen die Koordinaten des Verbindungsvektors $\overrightarrow{P_2 P_1}$.

$$\overrightarrow{P_2 P_1} = (x_1 - x_2, y_1 - y_2)$$

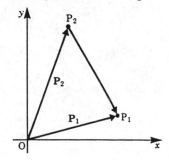

Betrag des Verbindungsvektors:

$$|\overrightarrow{P_2P_1}| = \sqrt{(x_1 - x_2)^2 + (y_1 - y_2)^2}$$

Übertragung auf den dreidimensionalen Fall: Die Distanz zwischen P_1 und P_2 ist

$$|\overrightarrow{P_2P_1}| = \sqrt{(x_1 - x_2)^2 + (y_1 - y_2)^2 + (z_1 - z_2)^2}$$

Für jeden beliebigen Vektor können wir nun den Einheitsvektor angeben, der die Information über die Richtung enthält. Gegeben sei der Vektor

$$\vec{a} = (a_x, a_y, a_z) \quad \text{Betrag von } \vec{a} \quad |\vec{a}| = \sqrt{a_x^2 + a_y^2 + a_z^2}$$

Dann erhalten wir den Einheitsvektor $\vec{e}_a$ in Richtung von $\vec{a}$, indem wir $\vec{a}$ mit $\lambda = \frac{1}{|\vec{a}|}$ multiplizieren

$$\vec{e}_a = \lambda\vec{a} = \frac{1}{|\vec{a}|}\,\vec{a} = \left(\frac{a_x}{|\vec{a}|},\ \frac{a_y}{|\vec{a}|},\ \frac{a_z}{|\vec{a}|}\right)$$

1.9   Übungsaufgaben

1.1 Welche der folgenden Größen sind Vektoren?

a)   Beschleunigung   b)   Leistung

c)   Zentrifugalkraft   d)   Geschwindigkeit

e)   Wärmemenge   f)   Impuls

g)   elektr. Widerstand   h)   magnet. Feldstärke

i)   Atomgewicht

1.2   A   Gegeben sind die Vektoren $\vec{a}$, $\vec{b}$ und $\vec{c}$. Zeichnen Sie jeweils
den Summenvektor $\vec{a} + \vec{b} + \vec{c} = \vec{s}$

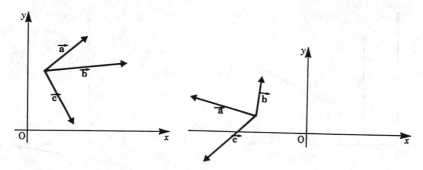

1.2   B   Zeichnen Sie den Summenvektor $\vec{a}_1 + \vec{a}_2 + \ldots + \vec{a}_n$

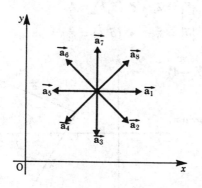 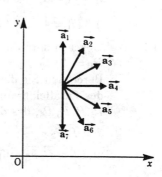

1.3   Zeichnen Sie den Vektor $\vec{c} = \vec{a} - \vec{b}$

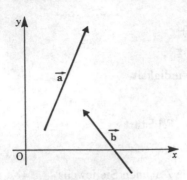   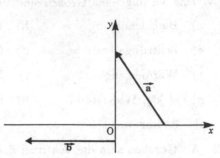

1.5   A   Projizieren Sie den Vektor $\vec{a}$ auf den Vektor $\vec{b}$

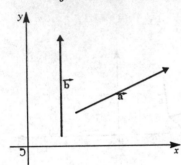   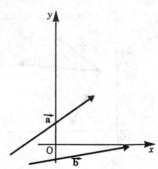

B   Berechnen Sie den Betrag der Projektion von $\vec{a}$ auf $\vec{b}$

a) $|\vec{a}| = 5, \quad \sphericalangle(\vec{a}, \vec{b}) = \frac{\pi}{3}$ b) $|\vec{a}| = 2, \quad \sphericalangle(\vec{a}, \vec{b}) = \frac{\pi}{2}$

c) $|\vec{a}| = 4, \quad \sphericalangle(\vec{a}, \vec{b}) = 0$ d) $|\vec{a}| = \frac{3}{2}, \quad \sphericalangle(\vec{a}, \vec{b}) = \frac{2}{3}\pi$

1.6   A   Gegeben sind die Punkte
$P_1 = (2, 1), P_2 = (7, 3) \quad P_3 = (5, -4)$.
Berechnen Sie den 4. Eckpunkt
des Parallelogramms
$P_1 P_2 P_3 P_4$, das durch die Vektoren
$\vec{a} = \overrightarrow{P_1 P_2}$
und $\vec{b} = \overrightarrow{P_1 P_3}$ aufgespannt wird.

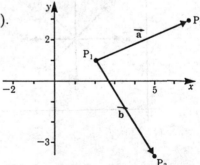

B $P_1 = (x_1, y_1)$, $P_2 = (x_2, y_2)$,
$P_3 = (x_3, y_3)$ und $P_4 = (x_4, y_4)$
seien vier beliebige Punkte
und es gelte
$\vec{a} = \overrightarrow{P_1 P_2}$, $\vec{b} = \overrightarrow{P_2 P_3}$,
$\vec{c} = \overrightarrow{P_3 P_4}$,
$\vec{d} = \overrightarrow{P_4 P_1}$.
Berechnen Sie die Komponenten des
Summenvektors $\vec{s} = \vec{a} + \vec{b} + \vec{c} + \vec{d}$
und zeigen Sie somit $\vec{s} = 0$.

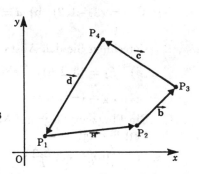

C   An einem Wagen ziehen 4 Hunde.
Die Komponenten der 4 Kräfte
$\overrightarrow{F_1}, \overrightarrow{F_2}, \overrightarrow{F_3}, \overrightarrow{F_4}$ sind:

$$\overrightarrow{F_1} = (20\,N, 25N)$$
$$\overrightarrow{F_2} = (15\,N, 5N)$$
$$\overrightarrow{F_3} = (25\,N, -5N)$$
$$\overrightarrow{F_4} = (30\,N, -15N)$$

Wie groß ist die Gesamtkraft $\vec{F}$?

D   Gegeben: $\overrightarrow{v_1} = \left(5\frac{m}{sec}, 5\frac{m}{sec}\right)$, $\quad \overrightarrow{v_2} = \left(10\frac{m}{sec}, 2\frac{m}{sec}\right)$

Gesucht ist die Relativgeschwindigkeit: $\vec{v} = \vec{v_1} - \vec{v_2}$

1.7 A   Gegeben: $\vec{a} = (3, 2, 1)$, $\qquad \vec{b} = (1, 1, 1)$, $\qquad \vec{c} = (0, 0, 2)$

Gesucht: a) $\vec{a} + \vec{b} - \vec{c}$ $\qquad$ b) $\quad 2\vec{a} - \vec{b} + 3\vec{c}$

B   Berechnen Sie jeweils den Vektor $\vec{d} = \lambda_1 \vec{a_1} + \lambda_2 \vec{a_2} - \lambda_3 \vec{a_3}$

a)
$\vec{a_1} = (2, -3, 1)$, $\quad \vec{a_2} = (-1, 4, 2)$, $\quad \vec{a_3} = (6, -1, 1)$;
$\lambda_1 = 2$, $\qquad \lambda_2 = \frac{1}{2}$, $\qquad \lambda_3 = 3$

b)
$\vec{a_1} = (-4, 2, 3)$, $\quad \vec{a_2} = (-5, -4, 3)$, $\quad \vec{a_3} = (2, -4, 3)$;
$\lambda_1 = -1$, $\qquad \lambda_2 = 3$, $\qquad \lambda_3 = -2$

1.8 A   Berechnen Sie jeweils den Einheitsvektor $\vec{e_a}$ in Richtung von $\vec{a}$

a) $\vec{a} = (3, -1, 2)$ b) $\vec{a} = (2, -1, -2)$

B   Berechnen Sie den Abstand $\vec{d}$ der Punkte P_1 und P_2

a) $P_1 = (3, 2, 0)$ b) $P_1 = (-2, -1, 3)$

$P_2 = (-1, 4, 2)$ $P_2 = (4, -2, -1)$

C   Ein Flugzeug fliege auf Nordkurs. Seine Geschwindigkeit gegenüber der Luft beträgt

$$\vec{v_1} = \left(0\frac{km}{h},\ 300\frac{km}{h}\right)$$

Geben Sie die Geschwindigkeit des Flugzeugs über Land für drei verschiedene Windgeschwindigkeiten an:

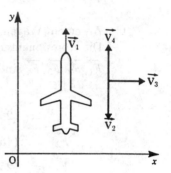

a) $\vec{v_2} = \left(0\frac{km}{h},\ -50\frac{km}{h}\right)$ (Gegenwind)

b) $\vec{v_3} = \left(50\frac{km}{h},\ 0\frac{km}{h}\right)$ (Seitenwind)

c) $\vec{v_4} = \left(0\frac{km}{h},\ +50\frac{km}{h}\right)$ (Rückenwind)

Geben Sie den Betrag der Absolutgeschwindigkeit über dem Erdboden für alle drei Fälle an

d) $|\vec{v_1} + \vec{v_2}|$ e) $|\vec{v_1} + \vec{v_3}|$ f) $|\vec{v_1} + \vec{v_4}|$

Lösungen

1.1 Vektoren sind: Beschleunigung, Zentrifugalkraft, Geschwindigkeit, Impuls, magnetische Feldstärke.

1.2 Die Reihenfolge, in der die Vektoren addiert werden, ist beliebig. Es ist jeweils nur eine der möglichen Ketten von Vektoren angegeben.

A

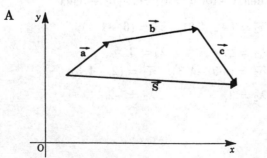
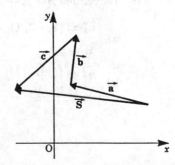

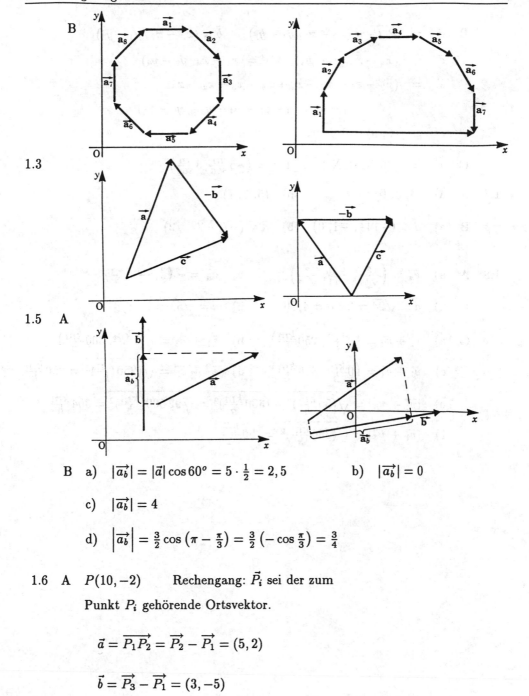

B 1.3

1.5 A

B   a) $|\vec{a_b}| = |\vec{a}| \cos 60^o = 5 \cdot \frac{1}{2} = 2,5$ b) $|\vec{a_b}| = 0$

c) $|\vec{a_b}| = 4$

d) $|\vec{a_b}| = \frac{3}{2} \cos\left(\pi - \frac{\pi}{3}\right) = \frac{3}{2}\left(-\cos\frac{\pi}{3}\right) = \frac{3}{4}$

1.6 A $P(10, -2)$ Rechengang: $\vec{P_i}$ sei der zum
Punkt P_i gehörende Ortsvektor.

$$\vec{a} = \overrightarrow{P_1 P_2} = \vec{P_2} - \vec{P_1} = (5, 2)$$

$$\vec{b} = \vec{P_3} - \vec{P_1} = (3, -5)$$

$$\vec{P_4} = \vec{P_1} + \vec{a} + \vec{b} = (10, -2)$$

B $\vec{a}$ = $\overrightarrow{P_1 P_2} = (x_2 - x_1, y_2 - y_1)$ $\vec{b} = (x_3 - x_2, y_3 - y_2)$

    $\vec{c}$ = $(x_4 - x_3, y_4 - y_3)$ $\vec{d} = (x_1 - x_4, y_1 - y_4)$

    $\vec{s}$ = $(x_2 - x_1 + x_3 - x_2 + x_4 - x_3 + x_1 - x_4,$

                 $y_2 - y_1 + y_3 - y_2 + y_4 - y_3 + y_1 - y_4)$

        = $(0, 0) = 0$

C $\vec{F}$ = $(90 \text{ N}, 10 \text{ N})$ D $\vec{v} = (-5 \frac{m}{sec}, 3 \frac{m}{sec})$

1.7   A   a) $(4, 3, 0)$ b) $(5, 3, 7)$

     B   a) $\vec{d} = (-14\frac{1}{2}, -1, 0)$ b) $\vec{d} = (-7, -22, 12)$

1.8   A   a) $\vec{e_a} = \left(\frac{3}{\sqrt{14}}, \frac{-1}{\sqrt{14}}, \frac{2}{\sqrt{14}} \right)$ b) $\vec{e_a} = -\left(\frac{2}{3}, \frac{-1}{3}, \frac{-2}{3} \right)$

     B   a) $\vec{d} = \sqrt{24} = 2\sqrt{6} = 4,90$ b) $\vec{d} = \sqrt{53} = 7,28$

     C   a) $\vec{v_1} + \vec{v_2} = \left(0\frac{km}{h}, 250\frac{km}{h} \right)$ b) $\vec{v_1} + \vec{v_3} = \left(50\frac{km}{h}, 300\frac{km}{h} \right)$

        c) $\vec{v_1} + \vec{v_4} = \left(0\frac{km}{h}, 350\frac{km}{h} \right)$ d) $\vec{v_1} + \vec{v_2} = \sqrt{(250\frac{km}{h})^2}, = 250\frac{km}{h}$

        e) $|\vec{v_1} + \vec{v_3}| = \sqrt{(50\frac{km}{h})^2 + (300\frac{km}{h})^2} = \sqrt{92\,500(\frac{km}{h})^2} = 304\frac{km}{h}$

        f) $|\vec{v_1} + \vec{v_4}| = \sqrt{(350\frac{km}{h})^2} = 350\frac{km}{h}$

2 Skalarprodukt, Vektorprodukt

Es gibt zwei verschiedene Verknüpfungsregeln für das Produkt von Vektoren.

Die mechanische Arbeit ist definiert als Produkt aus Kraft und Weg.[1] Vorausgesetzt wird dabei, daß Kraft und Weg gleiche Richtung haben. Ist das nicht der Fall, gilt:

>Arbeit ist das Produkt aus Weg und
>Kraftkomponente in Wegrichtung.

Die Bestimmung der Arbeit ist eine neue Verknüpfung zweier vektorieller Größen. Das Ergebnis ist ein Skalar. Die Verknüpfung ist ein Beispiel für das *Skalarprodukt*.

Das Drehmoment[2] einer Kraft, die an einem Körper angreift, der um eine Achse drehbar gelagert ist, ist definiert als Produkt aus Kraft und Hebelarm. Vorausgesetzt ist, daß die Kraft senkrecht am Hebelarm angreift. Ist das nicht der Fall, gilt:

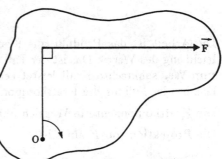

>Das Drehmoment ist das Produkt
>aus Hebelarm und Kraftkomponente
>senkrecht zum Hebelarm.

Das Ergebnis ist ein Vektor – das Drehmoment – in Richtung der Drehachse. Eine Verknüpfung zweier vektorieller Größen, die der Bildung des Drehmoments entspricht, ist das *Vektorprodukt*.

Im folgenden wird zunächst jeweils das physikalische Ausgangsproblem und seine Lösung entwickelt und daraufhin wird die allgemeine Verknüpfungsregel definiert.

2.1 Skalarprodukt

Physikalisches Ausgangsproblem:
Wir betrachten einen von Schienen geführten Wagen, der sich nur in Richtung der x-Achse bewegen kann.

---

[1] Unter Weg verstehen wir die Ortsverschiebung des Punktes, an dem die Kraft angreift.
[2] Die Begriffe Arbeit und Drehmoment sind ausführlich dargestellt in:
Martienssen: Einführung in die Physik, Akad. Verlagsgesellschaft, Wiesbaden, Band 1.
Gerthsen, Kneser, Vogel: Physik, Berlin-Heidelberg, 1989

An dem Wagen greife eine konstante Kraft
$\vec{F}$ an, die mit der Fahrtrichtung den Winkel α bildet.
Gesucht ist die Arbeit, die von $\vec{F}$ bei einer
Fortbewegung des Wagens um eine Strecke
$\vec{s}$ geleistet wird.

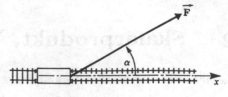

Um die Wirkung der Kraft $\vec{F}$ zu studieren, zerlegen wir sie in zwei Komponenten:

Kraftkomponente in
Richtung des Weges: $\vec{F}_s$

Kraftkomponente senk-
recht zum Weg: $\vec{F}_\perp$

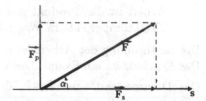

Die Arbeit ist das Produkt aus Kraft und zurückgelegtem Weg für eine Kraft in
Richtung des Weges. Das ist der Fall für die Kraftkomponente in Wegrichtung. Eine
zum Weg senkrechte Kraft leistet keine Arbeit.[3]
Das ist der Fall für die Kraftkomponente senkrecht zum Weg.

Die Kraftkomponente in Wegrichtung ist die Projektion von $\vec{F}$ auf den Weg $\vec{s}$.

Die Projektion von $\vec{F}$ auf $\vec{s}$ ist

$$|\vec{F}_s| = |\vec{F}| \cdot \cos \alpha$$

Damit ist die Arbeit:

$$W = |\vec{F}| \cdot |\vec{s}| \cdot \cos \alpha$$

Verallgemeinerung: Um die Arbeit zu berechnen, haben wir die Beträge zweier Vektoren miteinander multipliziert und die Richtungsabhängigkeit der Vektoren berücksichtigt. Als Ergebnis erhielten wir nicht einen Vektor, sondern einen Skalar. Diese
Art der Multiplikation heißt *skalares* oder *inneres Produkt* zweier Vektoren.

Schreibweise: Arbeit $= W = \vec{F} \cdot \vec{s}$

Für zwei beliebige Vektoren $\vec{a}$ und $\vec{b}$, die den Winkel α einschließen, erhalten wir
als inneres Produkt $\vec{a} \cdot \vec{b} = |a| \cdot |b| \cdot \cos \alpha$

Definition: Das *innere* oder *skalare* Produkt zweier Vektoren ist gleich dem
               Produkt ihrer Beträge mit dem Kosinus des von ihnen eingeschlos-
               senen Winkels α .

$$\vec{a} \cdot \vec{b} = |\vec{a}| \cdot |\vec{b}| \cdot \cos(\alpha)$$

---

[3]Unmittelbar einsichtig ist dies, wenn man eine Bewegung in horizontaler Richtung unter dem
Einfluß der Gewichtskraft betrachtet. Weg und Kraft stehen aufeinander senkrecht, es wird keine
Arbeit geleistet.

Zur Schreibweise: Gleichwertig zur Notierung $\vec{a} \cdot \vec{b}$ sind die Schreibweisen: $(\vec{a}, \vec{b})$ und $< \vec{a}, \vec{b} >$.

Geometrische Deutung: Das skalare Produkt zweier Vektoren $\vec{a}$ und $\vec{b}$ ist gleich dem Produkt aus

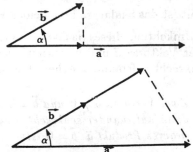

dem Betrag des Vektors $\vec{a}$ und dem
Betrag der Projektion von $\vec{b}$ auf $\vec{a}$
$$\vec{a}\,\vec{b} = |\vec{a}|\,|\vec{b}| \cos \alpha$$

oder dem Produkt aus

dem Betrag des Vektors $\vec{b}$ und dem
Betrag der Projektion von $\vec{a}$ auf $\vec{b}$
$$\vec{a}\,\vec{b} = |\vec{b}|\,|\vec{a}| \cos \alpha$$

Diese Deutung können wir auf das Ausgangsproblem übertragen. Wir können die Arbeit auch so ermitteln, daß wir die Ortsverschiebung in zwei Komponenten zerlegen:

Wegkomponente in Kraftrichtung

Wegkomponente senkrecht zur Kraftrichtung

Auch dann gilt für die Arbeit:

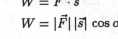

$$W = \vec{F} \cdot \vec{s}$$

$$W = |\vec{F}|\,|\vec{s}| \cos \alpha$$

Beispiel: An einem Körper greife die Kraft $\vec{F}$ mit einem Betrag $|\vec{F}| = 5\,N$ an. Der Körper wird um die Wegstrecke $|\vec{s}| = 10\,m$ verschoben. Der von $\vec{F}$ und $\vec{s}$ eingeschlossene Winkel betrage 60°. Die von $\vec{F}$ geleistete Arbeit W beträgt dann:

$$W = \vec{F} \cdot \vec{s} = |\vec{F}| \cdot |\vec{s}| \cos(60°)$$

$$W = 5\,N \cdot 10\,m \cdot \cos 60°$$

$$W = 5\,N \cdot 10\,m \cdot \frac{1}{2} = 25\,N \cdot m$$

Wichtig ist, bei physikalischen Größen jeweils die Maßeinheiten (N, m) mit zu berücksichtigen. Dieses Beispiel kann aufgefaßt werden als die Bewegung eines Körpers auf einer durch die Richtung von $\vec{s}$ gegebenen schiefen Ebene unter dem Einfluß der Gewichtskraft $\vec{F} = m\vec{g}$.

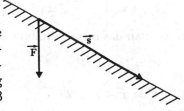

2.1.1   Sonderfälle

Skalarprodukt senkrecht aufeinander stehender Vektoren:
In diesem Fall ist $\alpha = \frac{\pi}{2}$ und $\cos\frac{\pi}{2} = 0$.

Damit ist das Skalarprodukt beider Vektoren 0.

Die Umkehrung dieses Sachverhalts ist wichtig: Ist bekannt, daß das Skalarprodukt zweier Vektoren $\vec{a}$ und $\vec{b}$ verschwindet, folgt zwangsläufig, daß die Vektoren $\vec{a}$ und $\vec{b}$ senkrecht aufeinander stehen, falls $\vec{a} \neq 0$ und $\vec{b} \neq 0$ ist.

> *Zwei Vektoren $\vec{a} \neq 0$ und $\vec{b} \neq 0$ stehen genau dann aufeinander senkrecht, wenn ihr inneres Produkt $\vec{a} \cdot \vec{b} = 0$ ist.*

Skalarprodukt paralleler Vektoren.
Der von $\vec{a}$ und $\vec{b}$ eingeschlossene Winkel ist Null. Wegen $\cos(0) = 1$ erhält man

$$\vec{a} \cdot \vec{b} = |\vec{a}| \cdot |\vec{b}| = a \cdot b \text{ daraus folgt weiter } \vec{a}\vec{a} = a^2$$

2.1.2   Kommutativ- und Distributivgesetz

Für das Skalarprodukt gelten das Kommutativgesetz und das Distributivgesetz. Beide werden hier ohne Beweis mitgeteilt.

Kommutativgesetz $\vec{a} \cdot \vec{b} = \vec{b} \cdot \vec{a}$

Distributivgesetz $\vec{a}(\vec{b} + \vec{c}) = \vec{a}\vec{b} + \vec{a}\vec{c}$

2.2   Kosinussatz

Mit Hilfe des inneren Produktes und des Distributivgesetzes läßt sich der Kosinussatz leicht gewinnen. Für die drei Vektoren in der Abbildung gilt:

$$\vec{c} + \vec{b} = \vec{a} \qquad \vec{c} = (\vec{a} - \vec{b})$$

Bildet man das innere Produkt des Vektors $\vec{c}$ mit sich selbst, erhält man

$$c^2 = (\vec{a} - \vec{b})^2$$

$$c^2 = a^2 + b^2 - 2\vec{a} \cdot \vec{b}$$

$$c^2 = a^2 + b^2 - 2|\vec{a}|\,|\vec{b}|\cos\alpha$$

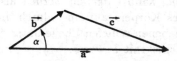

Das ist der bekannte Kosinussatz. Für $\alpha = 90°$ oder $\frac{\pi}{2}$ geht er in den Satz des Pythagoras für rechtwinklige Dreiecke über.

2.3 Skalares Produkt in Komponentendarstellung

Sind zwei Vektoren in Komponentendarstellung gegeben, läßt sich das Skalarprodukt berechnen. Für die Überlegung ist es hilfreich, zunächst die Ergebnisse des Skalarproduktes von Einheitsvektoren in Richtung der Koordinatenachsen zu ermitteln. Das innere Produkt von Einheitsvektoren in gleicher Richtung ist 1; das innere Produkt von Einheitsvektoren, die senkrecht aufeinander stehen, verschwindet. Also gilt:

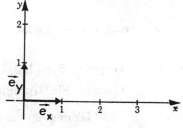

$$\vec{e}_x \cdot \vec{e}_x = 1$$

$$\vec{e}_y \cdot \vec{e}_y = 1$$

$$\vec{e}_x \cdot \vec{e}_y = 0$$

$$\vec{e}_y \cdot \vec{e}_x = 0$$

In einem ebenen kartesischen Koordinatensystem seien zwei Vektoren $\vec{a}$ und $\vec{b}$ so verschoben, daß sie im Nullpunkt beginnen. Wir stellen beide Vektoren mit ihren Komponenten dar:

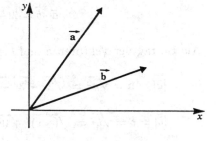

$$\vec{a} = a_x \cdot \vec{e}_x + a_y \cdot \vec{e}_y$$

$$\vec{b} = b_x \cdot \vec{e}_x + b_y \cdot \vec{e}_y$$

In dem Ausdruck $\vec{a} \cdot \vec{b}$ ersetzen wir die Vektoren durch ihre Komponenten.

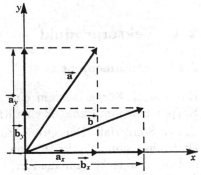

Dann erhält man:

$$\vec{a} \cdot \vec{b} = (a_x \vec{e}_x + a_y \vec{e}_y) \cdot (b_x \vec{e}_x + b_y \vec{e}_y)$$

Ausmultipliziert ergibt sich

$$\vec{a} \cdot \vec{b} = (a_x b_x \vec{e}_x \cdot \vec{e}_x + a_x b_y \vec{e}_x \cdot \vec{e}_y + a_y b_x \vec{e}_y \cdot \vec{e}_x + a_y b_y \vec{e}_y \cdot \vec{e}_y)$$

Wir setzen die Ergebnisse der inneren Produkte der Einheitsvektoren ein:

$$\vec{a} \cdot \vec{b} = a_x b_x + a_y b_y \tag{2.1}$$

Das Skalarprodukt ist die Summe der Produkte jener Komponenten, die gleiche Richtung haben. Bei räumlichen Vektoren muß zusätzlich die z-Koordinate betrachtet werden. Es gilt, ohne daß der Beweis hier geführt wird, die Regel:

Regel: Skalarprodukt in Komponentendarstellung[4]

$$\vec{a} \cdot \vec{b} = a_x b_x + a_y b_y + a_z b_z$$

Damit ist auch ein einfacher Weg gegeben, den Betrag eines Vektors aus seinen Komponenten zu berechnen. Es gilt: $\vec{a} \cdot \vec{a} = a^2$

In Komponenten:

$$a^2 = a_x a_x + a_y a_y + a_z a_z \qquad |\vec{a}| = \sqrt{a_x^2 + a_y^2 + a_z^2}$$

Beispiel: Gegeben: $\vec{a} = (2, 3, 1), \vec{b} = (-1, 0, 4)$

Gesucht: Skalarprodukt der beiden Vektoren $\vec{a}$ und $\vec{b}$

Lösung: $\vec{a} \cdot \vec{b} = a_x b_x + a_y b_y + a_z b_z$

$$\vec{a} \cdot \vec{b} = 2(-1) + 3 \cdot 0 + 1 \cdot 4 = -2 + 0 + 4 = 2$$

Als Betrag der Vektoren $\vec{a}$ und $\vec{b}$ erhält man:

$$|\vec{a}| = a = \sqrt{a^2} = \sqrt{2^2 + 3^2 + 1^2} = \sqrt{4 + 9 + 1} = \sqrt{14} \approx 3,74$$

$$|\vec{b}| = b = \sqrt{b^2} = \sqrt{(-1)^2 + 0^2 + 4^2} = \sqrt{1 + 16} = \sqrt{17} \approx 4,12$$

2.4   Vektorprodukt

2.4.1   Drehmoment

Ein starrer Körper sei um eine feste Drehachse O drehbar gelagert. An diesem Körper greife im Punkt P eine Kraft $\vec{F}$ an. Die Kraft erzeugt ein Drehmoment M.

Erster Sonderfall: Der Ortsvektor von der Drehachse zum Punkt P und die Kraft stehen senkrecht aufeinander. Dann ist das Drehmoment gleich dem Produkt der Beträge von Ortsvektor $\vec{r}$ (Hebelarm) und Kraft $\vec{F}$.

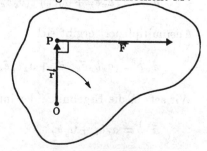

$$M = |\vec{r}| \cdot |\vec{F}| \quad \text{(Hebelgesetz)}$$

---

[4]Das Skalarprodukt führt unabhängig von der Lage des Koordinatensystems immer zu dem gleichen Zahlenwert. Dies gilt, obwohl sich bei einer Drehung des Koordinatensystems die einzelnen Komponenten der Vektoren im allgemeinen ändern.

Zweiter Sonderfall: Der Ortsvektor zum An-
griffspunkt der Kraft und die Kraft haben
die gleiche Richtung. Dann erzeugt die Kraft
$\vec{F}$ kein Drehmoment auf den Körper.

$$M = 0$$

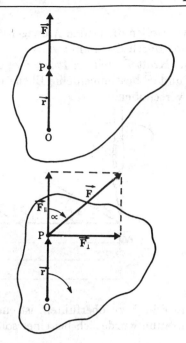

Im allgemeinen Fall schließen die Vektoren
$\vec{r}$ und $\vec{F}$ den Winkel α miteinander ein. Hier
liegt es nahe, die Berechnung des Drehmo-
mentes M auf die beiden Sonderfälle zurückzuführen. Dazu wird der Kraftvektor in zwei
Komponenten zerlegt:

Eine Komponente senkrecht zu $\vec{r}$: $\vec{F}_\perp$

Eine Komponente in
Richtung von $\vec{r}$: $\vec{F}_\parallel$

Nur die erste Komponente liefert einen Beitrag zum Drehmoment. Wenn $\vec{F}$ und $\vec{r}$
den Winkel α einschließen, erhalten wir die zu $\vec{r}$ senkrechte Komponente von $\vec{F}$ als
Projektion von $\vec{F}$ auf eine Senkrechte zu $\vec{r}$:

$$|\vec{F}\perp| = |\vec{F}| \cdot \sin \alpha$$

Das Drehmoment kann nun als Produkt der Beträge von $\vec{r}$ mit der zu $\vec{r}$ senkrechten
Komponenten von $\vec{F}$ aufgefaßt werden:

Definition: Drehmoment
$M = |\vec{r}| \cdot |\vec{F}| \cdot \sin \alpha$

2.4.2 Das Drehmoment als Vektor

Das Drehmoment $\vec{M}$ ist eine vektorielle physikalische Größe. Dem Drehmoment
müssen wir noch eine Richtung zuordnen, die den Drehsinn berücksichtigt. Hier gilt
folgende Festlegung:

Der Drehmomentvektor $\vec{M}$ steht senkrecht auf der
von den Vektoren $\vec{F}$ und $\vec{r}$ aufgespannten Ebene.

Der Vektor $\vec{M}$ weist in die Richtung, in die eine
Rechtsschraube sich hineindrehen würde, wenn man
$\vec{r}$ auf kürzestem Wege so dreht, daß $\vec{r}$ auf $\vec{F}$ fällt.

Wir wollen die beiden Aussagen anhand von Abbildungen erläutern. Die Drehachse
gehe durch den Punkt A

Die Kraft $\vec{F}$ greife in P an. $\vec{r}$ sei der Ortsvektor von A nach P. Die beiden Vektoren
$\vec{r}$ und $\vec{F}$ bestimmen eine Ebene im Raum. $\vec{F}$ werde jetzt in den Anfangspunkt von
$\vec{r}$ verschoben.

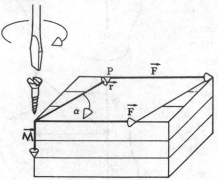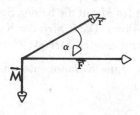

Um $\vec{r}$ in $\vec{F}$ zu überführen, ist eine Drehung um den Winkel φ nötig. Eine Rechtsschraube würde sich bei einer solchen Drehung in die Ebene hineinbewegen.

Die Richtung des Drehmomentes $\vec{M}$ wird so festgelegt, daß sie in die durch die
Rechtsschraube gegebene Richtung weist.

2.4.3   Definition des Vektorprodukts

Wir fassen die Verknüpfung zweier Vektoren $\vec{r}$ und $\vec{F}$ in der Form, in der das Drehmoment ermittelt wurde, als neues Produkt zweier Vektoren auf. Dieses Produkt
ergibt einen Vektor. Es gilt eine neue Rechenvorschrift. Das Produkt heißt *Vektorprodukt* oder *Äußeres Produkt*.

Das Vektorprodukt zweier Vektoren $\vec{a}$ und $\vec{b}$ läßt sich unabhängig von der physikalischen Interpretation der beiden Vektoren geometrisch definieren und verallgemeinern. Diese Definition ist willkürlich, aber zweckmäßig für die Anwendungen.

Wir betrachten zwei Vektoren $\vec{a}$ und $\vec{b}$. Sie seien auf
einen gemeinsamen Anfangspunkt gebracht. Der eingeschlossene Winkel sei φ

Als äußeres Produkt oder Vektorprodukt ist der Vektor

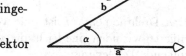

$$\vec{c} = \vec{a} \times \vec{b}$$

mit folgenden Eigenschaften definiert:

Betrag von $\vec{c}$: $|\vec{c}| = a \cdot b \cdot \sin \varphi$

Geometrische Bedeutung: Der Betrag von $\vec{c}$ ist der Flächeninhalt des von $\vec{a}$ und $\vec{b}$ aufgespannten Parallelogramms.

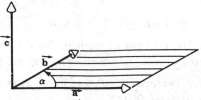

Richtung von $\vec{c}$: $\vec{c}$ steht senkrecht auf der durch $\vec{a}$ und $\vec{b}$ festgelegten Ebene.

Richtungssinn von $\vec{c}$: Dreht man $\vec{a}$ auf kürzestem Wege in $\vec{b}$, so zeigt $\vec{c}$ in die Richtung, in die sich eine Rechtsschraube bewegen würde. (Rechtsschraubenregel)

Definition: *Äußeres* oder *vektorielles* Produkt zweier Vektoren $\vec{a}$ und $\vec{b}$.

$$\vec{c} = \vec{a} \times \vec{b}$$

Der Vektor $\vec{c}$ hat folgende Eigenschaften:

1. $|\vec{c}| = |\vec{a}| \cdot |\vec{b}| \cdot \sin \alpha$

2. $\vec{c}$ steht senkrecht auf der durch $\vec{a}$ und $\vec{b}$ bestimmten Ebene

3. Die Orientierung von $\vec{c}$ wird mit Hilfe der Rechtsschraubenregel bestimmt.

Zur Schreibweise: Das Vektorprodukt wird geschrieben:

$$\vec{c} = \vec{a} \times \vec{b} \quad \text{(gesprochen } \vec{a} \text{ Kreuz } \vec{b}\text{)} \qquad \text{oder} \quad \vec{c} = \left[\vec{a}, \vec{b}\right]$$

Es gilt das hier ohne Beweis mitgeteilte *Distributivgesetz*:

$$\vec{a} \times (\vec{b} + \vec{c}) = \vec{a} \times \vec{b} + \vec{a} \times \vec{c}$$

Weiter gilt, daß man skalare Faktoren eines Vektors ausklammern kann:

$$\vec{a} \times \lambda\vec{b} = \lambda \, (\vec{a} \times \vec{b})$$

Beispiel: Gegeben seien die beiden Vektoren $\vec{a}$ mit dem Betrag $|\vec{a}| = 4$ und $\vec{b}$ mit dem Betrag $|\vec{b}| = 3$, die einen Winkel von 30° einschließen. Dann ist der Betrag des Produktvektors $\vec{c} = \vec{a} \times \vec{b}$.

$$|\vec{c}| = |\vec{a}| \cdot |\vec{b}| \cdot \sin 30° = 4 \cdot 3 \cdot 0,5 = 6$$

2.4.4   Sonderfälle

Vektorprodukt paralleler Vektoren: Das Parallelogramm entartet zu einem Strich mit dem Flächeninhalt 0. Das Vektorprodukt gibt in diesem Fall den Nullvektor $\vec{0}$ (den Pfeil läßt man jedoch meist fort).

Insbesondere gilt: $\vec{a} \times \vec{a} = 0$

Die Umkehrung ist wichtig: Ist von zwei Vektoren bekannt, daß ihr äußeres Produkt verschwindet, so wissen wir, daß sie parallel sind, wenn $\vec{a} \neq 0$ und $\vec{b} \neq 0$ sind.

Zwei Vektoren $\vec{a} \neq 0$ und $\vec{b} \neq 0$ sind genau dann parallel, wenn ihr äußeres Produkt $\vec{a} \times \vec{b}$ gleich 0 ist.

Vektorprodukt senkrecht aufeinander stehender Vektoren: In diesem Fall gilt:

$$|\vec{a} \times \vec{b}| = |\vec{a}| \cdot |\vec{b}|$$

2.4.5 Vertauschung der Reihenfolge

Vertauscht man die Reihenfolge der Vektoren $\vec{a}$ und $\vec{b}$, so ändert das Vektorprodukt das Vorzeichen. Das äußere Produkt ist also nicht kommutativ. Es muß immer auf die Reihenfolge der beiden Faktoren geachtet werden.

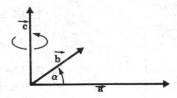

Beweis: Die Abbildung zeigt die Bildung des Vektorproduktes $\vec{c} = \vec{a} \times \vec{b}$.
Der Richtungssinn von $\vec{c}$ ergibt sich dadurch, daß $\vec{a}$ auf kürzestem Weg in $\vec{b}$ gedreht wird.
Bildet man demgegenüber das Vektorprodukt $\vec{b} \times \vec{a}$ so muß $\vec{b}$ auf kürzestem Weg in $\vec{a}$ gedreht werden. Dabei wechselt der Drehsinn der Schraube das Vorzeichen.

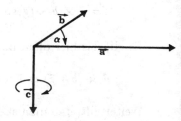

$$\vec{a} \times \vec{b} = -\vec{b} \times \vec{a}$$

2.4.6 Allgemeine Fassung des Hebelgesetzes

Ein Körper sei um die Drehachse A drehbar gelagert. An dem Körper greifen die Kräfte $\vec{F}_1$ und $\vec{F}_2$ an den Punkten P_1 und P_2 an.
Die Kraft $\vec{F}_1$ erzeugt das Drehmoment $\vec{M}_1 = \vec{r}_1 \times \vec{F}_1$.
Die Kraft $\vec{F}_2$ erzeugt das Drehmoment

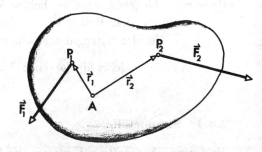

$$\vec{M}_2 = \vec{r}_2 \times \vec{F}_2$$

Die Orientierung von $\vec{M}_1$ und $\vec{M}_2$ ergibt sich gemäß der Rechtsschraubenregel.

In unserem Beispiel haben $\vec{M}_1$ und $\vec{M}_2$ entgegengesetzte Richtung. An dem Körper herrscht Gleichgewicht, wenn $\vec{M}_1$ und $\vec{M}_2$ gleichen Betrag und entgegengesetzte Richtung haben:

$$\vec{M}_1 = -\vec{M}_2 \qquad \text{oder} \qquad \vec{M}_1 + \vec{M}_2 = 0$$

Greifen an einem Körper beliebig viele Kräfte an, so herrscht Gleichgewicht, falls die Summe aller Drehmomente verschwindet.

Die allgemeine Fassung des Hebelgesetzes lautet daher für den Gleichgewichtsfall:

$$\sum_i \vec{M}_i = 0$$

2.5 Vektorprodukt in Komponentendarstellung

Sind zwei Vektoren in Komponentendarstellung bekannt, läßt sich das Vektorprodukt ermitteln. Für die Überlegung ist es hilfreich, zunächst die Ergebnisse des äußeren Produktes der Einheitsvektoren in Richtung der Koordinatenachsen zu ermitteln. Gemäß Abbildung und Definition ergibt sich als äußeres Produkt von Einheitsvektoren:

$$\vec{e}_x \times \vec{e}_x = 0$$
$$\vec{e}_x \times \vec{e}_y = \vec{e}_z$$
$$\vec{e}_x \times \vec{e}_z = -\vec{e}_y$$
$$\vec{e}_y \times \vec{e}_y = 0$$
$$\vec{e}_y \times \vec{e}_x = -\vec{e}_z$$
$$\vec{e}_y \times \vec{e}_z = \vec{e}_x$$
$$\vec{e}_z \times \vec{e}_z = 0$$
$$\vec{e}_z \times \vec{e}_x = \vec{e}_y$$
$$\vec{e}_z \times \vec{e}_y = -\vec{e}_x$$

Das Vektorprodukt der Vektoren $\vec{a}$ und $\vec{b}$ wird so hingeschrieben, daß $\vec{a}$ und $\vec{b}$ als Summe ihrer Komponenten dargestellt werden. Dann werden beide Klammern ausmultipliziert und die Ergebnisse der Vektormultiplikation der Einheitsvektoren berücksichtigt:

$$
\begin{aligned}
\vec{a} \times \vec{b} =\ & (a_x \vec{e}_x + a_y \vec{e}_y + a_z \vec{e}_z) \times (b_x \vec{e}_x + b_y \vec{e}_y + b_z \vec{e}_z) \\
=\ & a_x b_x \cdot \vec{e}_x \times \vec{e}_x + a_x b_y \cdot \vec{e}_x \times \vec{e}_y + a_x b_z \cdot \vec{e}_x \times \vec{e}_z \\
+\ & a_x b_x \cdot \vec{e}_y \times \vec{e}_x + a_y b_y \cdot \vec{e}_y \times \vec{e}_y + a_y b_z \cdot \vec{e}_y \times \vec{e}_z \\
+\ & a_z b_x \cdot \vec{e}_z \times \vec{e}_x + a_z b_y \cdot \vec{e}_z \times \vec{e}_y + a_z b_z \cdot \vec{e}_z \times \vec{e}_z
\end{aligned}
$$

Fassen wir die Komponenten mit gleichen Einheitsvektoren zusammen und berücksichtigen wir die Ergebnisse der äußeren Produkte der Einheitsvektoren, so erhalten wir:

$$\vec{a} \times \vec{b} = (a_y b_z - a_z b_y)\vec{e}_x + (a_z b_x - a_x b_z)\vec{e}_y + (a_x b_y - a_y b_x)\vec{e}_z$$

Das Vektorprodukt ist wieder ein Vektor.[5]

Anwendungsbeispiel:

Bahngeschwindigkeit bei Drehbewegungen. Bei Drehbewegungen gilt, daß die Bahngeschwindigkeit eines beliebigen Punktes das Vektorprodukt aus Winkelgeschwindigkeit und einem Ortsvektor von der Drehachse zum Punkt P ist.

Die Drehachse in der Abbildung ist die z-Achse. Die Winkelgeschwindigkeit betrage $\vec{\omega}$. Der Ortsvektor zum Punkt P habe die Koordinaten $\vec{r} = (0, r_y, r_z)$. Die Winkelgeschwindigkeit $\vec{\omega}$ hat die Koordinaten $(0, 0, \omega_z)$. Dann ist die Geschwindigkeit an der Stelle P:

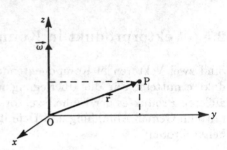

$$\vec{v} = \vec{\omega} \times \vec{r} = (-r_y \cdot \omega_z \cdot \vec{e}_x, 0, 0)$$

---

[5] In Determinantenschreibweise – siehe Kapitel Determinanten und lineare Gleichungssysteme – kann das Vektorprodukt symbolisch wie folgt geschrieben werden:

$$\vec{a} \times \vec{b} = \begin{vmatrix} \vec{e}_x & \vec{e}_y & \vec{e}_z \\ a_x & a_y & a_z \\ b_x & b_y & b_z \end{vmatrix}$$

2.6 Übungsaufgaben

2.1 A Berechnen Sie das Skalarprodukt der Vektoren $\vec{a}$ und $\vec{b}$

a) $|\vec{a}| = 3;$ $|\vec{b}| = 2;$ $\alpha = (\vec{a}, \vec{b}) = \frac{\pi}{3}$

b) $|\vec{a}| = 2;$ $|\vec{b}| = 5;$ $\alpha = 0°$

c) $|\vec{a}| = 1;$ $|\vec{b}| = 4;$ $\alpha = \frac{\pi}{4}$

d) $|\vec{a}| = 2,5;$ $|\vec{b}| = 3;$ $\alpha = 120°$

B Welche Aussagen über den Winkel $\alpha = (\vec{a}, \vec{b})$ kann man aufgrund der folgenden Ergebnisse machen?

a) $\vec{a} \cdot \vec{b} = 0$ b) $\vec{a} \cdot \vec{b} = |\vec{a}|\,|\vec{b}|$ c) $\vec{a} \cdot \vec{b} = \frac{|\vec{a}|\,|\vec{b}|}{2}$ d) $\vec{a} \cdot \vec{b} < 0$

2.2 A Berechnen Sie das Skalarprodukt

a) $\vec{a} = (3, -1, 4)$ b) $\vec{a} = \left(\frac{3}{2}, \frac{1}{4}, -\frac{1}{3}\right)$

$\vec{b} = (-1, 2, 5)$ $\vec{b} = \left(\frac{1}{6}, -2, 3\right)$

c) $\vec{a} = \left(-\frac{1}{4}, 2, -1\right)$ d) $\vec{a} = (1, -6, 1)$

$\vec{b} = \left(1, \frac{1}{2}, \frac{5}{3}\right)$ $\vec{b} = (-1, -1, -1)$

B Stellen Sie durch Rechnung fest, welche der beiden Vektoren $\vec{a}, \vec{b}$ senkrecht aufeinander stehen.

a) $\vec{a} = (0, -1, 1)$ b) $\vec{a} = (2, -3, 1)$ c) $\vec{a} = (-1, 2, -5)$

$\vec{b} = (1, 0, 0)$ $\vec{b} = (-1, 4, 2)$ $\vec{b} = (-8, 1, 2)$

d) $\vec{a} = (4, -3, 1)$ e) $\vec{a} = (2, 1, 1)$ f) $\vec{a} = (4, 2, 2)$

$\vec{b} = (-1, -2, -2)$ $\vec{b} = (-1, 3, -2)$ $\vec{b} = (1, -4, 2)$

C Berechnen Sie den von den beiden Vektoren $\vec{a}$ und $\vec{b}$ eingeschlossenen Winkel.

a) $\vec{a} = (1, -1, 1)$ b) $\vec{a} = (-2, 2, -1)$

$\vec{b} = (-1, 1, -1)$ $\vec{b} = (0, 3, 0)$

D An einem Körper greift die Kraft $\vec{F} = (0, +5\text{ N})$ an. Wir verschieben ihn um die Wegstrecke $\vec{s}$. Berechnen Sie die geleistete mechanische Arbeit W.

a) $\vec{s}_1 = (3\,m,\ 3\,m)$ b) $\vec{s}_2 = (2\,m,\ 1\,m)$ c) $\vec{s}_3 = (2\,m,\ 0\,m)$

2.3   A   Berechnen Sie $|\vec{a} \times \vec{b}|$

   a) $|\vec{a}| = 2$ $|\vec{b}| = 3$ $\alpha = (\vec{a},\ \vec{b}) = 60^\circ$

   b) $|\vec{a}| = \frac{1}{2}$ $|\vec{b}| = 4$ $\alpha = 0^\circ$ c) $|\vec{a}| = 8$ $|\vec{b}| = \frac{3}{4}$ $\alpha = 90^\circ$

   B   Berechnen Sie den Flächeninhalt A des von $\vec{a}$ und $\vec{b}$ aufgespannten
       Parallelogramms

   a) $|\vec{a}| = 2,5$ $|\vec{b}| = 2$ $\alpha = \frac{\pi}{4}$ b) $|\vec{a}| = \frac{3}{2}$ $|\vec{b}| = 1$ $\alpha = \frac{\pi}{6}$

   c) $|\vec{a}| = \frac{3}{4}$ $|\vec{b}| = 4$ $\alpha = \frac{\pi}{3}$

   C   Zeichnen Sie die Richtung, in die der Vektor $\vec{c} = \vec{a} \times \vec{b}$ zeigt.

   a) $\vec{a}$ und $\vec{b}$ liegen in der   b) $\vec{a}$ und $\vec{b}$ liegen in der
        x-y-Ebene. y-z-Ebene.

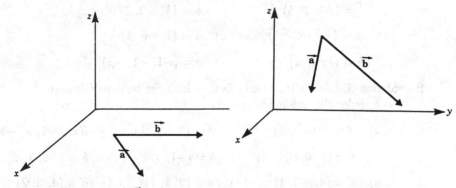

   D   Es sei $\vec{a} = 2 \cdot \vec{e}_1$, $\vec{b} = 4 \cdot \vec{e}_2$
       und $\vec{c} = -3 \cdot \vec{e}_3$
       ($\vec{e}_i$ sind die Einheitsvektoren
       in Richtung der Koordinatenachsen)

   Berechnen Sie
   a) $\vec{a} \times \vec{b}$ b) $\vec{a} \times \vec{c}$ c) $\vec{c} \times \vec{a}$

   d) $\vec{b} \times \vec{c}$ e) $\vec{b} \times \vec{b}$ f) $\vec{c} \times \vec{b}$

2.4   Berechnen Sie die Komponenten des Vektors $\vec{c} = \vec{a} \times \vec{b}$

a) $\vec{a} = (2, 3, 1)$ b) $\vec{a} = (-2, 1, 0)$

$\vec{b} = (-1, 2, 4)$ $\vec{b} = (1, 4, 3)$

Lösungen

2.1 A a) $\vec{a} \cdot \vec{b} = |\vec{a}|\,|\vec{b}| \cos \alpha = 3 \cdot 2 \cdot \frac{1}{2} = 3$ b) $\vec{a} \cdot \vec{b} = 10$

c) $\vec{a} \cdot \vec{b} = 4 \cdot \frac{1}{2}\sqrt{2} = 2 \cdot \sqrt{2} = 2,82$ d) $\vec{a} \cdot \vec{b} = 7,5\left(-\frac{1}{2}\right) = -3,75$

B a) $\alpha = \frac{\pi}{2}$,   d.h. $\vec{a} \perp \vec{b}$ b) $\alpha = 0$,   d.h. $\vec{a} \| \vec{b}$

c) $\alpha = \frac{1}{3}\pi$ d) $\frac{\pi}{2} < \alpha < \pi$

2.2 A a) $\vec{a} \cdot \vec{b} = -3 - 2 + 20 = +15$ b) $\vec{a} \cdot \vec{b} = -1\frac{1}{4}$

c) $\vec{a} \cdot \vec{b} = -\frac{11}{12}$ d) $\vec{a} \cdot \vec{b} = 4$

B a) $\vec{a} \cdot \vec{b} = 0$, d.h., $\vec{a}$ und $\vec{b}$ stehen senkrecht aufeinander oder mindestens einer der Vektoren $\vec{a}, \vec{b}$ ist gleich 0 .

b) $\vec{a} \cdot \vec{b} = -12$,   d.h. $\vec{a}$ nicht $\perp \vec{b}$

c) $\vec{a} \cdot \vec{b} = 0$,   d.h. $\vec{a} \perp \vec{b}$

d) $\vec{a} \cdot \vec{b} = 0$,   also $\vec{a} \perp \vec{b}$

e) $\vec{a} \cdot \vec{b} = -1$,   also $\vec{a}$ nicht $\perp \vec{b}$

f) $\vec{a} \cdot \vec{b} = 0$,   also $\vec{a} \perp \vec{b}$

C $\cos \alpha = \frac{\vec{a} \cdot \vec{b}}{|\vec{a}| \cdot |\vec{b}|}$

a) $|\vec{a}| = \sqrt{3}$, $|\vec{b}| = \sqrt{3}$, $\vec{a} \cdot \vec{b} = -3 \Rightarrow \cos \alpha = \frac{-3}{3} = -1 \Rightarrow \alpha = \pi$

daraus folgt: $\vec{a} = -\vec{b}$

b) $|\vec{a}| = 3$, $|\vec{b}| = 3$, $\vec{a} \cdot \vec{b} = 6 \Rightarrow \cos \alpha = \frac{2}{3} \Rightarrow \alpha = 48°12'$

(nach Funktionstabelle Anhang IV)

D   a) $W_1 = \vec{F}\vec{s}_1 = 0\ \text{N} \cdot 3\,m + 5\ \text{N} \cdot 3\,m = 15\ \text{Nm}$

    b) $W_2 = \vec{F}\vec{s}_2 = 5\ \text{Nm}$ c) $W_3 = \vec{F}\vec{s}_3 = 0$

2.3   A   a) $|\vec{a} \times \vec{b}| = |\vec{a}|\,|\vec{b}| \sin\alpha = 6\frac{1}{2}\sqrt{3} = 5,19$

       b) $|\vec{a} \times \vec{b}| = 0$ c) $|\vec{a} \times \vec{b}| = 6$

    B   a) $A = |\vec{a}|\,|\vec{b}| \sin\alpha = 5\frac{1}{2}\sqrt{2} = 3,52$ b) $A = \frac{3}{2} \cdot \frac{1}{2} = \frac{3}{4}$

       c) $A = 3\frac{1}{2}\sqrt{3} = 2,59$

    C   a)   b)

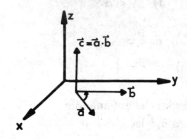
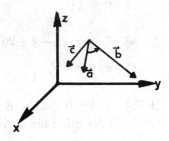

D   a) $\vec{a} \times \vec{b} = -\frac{8}{3}\vec{c}$ b) $\vec{a} \times \vec{c} = \frac{3}{2}\vec{b}$ c) $\vec{c} \times \vec{a} = -\frac{3}{2}\vec{b}$

    d) $\vec{b} \times \vec{c} = -6\vec{a}$ e) $\vec{b} \times \vec{b} = 0$ f) $\vec{c} \times \vec{b} = 6\vec{a}$

2.4 $\vec{c} = (a_y b_z - a_z b_y, a_z b_x - a_x b_z, a_x b_y - a_y b_x)$

      a) $\vec{c} = (10,\ -9,\ 7)$ b) $\vec{c} = (3,\ 6,\ -9)$

3 Einfache Funktionen, Trigonometrische Funktionen

3.1 Der mathematische Funktionsbegriff

Vorbemerkung: Bei einem frei fallenden Stein wird die Fallgeschwindigkeit umso größer, je länger er gefallen ist. Die Fallgeschwindigkeit hängt von der Zeit ab. Geschwindigkeit und Zeit sind beobachtbare und meßbare Größen.

Eindeutige Abhängigkeiten zwischen Beobachtungsgrößen gaben Anlaß, Naturgesetze zu formulieren. Das obige Problem hat bekanntlich Galilei untersucht. Seine Methode ist exemplarisch für das Auffinden physikalischer Zusammenhänge geworden.

In einem ersten Schritt werden durch Meßinstrumente – wie z.B. Uhren, Metermaß, Waage, Amperemeter, Voltmeter – zwei Größen gleichzeitig gemessen. Dabei wird eine Größe variiert und die Veränderung der zweiten Größe beobachtet. Alle übrigen Bedingungen werden konstant gehalten. Man erhält so Wertetabellen, die auch als Kurven dargestellt werden können. Das Verfahren kann auf Abhängigkeiten zwischen mehr als zwei Größen übertragen werden.

In einem zweiten Schritt sucht man nach einem mathematischen Rechenausdruck, der ebenfalls zu diesen Wertetabellen und Kurven führt. Die mathematische Formulierung hat viele Vorteile:

a) Die mathematische Formulierung ist kürzer und oft übersichtlicher als die Beschreibung durch Wörter.

b) Die mathematische Formulierung ist eindeutig. Mißverständnisse können weitgehend ausgeschlossen werden.

c) Aufgrund der mathematischen Formulierung lassen sich Voraussagen über das Verhalten der realen Größen machen. Die Gleichungen enthalten die Möglichkeiten zur Vorausberechnung – Extrapolation genannt – auch für jene Wertebereiche, die empirisch noch nicht überprüft sind.

Die Beschreibung der real existierenden Zusammenhänge durch mathematische Ausdrücke nennen wir ein *mathematisches Modell*. Man muß zwischen Zusammenhang und zugehörigem mathematischem Modell unterscheiden. Es kann gelegentlich mehrere mathematische Modelle für einen real existierenden Zusammenhang geben.

3.1.1 Der Funktionsbegriff

Die mathematische Beschreibung der Abhängigkeit zweier Größen voneinander soll im folgenden genauer untersucht werden.

Beispiel: Gegeben sei eine an einer Seite eingespannte Feder. Die Feder werde aus ihrer Ruhelage ausgelenkt. Dann tritt eine rücktreibende Kraft auf. Es werden zwei Größen gemessen.

    1. Auslenkung x in m (Meter)
    2. Rücktreibende Kraft F in N (Newton)

Die Messung wird für verschiedene Werte von x ausgeführt. Dabei erhalten wir *Wertepaare* von Werten für x und F, die einander zugeordnet sind.

1. Darstellung: Die Wertepaare werden in einer Tabelle zusammengefaßt.

Auslenkung	Kraft
m	N
0	0
0,1	1,2
0,2	2,4
0,3	3,6
0,4	4,8
0,5	6,0
0,6	7,2

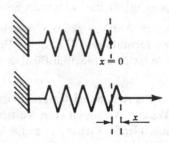

Eine solche Tabelle heißt *Wertetabelle*. Diese Zuordnung ist sinnvoll für alle Auslenkungen x, bei denen die Feder nicht bleibend verformt oder zerstört wird. Diesen Bereich der x-Werte nennen wir *Definitionsbereich*. Der entsprechende Bereich der F-Werte heißt *Wertevorrat* oder *Wertebereich*.

2. Darstellung: Wir stellen die Wertetabelle graphisch dar. Den Wertepaaren entsprechen die Punkte. Wir können darüber hinaus durch eine gezeichnete Kurve eine Zuordnung für alle Zwischenwerte herstellen.

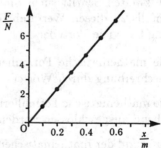

3. Darstellung: Der Zusammenhang zwischen x und F läßt sich innerhalb des Definitionsbereichs durch eine Formel (Rechenvorschrift) darstellen:

$$F = ax \qquad \text{mit} \qquad a = 12\frac{N}{m}$$

Für x können wir alle Werte aus dem Defintionsbereich einsetzen und erhalten damit die jeweils zugeordnete Größe F. Jedem x ist ein und nur ein F zugeordnet.

Das Gemeinsame bei den drei Darstellungen ist die eindeutige Zuordnung von x-Werten zu F-Werten. Diese Zuordnung heißt Funktion.[1]
In der Mathematik werden meist die Buchstaben x und y für Wertepaare benutzt.

---

[1] Im Anhang II wird diese Definition erläutert und präzisiert

| Definition: | Wird jedem Element x aus einer Menge A eindeutig ein Element y aus einer Menge B zugeordnet, so nennt man diese Zuordnung eine *Funktion*. | (3.1) |

Es gibt verschiedene Möglichkeiten, Darstellungen einer Funktion zu geben:

a) Aufstellung einer *Wertetabelle*,

b) *graphische Darstellung*,

c) Zuordnung der Größen zueinander durch eine *Rechenvorschrift*.

Hier werden wir vor allem die Zuordnung von zwei Größen durch Rechenvorschriften diskutieren. Alle drei Darstellungsmöglichkeiten hängen miteinander zusammen. Zum Beispiel läßt sich aus der Rechenvorschrift eine Wertetabelle gewinnen. Auch der umgekehrte Weg ist möglich, aus Wertetabellen lassen sich Rechenvorschriften gewinnen.

Häufig wird eine Funktion durch eine Rechenvorschrift festgelegt:

$$y = f(x)$$

Wir lesen dieses: „ y gleich f von x "

Der Ausdruck $f(x)$ heißt *Funktionsterm*. Die Gleichung selbst nennt man *Funktionsgleichung*.[2]

> Die Größe y läßt sich durch eine Rechenvorschrift aus der Größe x ermitteln. Das Argument x, auf das die Rechenvorschrift angewandt wird, steht in Klammern.
> y heißt *abhängige Variable*
> x heißt *unabhängige Variable* oder *Argument*

Ist die Rechenvorschrift bekannt, so läßt sich aus dem Funktionsterm zu jedem Wert des Arguments x des Definitionsbereiches der Funktionswert y ausrechnen.

Beispiel: $y = 3x^2$
Der Funktionsterm ist hier der Ausdruck $3x^2$.
Für einen gegebenen Wert des Arguments x – beispielsweise $x = 2$
– können wir ausrechnen:
$y = 3 \cdot (2 \cdot 2) = 12$

In vielen Fällen hängen bestimmte Größen von der Zeit ab. Beim freien Fall nimmt die Fallgeschwindigkeit mit der Fallzeit zu. Beim radioaktiven Zerfall nimmt die Menge des ursprünglichen Präparates mit der Zeit ab. Bei einem Pendel verändert sich die Lage periodisch mit der Zeit.

---

[2] Die Funktion ist durch die Angabe einer Funktionsgleichung noch nicht vollständig bestimmt. Sie muß durch die Angabe des Definitionsbereichs von x und des Wertevorrats ergänzt werden, soweit sich diese Angaben nicht unmittelbar aus dem Zusammenhang ergeben.

Es ist üblich, für einige Größen bestimmte Symbole zu benutzen. Für die Geschwindigkeit wird oft das Symbol v, für die Zeit das Symbol t benutzt. Diese Bezeichnungen sind aus dem Lateinischen abgeleitet (velocitas = Geschwindigkeit; tempus = Zeit). Für den Zusammenhang zwischen Fallgeschwindigkeit und Fallzeit können wir schreiben:

$$v = g \cdot t \qquad\qquad g = \text{Fallbeschleunigung}$$

3.2 Graphische Darstellung von Funktionen

Die Bedeutung der graphischen Darstellung liegt darin, daß sich mit ihrer Hilfe Funktionen geometrisch deuten und mit einem Blick erfassen lassen. Der Funktion

$$y = f(x)$$

entspricht eine geometrische Figur, der *Graph*. Der Zusammenhang der geometrischen und der analytischen – d.h. rechnerischen – Darstellung ist von Descartes gefunden worden. Die graphische Darstellung von Funktionen hat vielfache Bedeutung:

Veranschaulichung einer mathematischen Beziehung zwischen zwei physikalischen Größen
Die Beziehung zwischen zwei physikalischen Größen sei mathematisch durch eine Funktionsgleichung beschrieben. Die charakteristischen Eigenschaften dieser Beziehung lassen sich anhand des Graphen dieser Funktion oft unmittelbar erkennen.

Veranschaulichung einer empirisch gefundenen Beziehung zwischen zwei physikalischen Größen

Die Abbildung zeigt die Meßwerte für Spannung und Stromstärke an einer Glühlampe. Dabei ist die Spannung von Punkt zu Punkt um jeweils 10 Volt erhöht und die zugehörige Stromstärke gemessen worden.
Jede Messung ist mehrfach wiederholt. Eingetragen ist der Mittelwert dieser Messungen.

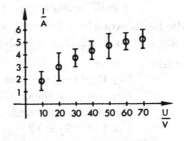

Die Einzelmessungen streuen infolge zufälliger und systematischer Meßfehler um diesen Mittelwert. Die Größe des Meßfehlers gibt man bei derartigen Darstellungen durch sogenannte *Fehlerbalken* an.[3]

---

[3] Im Kapitel – Fehlerrechnung – wird auf diese Punkte ausführlich eingegangen.

Unsere Aufgabe besteht darin, von den diskreten Punkten zu einer kontinuierlichen
Kurve überzugehen. Die Werte zwischen
den Meßpunkten sind unbekannt. Ein kontinuierlicher Kurvenzug kann in vielfacher
Weise durch die Meßpunkte gelegt werden.
Mit der Konstruktion des Kurvenzugs machen wir eine Voraussage über die Zwischenwerte – und das ist eine *Interpola-*
tion – Sowohl Kurve a) wie Kurve b) sind
mit den Messungen verträglich. Wir halten
Kurve b) für wahrscheinlicher.
Begründung: So lange es keine physikalischen Gründe gibt, die in Kurve a) ent-
haltenen Schwankungen anzunehmen, wird
man immer die einfachere Kurve für wahrscheinlicher halten.

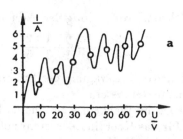

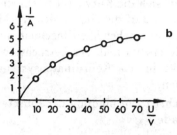

Die gezeichneten Kurven nennen wir *Ausgleichskurven*. Die Zuverlässigkeit der Ausgleichskurven hängt von der Größe der Fehler ab, mit denen die Messungen behaftet
sind.

Demgegenüber ist der eindeutige Übergang von einer gegebenen Formel zum Graphen immer möglich. Man kann eine Wertetabelle aufstellen und zu beliebig vielen
Werten des Arguments die Funktionswerte berechnen. Die Wertetabelle wird dann
Punkt für Punkt in das Koordinatensystem übertragen. Um den genauen Verlauf
der Kurve zu erhalten, müßten unendlich viele Punkte aufgetragen werden. In der
Praxis beschränkt man sich auf eine endliche Anzahl von Punkten und verbindet
sie mit einer Kurve.

Anschaulicher Vergleich zwischen Theorie und Experiment
In der Theorie wird die Abhängigkeit physikalischer Größen durch eine Funktionsgleichung beschrieben: deren Graph kann gezeichnet werden. Gleichzeitig können
experimentell gewonnene Meßpunkte eingetragen werden. Aus Übereinstimmung
oder Abweichung zwischen Meßpunkten und der theoretischen Kurve ergibt sich sofort ein Überblick über die Übereinstimmung zwischen Meßwerten und theoretischen
Voraussagen.

3.2.1 Ermittlung des Graphen aus der Gleichung für die Gerade

Gegeben sei eine Funktionsgleichung. Gesucht ist die graphische Darstellung:

$$y = 2x + 1$$

1. Schritt:[4] Aufstellung der Wertetabelle für $y = 2x + 1$

x	−2	−1	0	1	2
y	−3	−1	1	3	5

2. Schritt: Übertragung der Punkte in das Koordinatensystem.

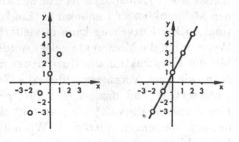

Hier ist die Wahl eines geeigneten Maßstabes für das Koordinatensystem notwendig, damit sich die Kurve gut zeichnen läßt. Einerseits darf die Kurve nicht zu klein werden. Dann gehen alle Einzelheiten verloren. Andererseits muß der betrachtete Teil der Kurve in das Koordinatensystem hineinpassen.

3. Schritt: Verbindung der Punkte durch die Kurve. In unserem Fall ergibt sich eine Gerade.

Die Funktionsgleichung einer Geraden heißt:

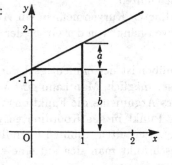

$$y = ax + b$$

Für zwei spezielle Werte des Arguments x läßt sich der Funktionswert sofort angeben. Damit kann man sich in jedem Fall rasch eine Übersicht über den Verlauf der Geraden verschaffen.

Für $x = 0$ ergibt sich $y(0) = b$
Für $x = 1$ ergibt sich $y(1) = a + b$

Geometrische Bedeutung der Konstanten a: a ist die *Steigung* der Geraden. Die Steigung einer Geraden ist definiert als

$$a = \frac{y_2 - y_1}{x_2 - x_1}$$

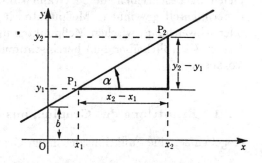

Dabei sind (x_1, y_1) und (x_2, y_2) zwei beliebige Punkte auf der Geraden.

Für die Koordinaten x_1 und y_1 gilt

$$y_1 = ax_1 + b$$

$$y_2 = ax_2 + b$$

---

[4] Wenn man bereits weiß, daß die Funktionsgleichung $y = 2x+1$ eine Gerade beschreibt, genügen zwei beliebige Wertepaare.

Setzt man dies in die Definitionsgleichung für die Steigung ein, so erhält man:

$$\frac{y_2 - y_1}{x_2 - x_1} = \frac{(ax_2 + b) - (ax_1 + b)}{x_2 - x_1} = \frac{a(x_2 - x_1)}{x_2 - x_1} = a$$

Sind also zwei Punkte der Geraden bekannt, so läßt sich a berechnen gemäß

$$a = \frac{y_2 - y_1}{x_2 - x_1}$$

Geometrische Bedeutung der Konstanten b: die Gerade schneidet die y-Achse; der Schnittpunkt hat die Ordinate b.

3.2.2   Bestimmung der Gleichung einer Geraden aus ihrem Graphen

Gegeben sei eine Gerade in einem Koordinatensystem. Gesucht wird die zugehörige Funktionsgleichung: $y = ax + b$.
In diesem Fall müssen wir die Gedankenführung des vorangegangenen Beispiels umkehren. Wir müssen zwei Konstanten bestimmen:

Steigung der Geraden: a
Konstantes Glied   : b

Aus dem Vorangegangenen wissen wir:

Für $x = 0$ wird $y = b$
Für $x = 1$ wird $y = a + b$

Damit läßt sich der Wert für b sowie der Wert für $(a + b)$ an den Stellen $x = 0$ und $x = 1$ aus der Zeichnung entnehmen. Auf der vorhergehenden Seite sind in der mittleren Abbildung $b = 1, 2$ und $a = 0, 5$.

Allgemein gilt: Sind von der Geraden zwei Punkte bekannt, so läßt sich die Funktionsgleichung immer angeben.

Für zwei feste Punkte gilt der erste Bruch, für einen festen Punkt und einen beliebigen Punkt der Geraden gilt der zweite Bruch:

$$\text{Steigung } a = \frac{y_2 - y_1}{x_2 - x_1} = \frac{y - y_1}{x - x_1}$$

3.2.3   Graphische Darstellung von Funktionen

Gegeben sei die Funktionsgleichung. Gesucht ist der Graph.

$$y = \frac{1}{x+1} + 1$$

1. Schritt: Aufstellung der Wertetabelle. Bei der Aufstellung von Wertetabellen ist es zweckmäßig, kompliziertere Funktionsterme und zusammengesetzte Funktionen schrittweise zu berechnen. Das ist hier im Beispiel durchgeführt. Die Anordnung der Tabelle ist immer eine Zweckmäßigkeitsfrage.

x	$x+1$	$\frac{1}{x+1}$	y
-4	-3	-0,33	0,67
-3	-2	-0,5	0,5
-2	-1	-1	0
-1	0	∞	∞
0	1	1	2
1	2	0,5	1,5
2	3	0,33	1,33
3	4	0,25	1,25
4	5	0,2	1,2

2. Schritt: Übertragung der Kurvenpunkte in das Koordinatensystem und die Zeichnung der Kurve.

Für $x = -1$ ergibt sich eine Schwierigkeit. Nähert sich x dem Wert -1, dann wächst der Funktionswert über alle Grenzen.

In dem Bereich zwischen -2 und Null müßte man mehrere zusätzliche Kurvenpunkte berechnen, wenn die Kurve genauer gezeichnet werden soll.

In jenen Bereichen, in denen sich die Kurve stark ändert, muß man die Kurvenpunkte dicht legen. In anderen Bereichen können die Abstände größer sein.

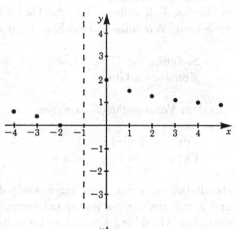

Die Abbildung zeigt eine Skizze der gesuchten Kurve. Durch Übung lernt man, Wertetabellen so anzulegen, daß sich der Graph gut zeichnen läßt.

In vielen Fällen verschafft man sich durch Freihandskizzen zunächst eine Übersicht. Dabei helfen *charakteristische Punkte*. Solche Punkte sind:

Pole: Pole heißen Stellen, in deren Umgebung die Funktionswerte über alle Grenzen wachsen oder fallen. In unserem Beispiel hat die Kurve einen Pol bei -1.

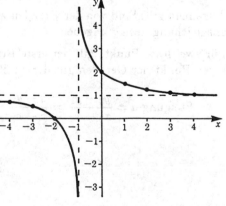

Bestimmung der Pole: Man sucht jene x-Werte der Funktionsgleichung, in denen y gegen Unendlich geht. Das ist beispielsweise der Fall für Brüche, deren Nenner gegen Null geht, während der Zähler nicht Null wird.

Zum Beispiel sei unsere Funktion auf Pole hin zu untersuchen.

$$y = \frac{1}{1+x} + 1$$

Für $x = -1$ hat der Nenner den Wert Null, und der Zähler ist von Null verschieden. Unsere Funktion hat einen Pol an der Stelle

$$x_p = -1$$

Der Nenner kann bei einer Polstelle das Vorzeichen wechseln. Man findet Pole auch, indem man den Kehrwert der Funktion bildet. Das ist der Ausdruck $1/y$

Dieser Ausdruck geht gegen Null, wenn y über alle Grenzen wächst. Damit gewinnt man eine Bestimmungsgleichung für x_p.

Asymptoten: Manche Kurven nähern sich für große x-Werte einer Geraden beliebig nahe an. Derartige *Näherungsgeraden* heißen Asymptoten. In unserem Beispiel haben wir eine Asymptote: Die Parallele zur x-Achse durch $y = 1$.

Nullstellen: Schneidet der Graph einer Funktion die x-Achse, so heißen die Abszissen der Schnittpunkte Nullstellen. Bestimmung der Nullstellen für:

$$y = \frac{1}{1+x} + 1$$

Für y wird der Wert 0 eingesetzt. Daraus ergibt sich durch Auflösen nach x die Nullstelle zu: $x_0 = -2$

Weitere charakteristische Punkte sind *Maxima, Minima* und *Wendepunkte*. Sie werden später im Kapitel „Differentialrechnung" erläutert.

Abschließend stellen wir die Funktion
$y = x^2 - 2x - 3$ graphisch dar. Es ist eine
Parabel.[5]
Die Funktion hat weder Pole noch Asymptoten. Die Nullstellen finden wir, indem wir $y = 0$ setzen und die quadratische Gleichung lösen:[6]

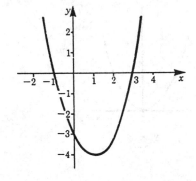

$$x_1 = 3$$
$$x_2 = -1$$

Computerprogramme wie Mathematica, Derive, Maple u.a. sind für den Fortgeschrittenen wirksame Hilfsmittel bei der graphischen Darstellung von Funktionen.

---

[5]Unter Parabel versteht man in der Mathematik alle ganzen rationalen Funktionen. Der Grad gibt die höchste vorkommende Potenz an. Hier handelt es sich um eine Parabel 2. Grades.

[6]Die Lösung quadratischer Gleichungen ist im Anhang III dargestellt.

3.2.4 Veränderung von Funktionsgleichungen und ihrer Graphen

Oft werden Funktionen durch Variation bestimmter Konstanten verändert. Anhand der Graphen werden jetzt die Auswirkungen häufig vorkommender Veränderungen gezeigt. Wir gehen dabei vom Beispiel der Parabel aus. Die Veränderungen selbst sind nicht auf die Parabel beschränkt, sondern gelten allgemein. Derartige Veränderungen werden später bei der Besprechung der trigonometrischen Funktionen benutzt.

Multiplikation des Funktionsterms mit einer Konstanten

Veränderung: Der Graph wird bezüglich der y-Achse mit einem Faktor C gestreckt, falls $C > 1$. Er wird gestaucht, falls $C < 1$.

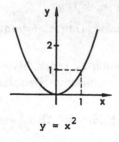

$$y = x^2$$

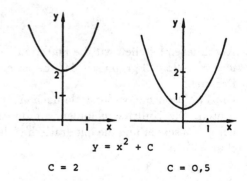

$$y = C \cdot x^2$$

C = 2   C = 0,5
Streckung   Stauchung

Addition einer Konstanten zum Funktionsterm

Veränderung: Der Graph wird in y-Richtung um den Betrag C verschoben.

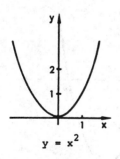

$$y = x^2$$

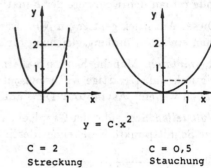

$$y = x^2 + C$$

C = 2   C = 0,5

Multiplikation des Arguments mit einer Konstanten

Veränderung: Der Graph wird bezüglich der x-Achse mit einem Faktor C gestaucht, falls $C > 1$. Er wird gestreckt, falls $C < 1$.

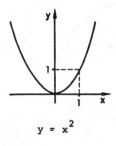

$$y = x^2$$

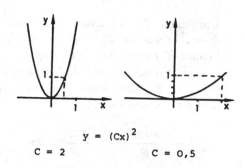

$$y = (Cx)^2$$

$$C = 2 \qquad C = 0{,}5$$

Addition einer Konstanten zum Argument

Veränderung: Der Graph wird um den Betrag C nach links verschoben, falls C positiv, er wird nach rechts verschoben, falls C negativ.

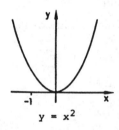

$$y = x^2$$

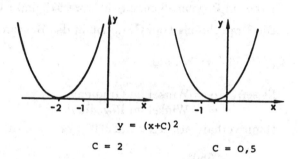

$$y = (x+C)^2$$

$$C = 2 \qquad C = 0{,}5$$

3.3 Winkelfunktionen, Trigonometrische Funktionen

3.3.1 Einheitskreis

Einheitskreis heißt in einem rechtwinkligen Koordinatensystem der Kreis um den Nullpunkt mit dem Radius 1. Der Einheitskreis ist ein für viele Zwecke hilfreicher Bezugsrahmen.

Messung von Winkeln: In der Geometrie werden Winkel im *Gradmaß* gemessen. Im Gradmaß hat ein rechter Winkel 90°. Ein ganzer Winkel hat 360°.

In der höheren Mathematik werden Winkel meist im *Bogenmaß* gemessen. Gradmaß und Bogenmaß hängen folgendermaßen zusammen:

Der Winkel φ in der Abbildung schneidet aus dem Kreis einen Kreisausschnitt heraus. Die Größe des Winkels ist eindeutig bestimmt durch das Verhältnis

$$\frac{Kreisausschnitt}{Radius}$$

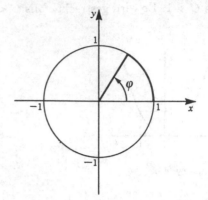

Um einen Winkel anzugeben, kann man dieses Verhältnis als Maß für den Winkel benutzen. Dieses Maß heißt *Bogenmaß*. Ein ganzer Winkel von 360° hat im Bogenmaß den Wert 2π. Er schließt einen vollen Kreisumfang ein und es gilt:

$$\frac{Kreisumfang}{R} = \frac{2\pi R}{R} = 2\pi$$

Das Verhältnis Kreisumfang zu Radius ist unabhängig vom Radius. Es ist bequem, sich auf den Einheitskreis zu beziehen. Dann ist das Bogenmaß eines Winkels gleich dem Zahlenwert der Länge des entsprechenden Kreisausschnittes.

Die Einheit des Winkels im Bogenmaß heißt Radiant, Abkürzung: rad. Der Winkel 1 rad im Bogenmaß entspricht etwa 57° und ist oben dargestellt.

Die Umrechnung vom Gradmaß in das Bogenmaß merkt man sich leicht. Es gilt:

$$360° = 2\pi \ rad.$$

Es sei: α = Winkel im Gradmaß
           φ = Winkel im Bogenmaß

Dann verhält sich $\alpha : \varphi$ wie $360° : 2\pi$.

$$\alpha = \frac{360°}{2\pi}\varphi$$

$$\varphi = \frac{2\pi}{360°}\alpha \ (rad)$$

Es gilt folgende Verabredung über den *Richtungssinn*:
Winkel werden positiv in Gegenuhrzeigerrichtung gezählt. Winkel in Uhrzeigerrichtung werden negativ gezählt. Gezählt wird von der positiven x-Achse aus.

3.3.2   Sinusfunktion

Die Sinusfunktion wird unter anderem zur Beschreibung von Schwingungsvorgängen (Pendelschwingung, elektrische Schwingung, Saitenschwingung und Schwingungen bei Wellen) gebraucht.

Der Sinus eines Winkels kann bekanntlich mit Hilfe eines rechtwinkligen Dreiecks definiert werden. Es ist der Quotient aus Gegenkathete und Hypotenuse. Dieser Quotient ist unabhängig von der Größe des Dreiecks.

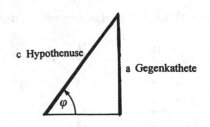

$$\sin \varphi = \frac{a}{c}$$

Um die *Sinusfunktion* zu gewinnen, übertragen wir die geometrische Definition auf eine Konstruktion im Einheitskreis. Der Ortsvektor des Punktes P schließt mit der Abszisse den Winkel φ ein. Die y-Koordinate ist gleich dem Sinus des Winkels φ, denn der Radius des Einheitskreises ist 1.

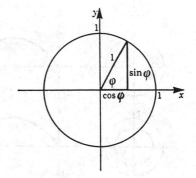

$$\sin \varphi = \frac{y}{r} = y$$

Dies gilt für alle Punkte des Einheitskreises und damit für beliebige Winkel zwischen 0 und $2\,\pi$.

Definition:	Der *Sinus eines Winkels* φ ist gleich der Ordinate des zum Winkel φ gehörenden Punktes P auf dem Einheitskreis. Der Sinus ist eine *Winkelfunktion* oder *Trigonometrische Funktion*.

Eine graphische Darstellung der *Sinusfunktion* $y = \sin \varphi$ gewinnen wir, wenn wir die Beziehung zwischen φ und $\sin \varphi$ in einem neuen Koordinatensystem darstellen. Wir tragen auf der Abszisse den Winkel φ ab. Bei einem Umlauf des Punktes P wächst φ von 0 bis 2π. Dem entspricht im neuen Koordinatensystem der Abschnitt 0 bis 2π. Über der Abszisse tragen wir nun schließlich für jeden Winkel als Ordinatenwert den Sinus auf. Für wachsende Werte von φ ist das in der Abbildungsreihe durchgeführt.

Der Winkel φ ist das Argument, der Sinus der Funktionswert.

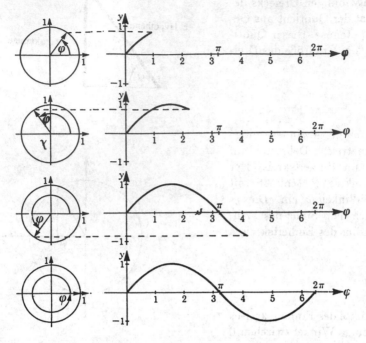

1. Verallgemeinerung: P kann den Einheitskreis mehrfach umlaufen. Dann wächst φ über den Wert 2π hinaus. Mit jedem Umlauf wiederholen sich die Werte für $\sin\varphi$ periodisch. Die Sinusfunktion hat die Periode 2π.

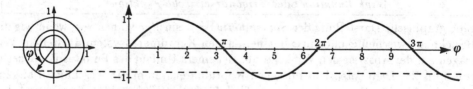

Definition:	Eine Funktion $y = f(x)$ heißt *periodisch* mit der *Periode a*, wenn für alle x aus dem Definitionsbereich gilt:

$$f(x + a) = f(x) \qquad\qquad (3.2)$$

a ist dabei der kleinste Wert, für den die obige Gleichung gilt. Bei einer periodischen Funktion wiederholt sich der Kurvenverlauf.

2. Verallgemeinerung: P kann den Einheitskreis in Gegenrichtung umlaufen. Damit kommen wir zu negativen Werten von φ. Dem entspricht die Fortsetzung der Sinusfunktion nach links.

Bei einem negativen φ-Wert, z.B. $\varphi = -1$, hat die Sinusfunktion, bis auf das Vorzeichen, den gleichen Wert wie bei $\varphi = +1$. Allgemein gilt[7]

$$\sin(-\varphi) = -\sin\varphi$$

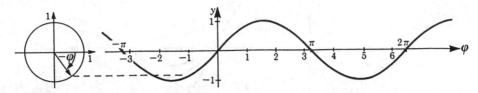

3. Verallgemeinerung: Bisher wurde die Sinusfunktion in einem φ-y-Koordinatensystem dargestellt. Benutzen wir ein normales x-y-Koordinatensystem, so müssen wir den Winkel umbenennen. Statt φ müssen wir ihn x nennen. Das ist eine reine Bezeichnungsänderung. Um Mißverständnisse auszuschließen: x bedeutet jetzt Winkel im Einheitskreis und *nicht* Abszisse im Einheitskreis.

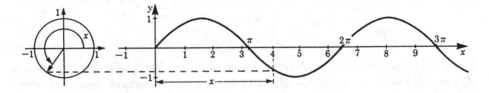

Die folgenden beiden Notationen sind gleichwertig:

$$y = \sin\varphi \qquad y = \sin x$$

Die Werte der Sinusfunktion bestimmt man entweder mit Hilfe eines Taschenrechners oder man entnimmt sie einer Tabelle. Bequemer ist der Taschenrechner.

Amplitude: Die Sinusfunktion hat als größten Wert[8] den Wert 1 und als kleinsten Wert den Wert -1. Multipliziert man die Sinusfunktion mit einem konstanten Faktor A, so erhält man eine Funktion, die den gleichen periodischen Charakter hat, deren Maximum aber den Wert A annimmt.

Definition:	*Amplitude* ist der Faktor A in der Funktion $y = A \cdot \sin(x)$.

---

[7] Folgende Funktionen heißen *gerade Funktion*: $f(-x) = +f(+x)$.
Folgende Funktionen heißen *ungerade Funktion*: $f(-x) = -f(+x)$.
Die Sinusfunktion ist also eine *ungerade Funktion*.
[8] Präziser ausgedrückt: Die Funktion $y = \sin x$ hat den Wertevorrat $-1 \le y \le +1$

Die Abbildung unten zeigt die Sinusfunktion für die Werte $A = 2, A = 1, A = 0,5$.[9]

$$y_1 = 2 \cdot \sin x \text{ (gestrichelt)}$$
$$y_2 = \sin x \text{ (durchgezogen)}$$
$$y_3 = 0,5 \cdot \sin x \text{ (strichpunktiert)}$$

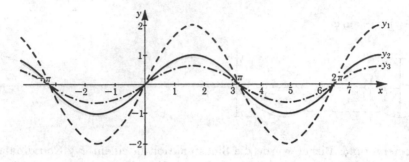

Periode: Multipliziert man das Argument der Sinusfunktion mit einem konstanten Faktor b, so wird der Graph bezüglich der x-Achse mit diesem Faktor gestaucht, falls $b > 1$. Damit verändert sich die Periode. Dies sei an einem konkreten Beispiel untersucht:

$$y = \sin(2x)$$

Der Funktionswert der Sinusfunktion wird von dem Term genommen, der hier in Klammern steht. In der Klammer steht bereits eine Funktion von x, nämlich $2x$. Um die Sinusfunktion darzustellen, stellen wir eine Wertetabelle auf.

Für einen gegebenen x-Wert wird zunächst der in der Klammer stehende Term ausgerechnet. Dann wird von diesem Term der Sinus ermittelt.

x	0	$\dfrac{\pi}{4}$	$\dfrac{\pi}{2}$	$\dfrac{3\pi}{4}$	π	$\dfrac{5}{4}\pi$	$\dfrac{6}{4}\pi$	$\dfrac{7}{4}\pi$	2π
$2x$	0	$\dfrac{\pi}{2}$	π	$\dfrac{3}{2}\pi$	2π	$\dfrac{5}{2}\pi$	3π	$\dfrac{7}{2}\pi$	4π
$\sin 2x$	0	1	0	-1	0	1	0	-1	0

---

[9] Die Funktion ist in y-Richtung um den Faktor A gestreckt oder gestaucht. Dies ist in Abschnitt 1.3.4 allgemein dargestellt worden.

In der Abbildung ist der Graph dieser Sinusfunktion gezeichnet. Diese Funktion hat die Periode π, sie oszilliert zweimal häufiger als die Funktion $y = \sin x$.[10]

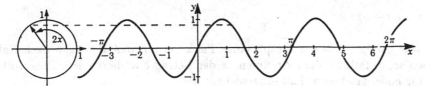

Gegeben sei die Sinusfunktion $y = \sin(b \cdot x)$. Wir suchen die Periode. Wir wissen, daß jede Sinusfunktion die Periode 2π hat.

Wir suchen also die kleinste Zahl x_p, für die gilt $\sin(b(x + x_p)) = \sin(bx)$.

Umgeformt: $\sin(bx+bx_p) = \sin(bx)$. Die obige Gleichung wird erfüllt durch $bx_p = 2\pi$. Die gesuchte Periode ist also

$$x_p = \frac{2\pi}{b}$$

Ist der Betrag von b kleiner als 1, so wird die Periode größer als 2π

Für den Ungeübten ist folgender Hinweis wichtig. Man muß sorgfältig unterscheiden zwischen einem Faktor A (Amplitude), der mit der ganzen Winkelfunktion multipliziert wird und einem Faktor b, der mit dem Argument multipliziert wird. Im letzteren Fall wird die Periode verändert.

Der Graph der Funktion $y = \sin bx$ ist für einen großen und einen kleinen Wert von b dargestellt.

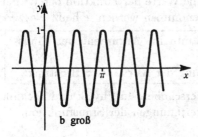

b groß

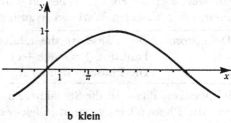

b klein

In Physik und Technik tritt häufig folgende Notation auf:

$$y = \sin(\omega t)$$

Statt der Konstanten b steht hier das Symbol ω. Es heißt *Kreisfrequenz*. t hat in dieser Schreibweise die Bedeutung der Zeit.[11]

---

[10] Die Funktion ist in y-Richtung um den Faktor 2 gestaucht.

[11] Die Frequenz f ist die Zahl der Schwingungen im Zeitintervall 1. Einheit der Frequenz ist das Hertz, Hz. Formelzeichen f und gelegentlich auch ν. Die Kreisfrequenz ω ist die Zahl der Schwingungen in dem Zeitintervall 2π. Frequenz und Kreisfrequenz hängen zusammen: $\omega = 2\pi f$

Phase: Schließlich soll noch die Bedeutung der Konstanten c in der folgenden Gleichung diskutiert werden

$$y = \sin(x + c)$$

In 3.2.4 war gezeigt, daß der Graph einer Funktion um den Betrag c nach links verschoben wird, falls zu dem Argument x der Betrag c addiert wird. Dies wollen wir hier für einen konkreten Fall untersuchen:

$$y = \sin\left(x + \frac{\pi}{2}\right)$$

Links unten ist die Wertetabelle aufgestellt. Rechts ist der Graph gezeichnet.

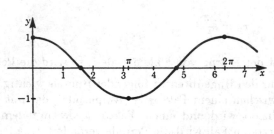

x	$x + \frac{\pi}{2}$	$\sin(x + \frac{\pi}{2})$
0	$\frac{\pi}{2}$	1
$\frac{\pi}{2}$	π	0
π	$\frac{3\pi}{2}$	-1
$\frac{3\pi}{2}$	2π	0
2π	$\frac{5\pi}{2}$	1
$\frac{5\pi}{2}$	3π	0
3π	$\frac{7\pi}{2}$	-1

Der Graph zeigt unmittelbar, daß die Sinuskurve hier um den Wert $\frac{\pi}{2}$ nach links verschoben ist. Der Term, von dem der Sinus genommen wird, ist immer bereits um den Wert c größer als x. Das bedeutet aber, daß alle Werte der Funktion bereits bei einem um c kleineren Wert des Arguments x angenommen werden. c heißt *Phase*.

Definition: Die *Phase* ist die additive Konstante im Argument der Sinus-Funktion $y = \sin(x + c)$.
Die Phase bestimmt die Verschiebung der Kurve in x-Richtung.

Bei positiver Phase ist die Sinuskurve nach links verschoben. In Physik und Technik wird die Phase oft φ_0 genannt. Gleichwertige Bezeichnungen der Sinusfunktion:

$$y = \sin(bx + c)$$
$$y = \sin(\omega t + \varphi_0)$$

Geometrisch bedeutet positives c eine Verschiebung nach links. Dementsprechend bedeutet φ_0 eine zeitliche Verschiebung einer Schwingung im Sinne einer Voreilung um den Phasenwinkel φ_0.

3.3.3 Kosinusfunktion

Geometrisch ist der Kosinus definiert als
Verhältnis der Ankathete zur Hypotenuse
im rechtwinkligen Dreieck.

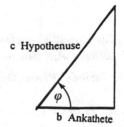

$$\cos\varphi = \frac{b}{c}$$

Wir betrachten wie bei der Sinusfunktion die Verhältnisse am Einheitskreis. Der Kosinus des Winkels φ ist gleich der Abszisse, der x-Komponente, des Punktes P.

> **Definition:** Der *Kosinus eines Winkels* φ ist gleich der Abszisse des zu φ gehörenden Punktes P auf dem Einheitskreis.

Dementsprechend können wir schreiben:

$$x = \cos\varphi$$

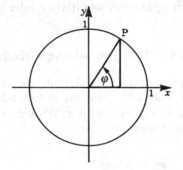

Diese Notierung ist jedoch unüblich, weil
sie leicht zu Mißverständnissen führt.
Die unabhängige Variable ist hier der Winkel φ, während es allgemeiner Brauch ist,
sie x zu nennen. Die abhängige Variable ist
hier x, während es allgemeiner Brauch ist,
sie y zu nennen.

Aus diesem Grund wechseln wir wie bei der
Sinusfunktion die Bezeichnung und ersetzen x durch y sowie φ durch x.

Der Einheitskreis in der Abbildung unten enthält die neuen Bezeichnungen. Für die Kosinusfunktion erhalten wir dann:

$$y = \cos x$$

Der Graph zeigt die Kosinusfunktion für positives und negatives x.

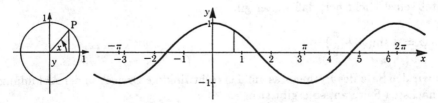

Die Kosinusfunktion ist eine gerade Funktion. Die Kosinusfunktion ist eine um die Phase $\frac{\pi}{2}$ nach links verschobene Sinusfunktion. Umgekehrt kann man die Sinusfunktion als eine um die Phase $\frac{\pi}{2}$ nach rechts verschobene Kosinusfunktion betrachten.

Es gilt $\cos x = \sin(x + \frac{\pi}{2})$ $\sin x = \cos(x - \frac{\pi}{2})$

Es ist eine Zweckmäßigkeitsfrage, ob zur Beschreibung von periodischen Vorgängen wie Schwingungen eine Sinus- oder eine Kosinusfunktion verwandt wird.

Amplitude, Periode, Phase: Der allgemeine Ausdruck für die Kosinusfunktion lautet:

$$y = A \cdot \cos(b \cdot x + c) \quad \text{oder} \quad y = \cos(\omega t + \varphi_0)$$

Die Konstanten A, b und ω, sowie c und φ_0 haben die gleiche Bedeutung und Wirkung wie bei der Sinusfunktion.

Amplitude: A: A streckt oder staucht die Funktion in y-Richtung.

Periode: Die Periode ist gegeben durch $x_p = \frac{2\pi}{b}$ oder $x_p = \frac{2\pi}{\omega}$
Die Periode staucht oder streckt die Funktion in x-Richtung bzw. in t-Richtung.

Phase: c oder φ_0
Die Phase verschiebt die Funktionskurve nach links (für positives c oder φ_0) oder nach rechts (für negatives c oder φ_0).

3.3.4   Zusammenhang zwischen Kosinus- und Sinusfunktion

Der zum Punkt P führende Ortsvektor schließe mit der x-Achse den Winkel φ ein. Der Punkt P_1 geht aus P dadurch hervor, daß von φ ein rechter Winkel abgezogen wird. Dann gilt:

$$\varphi_1 = \varphi - \frac{\pi}{2}$$

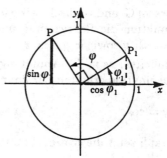

Aus der Abbildung geht unmittelbar hervor, daß

$$\sin \varphi = \cos \varphi_1 = \cos(\varphi - \frac{\pi}{2})$$

Man leitet selbst leicht her, daß weiter gilt:

$$\cos \varphi = +\sin(\varphi + \frac{\pi}{2})$$

Wenden wir den Satz des Pythagoras auf das rechtwinklige Dreieck in der Abbildung auf der nächsten Seite an, so ergibt sich

$$\sin^2 \varphi + \cos^2 \varphi = 1$$

Daraus folgen die beiden häufig benutzten
Ausdrücke:

$$\sin \varphi = +\sqrt{1 - \cos^2 \varphi}$$

$$\cos \varphi = +\sqrt{1 - \sin^2 \varphi}$$

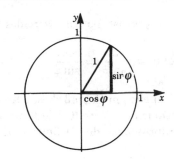

3.3.5   Tangens, Kotangens

Der *Tangens* des Winkels φ ist geometrisch definiert als Verhältnis der Gegenkathete
zur Ankathete.

$$\tan \varphi = \frac{a}{b}$$

Mit Benutzung der Definition von Sinus
und Kosinus wird daraus:

$$\tan \varphi = \frac{\sin \varphi}{\cos \varphi}$$

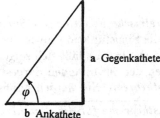

Ähnlich wie bei der Sinusfunktion läßt sich der Graph der Tangensfunktion geometrisch aus den Verhältnissen am Einheitskreis ableiten:
Wir errichten im Punkt $(1,0)$ die Tangente an den Einheitskreis. Wir verlängern
die Verbindung vom Nullpunkt zum Punkt P, bis sie die Tangente schneidet. Der
Schnittpunkt hat die Ordinate $\tan \varphi$.

Nähert sich φ dem Wert $\frac{\pi}{2}$, so wächst $\tan \varphi$ über alle Grenzen. Die Abbildung zeigt
den Graphen der Tangensfunktion

$$y = \tan \varphi$$

Die Tangensfunktion hat die Periode π. Wandert P aus dem 1. Quadranten in den
2. Quadranten, so verlängern wir den Ortsvektor nach rückwärts über den 0-Punkt
des Koordinatensystems hinaus. Diese Verlängerung hat einen Schnittpunkt mit der
Tangente in der unteren Halbebene.

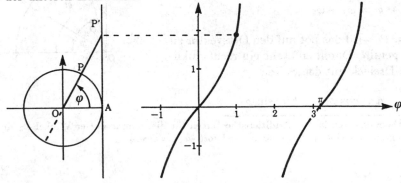

Der *Kotangens* ist als Kehrwert des Tangens definiert.

$$\cot \varphi = \frac{1}{\tan \varphi} = \frac{\cos \varphi}{\sin \varphi}$$

In der Tabelle am Schluß dieses Kapitels sind weitere Beziehungen zwischen Winkelfunktionen dargestellt. Die Beweise lassen sich durch geometrische Überlegungen und Umformungen der Definitionsgleichungen führen.

3.3.6 Additionstheoreme, Superposition von Trigonometrischen Funktionen

Trigonometrische Funktion der Summe von zwei Winkeln, Additionstheoreme
Hier soll die Sinusfunktion sowie die Kosinusfunktion für die *Summe zweier Winkel* angegeben werden. Es läßt sich zeigen, daß diese als Kombination trigonometrischer Funktionen der Summanden dargestellt werden können. Diese Beziehungen heißen *Additionstheoreme*. Sie werden häufig benutzt werden.

Additionstheoreme für die Summe zweier Winkel:

$$\sin(\varphi_1 + \varphi_2) = \sin \varphi_1 \cdot \cos \varphi_2 + \cos \varphi_1 \cdot \sin \varphi_2$$

$$\cos(\varphi_1 + \varphi_2) = \cos \varphi_1 \cdot \cos \varphi_2 - \sin \varphi_1 \cdot \sin \varphi_2$$

Additionstheoreme für die Differenz zweier Winkel[12]

$$\sin(\varphi_1 - \varphi_2) = \sin \varphi_1 \cdot \cos \varphi_2 - \cos \varphi_1 \cdot \sin \varphi_2$$

$$\cos(\varphi_1 - \varphi_2) = \cos \varphi_1 \cdot \cos \varphi_2 + \sin \varphi_1 \cdot \sin \varphi_2$$

Beweis der Additionstheoreme
Das Problem lautet, den Sinus für die Summe φ zweier Winkel φ_1 und φ_2 anzugeben.

$$\varphi = \varphi_1 + \varphi_2$$

Von P_2 wird das Lot auf den Ortsvektor zu P_1 gefällt. Damit entsteht ein rechtwinkliges Dreieck mit den Seiten

$$a = \cos \varphi_2 \qquad b = \sin \varphi_2$$

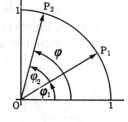

---

[12] Wir ersetzen in den Additionstheoremen für die Summe zweier Winkel φ_2 durch $-\varphi_2$ und beachten, daß $\sin(-\varphi_2) = -\sin \varphi_2$ und $\cos(-\varphi_2) = \cos \varphi_2$

Der Sinus des Winkels $\varphi = \varphi_1 + \varphi_2$ – in nebenstehender Abbildung dargestellt durch $\overrightarrow{P_2Q}$ – setzt sich aus zwei Teilstücken zusammen:

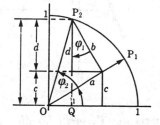

$$\sin(\varphi_1 + \varphi_2) = c + d$$

$$= a \cdot \sin\varphi_1 + b \cdot \cos\varphi_1$$

Wir setzen a und b ein und erhalten:

$$\sin(\varphi_1 + \varphi_2) = \sin\varphi_1 \cdot \cos\varphi_2 + \cos\varphi_1 \cdot \sin\varphi_2$$

Der Beweis für den Kosinus ergibt sich durch eine analoge Betrachtung.

$$\cos(\varphi_1 + \varphi_2) = \cos\varphi_1 \cdot \cos\varphi_2 - \sin\varphi_1 \cdot \sin\varphi_2$$

Superposition oder Summe von zwei trigonometrischen Funktionen gleicher Periode
Beide Funktionen sollen die gleiche Periode aber beliebige Amplituden haben. Qualitativ ist ein Ergebnis vor allem wichtig: die Summe auch Superposition genannt führt wieder zu einer trigonometrischen Funktion der gleichen Periode. Gegenüber den ursprünglichen Funktionen ist diese Funktion phasenverschoben. Ihre Amplitude hängt von den Amplituden der Ausgangsfunktionen ab.

Superposition zweier trigonometrischer Funktionen[13]
$A \cdot \sin\varphi + B \cdot \cos\varphi = C \cdot \sin(\varphi + \varphi_0)$
Amplitude: $\quad C = \sqrt{A^2 + B^2}$
Phase: $\quad \tan\varphi_0 = \dfrac{B}{A}$

Mit Hilfe dieser Beziehungen lassen sich die Überlagerungen von Schwingungen und Wellen gleicher Frequenz darstellen.

---

[13]Bei der Berechnung von φ_0 aufgrund dieser Beziehung muß weiter beachtet werden: Für ein gegebenes Verhältnis $\frac{A}{B}$ gibt es zwei Werte von φ_0. Der richtige Wert erfüllt die Zusatzbedingungen $\sin\varphi_0 = B \quad \cos\varphi_0 = A$

Die Abbildung zeigt die Superposition einer Funktion $y_1 = 1,2 \sin \varphi$ mit einer Funktion $y_2 = 1,6 \cos \varphi$ zu einer Resultierenden $y_3 = 2 \sin(\varphi + 53°) = (\varphi + 0,93 rad)$.

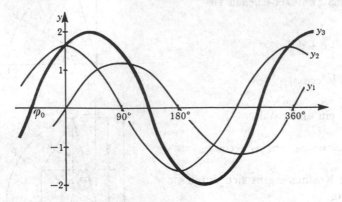

Beweis der Formeln für die Superposition

Wir entnehmen der Abbildung:

$$a = A \cdot \sin \varphi \quad b = B \cdot \cos \varphi$$

Wir haben somit die Beziehung

$$
\begin{aligned}
a + b &= A \cdot \sin \varphi + B \cdot \cos \varphi \\
&= C \cdot \sin(\varphi + \varphi_0)
\end{aligned}
$$

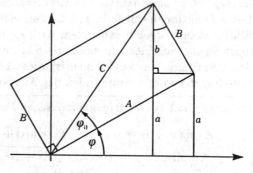

Wir müssen nun die noch unbekannten Größen C und φ_0 auf die bekannten Größen A und B zurückführen. Da B und A rechtwinklig aufeinander stehen, entnehmen wir sofort:

$$C = \sqrt{A^2 + B^2} \qquad \tan \varphi_0 = \frac{B}{A}$$

In der folgenden Tabelle ist eine Auswahl der für praktische Rechnungen wichtigen Beziehungen zwischen trigonometrischen Funktionen zusammengestellt. Alle Formeln ergeben sich aus den Additionstheoremen und den bereits bekannten Beziehungen zwischen den trigonometrischen Funktionen.

Beziehungen zwischen trigonometrischen Funktionen

$$\sin(-\varphi) = -\sin\varphi \qquad \sin^2\varphi + \cos^2\varphi = 1$$

$$\cos(-\varphi) = \cos\varphi \qquad \tan\varphi = \frac{\sin\varphi}{\cos\varphi}$$

$$\sin\left(\varphi + \frac{\pi}{2}\right) = \cos\varphi \qquad \cot\varphi = \frac{\cos\varphi}{\sin\varphi}$$

$$\cos\left(\varphi + \frac{\pi}{2}\right) = -\sin\varphi$$

Additionstheoreme

$$\sin(\varphi_1 + \varphi_2) = \sin\varphi_1 \cdot \cos\varphi_2 + \cos\varphi_1 \cdot \sin\varphi_2$$

$$\sin(\varphi_1 - \varphi_2) = \sin\varphi_1 \cdot \cos\varphi_2 - \cos\varphi_1 \cdot \sin\varphi_2$$

$$\cos(\varphi_1 + \varphi_2) = \cos\varphi_1 \cdot \cos\varphi_2 - \sin\varphi_1 \cdot \sin\varphi_2$$

$$\cos(\varphi_1 - \varphi_2) = \cos\varphi_1 \cdot \cos\varphi_2 + \sin\varphi_1 \cdot \sin\varphi_2$$

$$\sin 2\varphi = 2\sin\varphi \cdot \cos\varphi$$

$$\sin\frac{\varphi}{2} = \sqrt{\frac{1}{2}(1 - \cos\varphi)}$$

$$\sin\varphi_1 + \sin\varphi_2 = 2\left(\sin\frac{(\varphi_1 + \varphi_2)}{2} \cos\frac{(\varphi_1 - \varphi_2)}{2}\right)$$

Tabelle spezieller Funktionswerte

Bogenmaß	0	$\frac{\pi}{6}$	$\frac{\pi}{4}$	$\frac{\pi}{3}$	$\frac{\pi}{2}$
Gradmaß	$0°$	$30°$	$45°$	$60°$	$90°$
$\sin\varphi$	0	$\frac{1}{2} = 0,500$	$\frac{1}{2}\sqrt{2} \approx 0,707$	$\frac{1}{2}\sqrt{3} \approx 0,866$	1
$\cos\varphi$	1	$\frac{1}{2}\sqrt{3} \approx 0,866$	$\frac{1}{2}\sqrt{2} \approx 0,707$	$\frac{1}{2} = 0,500$	0
$\tan\varphi$	0	$\frac{1}{3}\sqrt{3} \approx 0,577$	1	$\sqrt{3} \approx 1,732$	$\pm\infty$

3.4 Übungsaufgaben

Wer die Aufgaben lösen kann, kann dann auch versuchen, sie mit Hilfe von Computerprogrammen zu lösen.

3.2   A)   Skizzieren Sie folgende Funktionen:
      a) $y = 3x - 4$ b) $y = x^3 - 2$

      B)   Skizzieren Sie die folgenden Funktionen und bestimmen Sie Nullstellen, Pole und Asymptoten:

      a) $y = x^2 - 2x - 3$ b) $y = -\dfrac{1}{x}$

      c) $y = \dfrac{1}{x^2 + x + 1}$ d) $y = \dfrac{1}{x} + x$

3.3.1 A)   Geben Sie im Bogenmaß an:
      a) 1°   b) 120°
      c) 45°   d) 412°

      B)   Geben Sie im Gradmaß an:
      a) 0,10   b) 1,79   c) 0,22
      d) 2,27   e) 0,95   f) 3,14

3.3.2 A)   Skizzieren Sie den Verlauf der folgenden Funktionen:

      a) $y = 2\sin\dfrac{2}{3}x$ b) $y = \sin(\dfrac{\pi}{2}x - 2)$ c) $y = 3\sin(2x - 1)$

      B)   Wie lautet die Gleichung der abgebildeten Funktion?

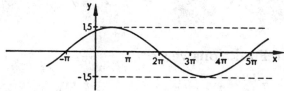

      C)   Bestimmen Sie die Periode der folgenden Sinusfunktionen:

      a) $y = 3\sin(\dfrac{1}{2}x)$ b) $y = 2\sin(3x + \dfrac{1}{4})$

      c) $y = \sin(\dfrac{3}{4}x - 2)$ d) $y = \sin(4\pi x)$

      D)   Wie lautet die Gleichung der Sinuskurve mit der Amplitude 4 und der Periode $\dfrac{\pi}{2}$?

3.3.3   a)   Ergänzen Sie: $\cos(u) = \sin(.....)$
           b)   Bestimmen Sie die Periode von $y = A\cos(4x)$
           c)   Bestimmen Sie die Periode von $y = A\sin(4x)$

3.3.4 Drücken Sie die folgenden Kosinuswerte durch Sinuswerte aus:

a) $\cos 11°$ b) $\cos 87°$ c) $\cos \dfrac{\pi}{4}$ d) $\cos(\dfrac{1}{3}\pi)$

3.3.5 A) Vereinfachen Sie folgende Ausdrücke:

a) $\cos^2 \varphi \cdot \tan^2 \varphi + \cos^2 \varphi$ b) $\dfrac{1 - \cos^2 \varphi}{\sin \varphi \cdot \cos \varphi}$

c) $1 - \dfrac{a}{\cos^2 \varphi}$ d) $\dfrac{1}{1 - \sin \varphi} + \dfrac{1}{1 + \sin \varphi}$

B) Formen Sie um mit Hilfe der Tabelle:

a) $\dfrac{\sin(\omega_1 + \omega_2) + \sin(\omega_1 - \omega_2)}{\cos(\omega_1 + \omega_2) + \cos(\omega_1 - \omega_2)}$ b) $\cos(45° + a) + \cos(45° - a)$

c) $\dfrac{\cos^2 \varphi}{\sin 2\varphi}$

C) Überprüfen Sie die Gleichung

$$\sin \varphi_1 + \sin \varphi_2 = 2 \sin \dfrac{\varphi_1 + \varphi_2}{2} \quad \cos \quad \dfrac{\varphi_1 - \varphi_2}{2}$$

anhand der Werte

$$\varphi_1 = \dfrac{\pi}{2}; \quad \varphi_2 = \dfrac{\pi}{6} \left[\sin \dfrac{\pi}{6} = \dfrac{1}{2}; \quad \cos \dfrac{\pi}{6} = \sin \dfrac{\pi}{3} = \dfrac{1}{2}\sqrt{3} \right]$$

Lösungen

3.2 A a)

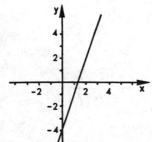

b)

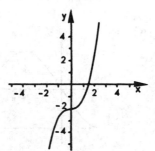

3.2 B a)

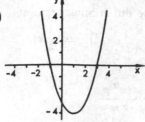

b)

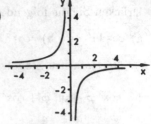

Nullst.   :   x = - 1, x = 3
Pol   :   *keine*
Asympt.   :   *keine*

Nullst.   :   *keine*
Pol   :   x = 0
Asympt.   :   x-Achse

c)

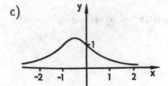

d)

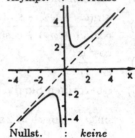

Nullst.   :   *keine*
Pol   :   *keine*
Asympt.   :   x-Achse

Nullst.   :   *keine*
Pol   :   x = 0
Asympt.   :   Gerade y = x

3.3.1 A) a) 0,017   b) 2,09   c) 0,785   d) 7,19

B) a) 5,73°   b) 102,56°   c) 12,61°   d) 130,06°

e) 54,43°   f) 180°

3.3.2 A) a)

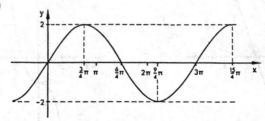

b)

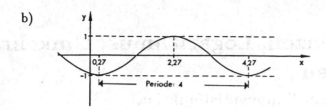

c)

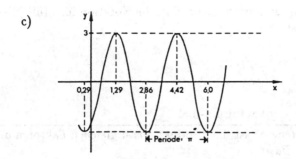

3.3.2 B) $y = 1,5 \sin \left(\dfrac{x + \pi}{3} \right)$

   C) a) 4π b) $\dfrac{2}{3}\pi$ c) $\dfrac{8}{3}\pi$ d) $\dfrac{1}{2}$

   D) $y = 4 \sin(4x + c)$

3.3.3 a) $\sin(u + \dfrac{\pi}{2})$ b) $\dfrac{1}{2}\pi$ c) $\dfrac{1}{2}\pi$

3.3.4 a) $\sin 79^\circ$ b) $\sin 3^\circ$ c) $\sin(\dfrac{\pi}{4})$ d) $\sin(\dfrac{1}{6}\pi)$

3.3.5 A) a) 1   b) $\tan \varphi$ c) $-\tan^2 \varphi$ d) $\dfrac{2}{\cos^2 \pi}$

   B) a) $\dfrac{2 \sin \omega_1 \cos \omega_2}{2 \cos \omega_1 \cos \omega_2} = \tan \omega_1$ b) $2 \cos 45^\circ \cos a = \sqrt{2} \cos \alpha$

   c) $\dfrac{\cos^2 \varphi}{2 \sin \varphi \cos \varphi} = \dfrac{1}{2} \cot \varphi$

   C) a) $\sin \dfrac{\pi}{2} + \sin \dfrac{\pi}{6} = \dfrac{3}{2};$ $2 \sin \dfrac{\pi}{3} \cos \dfrac{\pi}{6} = \dfrac{3}{2}$

4   Potenzen, Logarithmus, Umkehrfunktionen

4.1   Potenzen, Exponentialfunktion

4.1.1   Potenzen

Die Potenzschreibweise ist zunächst eine einfache Notation für Multiplikationen einer Zahl mit sich selbst.

Beispiel: $a^1 = a$

$\qquad a^2 = a \cdot a$

$\qquad a^3 = a \cdot a \cdot a$

$\qquad \dots\dots\dots\dots$

$\qquad a^n = a \cdot a \cdot a \cdots a$ Faktor a n-mal

Definition:	Die *Potenz* a^n ist das Produkt aus n gleichen Faktoren a.
	a heißt *Basis*
	n heißt *Hochzahl* oder *Exponent*

Hier sind Potenzen zunächst für positive ganzzahlige Exponenten definiert. Die Bedeutung negativer Exponenten ergibt sich aus der folgenden Überlegung: Wir können die jeweils niedrigere Potenz aus der jeweils höheren gewinnen:

$$a^{n-1} = \frac{a^n}{a}$$

Wir verringern n fortlaufend um 1. Wenn wir bei $n = 1$ angelangt sind, erhalten wir die Beziehung $a^0 = 1$. Anschließend ergeben sich negative Exponenten, deren Bedeutung nun klar wird.

$$n > 0 \qquad a^1 \;=\; \frac{a^2}{a} \;=\; a$$

$$n = 0 \qquad a^0 \;=\; \frac{a^1}{a} \;=\; 1$$

$$n < 0 \qquad a^{-1} \;=\; \frac{a^0}{a} \;=\; \frac{1}{a}$$

Definition:	$a^{-n} = \dfrac{1}{a^{+n}}$ dementsprechend $a^{+n} = \dfrac{1}{a^{-n}}$

$a^0 = 1$ gilt für jede Basis $a : 10^0 = e^0 = 2^0 = 1$

Ausnahme: 0^0 bleibt undefiniert.

Wir haben hier Potenzen mit negativen Exponenten definiert, indem wir ein mathematisches Gesetz, das zunächst für einen begrenzten Definitionsbereich galt, auf andere Bereiche übertragen haben.

4.1.2   Rechenregeln für Potenzen

Bei gleicher Basis a gelten folgende Regeln:

$$\boxed{\text{PRODUKT:} \qquad a^n \cdot a^m = a^{n+m}}$$

Begründung: $a^n \cdot a^m = \underbrace{(aaa \cdots a)}_{n-mal} \cdot \underbrace{(aaa \cdots a)}_{m-mal} = a^{n+m}$

$$\boxed{\text{QUOTIENT:} \qquad \frac{a^n}{a^m} = a^{n-m}}$$

Begründung: $\dfrac{a^n}{a^m} = \dfrac{\overbrace{(aaa \cdots a)}^{n-mal}}{\underbrace{(aaa \cdots a)}_{m-mal}} = a^{n-m}$

$$\boxed{\text{POTENZ:} \qquad (a^n)^m = a^{n \cdot m}}$$

Begründung: $(a^n)^m = \underbrace{\underbrace{(aaa \cdots a)}_{n-mal} \cdot \underbrace{(aaa \cdots a)}_{n-mal} \ldots \underbrace{(aaa \cdots a)}_{n-mal}}_{m-mal}$

Das ergibt ausgeschrieben m Klammern mit je n Faktoren. Insgesamt also $n \cdot m$ Faktoren a.

$$\boxed{\text{WURZEL:}[1] \qquad a^{\frac{1}{m}} = \sqrt[m]{a}}$$

daraus folgt $a^{\frac{n}{m}} = a^{n \cdot \frac{1}{m}} = \sqrt[m]{a^n}$

In unseren Überlegungen hatten wir stillschweigend vorausgesetzt, daß n und m ganzzahlig sind. Diese Voraussetzung kann – hier ohne Beweis – fallen gelassen werden. Alle Rechenregeln gelten auch für beliebige Exponenten. Die Potenzen für beliebige reelle Zahlen werden nach einer Methode berechnet, die erst in Kapitel 7 (Taylorreihen, Potenzreihenentwicklung) erläutert werden kann. Diese Methode wird im Taschenrechner angewandt, wenn Potenzen mit beliebigen Exponenten berechnet werden.

Drei Werte werden besonders häufig als Basis für Potenzen benutzt:

Basis 10:   In der Natur kommen extrem kleine Werte (Beispiel Atomphysik) und extrem große Werte (Astronomie) vor. Mit Hilfe von Potenzen zur Basis 10 lassen sich Werte verschiedener Größenordnung leicht in der gleichen Maßeinheit angeben.

Beispiele: Entfernung Erde-Mond: $3,8 \cdot 10^8$m
Größe eines Erwachsenen: $1,8 \cdot 10^0$m
Radius des Wasserstoffatoms: $0,5 \cdot 10^{-10}$m

Basis 2:   Potenzen zur Basis 2 werden in der Datenverarbeitung und in der Informationstheorie benutzt.

---

[1]Potenzen mit gebrochenen Exponenten werden hier nur für eine positive Basis a definiert.

Basis e: e ist die Eulersche Zahl. Ihr Zahlenwert: $e = 2,71828...$
Die Bedeutung der Zahl e und der auf ihr aufbauenden Potenzen
wird in den Kapiteln Differentialrechnung und Integralrechnung
deutlich werden. Sie ist die in physikalischen Rechnungen am meisten benutzte Basis.

4.1.3   Exponentialfunktion

Die Funktion $y = a^x$ heißt *Exponentialfunktion*. In der Exponentialfunktion steht
die unabhängige Variable im Exponenten.

Beispiel: $y = 2^x$

Für diese Exponentialfunktion läßt sich die Wertetabelle leicht angeben.

x	-3	-2	-1	0	1	2	3
2^x	$0,125$	$0,25$	$0,5$	1	2	4	8

Aufgrund der Tabelle kann ein Graph gezeichnet werden.

In der Abbildung sind die Graphen für die Exponentialfunktionen

$$y = 2^x, y = e^x, y = 10^x$$

gezeichnet. Diese Exponentialfunktionen gehen für $x = 0$ durch den Punkt $y = 1$. Exponentialfunktionen sind graphisch schwer darzustellen, da sie für größere x-Werte rasch an-
steigen. Die Exponentialfunktionen steigen für
genügend große x-Werte schneller an als jede
Potenzfunktion, wenn die Basis größer als 1
ist.

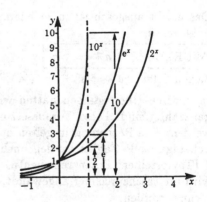

Exponentialfunktionen können Wachstumsgesetzmäßigkeiten beschreiben: In einer
Kultur werden Bakterien gezüchtet. Durch Zellteilung vermehren sich die Bakterien
in einem Zeitraum von 10 Stunden auf das Doppelte. Zu Beginn des Versuchs seien
N Bakterien vorhanden. Die Wertetabelle gibt das Wachstum der Bakterien an.

Zeit (Stunden)	Menge der Bakterien
0	1 N
10	2 N
20	4 N
30	8 N
40	16 N
50	32 N

Der Zusammenhang läßt sich durch eine Exponentialfunktion beschreiben:

$$y = N \cdot 2^{\left(\dfrac{t}{10\,Stunden}\right)} = N \cdot 2^{\left(0{,}1\dfrac{t}{Stunden}\right)}$$

Der Koeffizient 0,1 ergibt sich aus der Überlegung, daß nach genau 10 Zeiteinheiten – hier rechnen wir in Stunden – eine Verdoppelung eintreten soll. Allgemein ergibt sich dieser Koeffizient als Kehrwert der „Verdoppelungszeit" T. Wir können also auch schreiben[2]

$$y = N \cdot 2^{\frac{t}{T}}$$

Im Bereich der Physik ist eine andere Gruppe von Exponentialfunktionen häufiger: die *fallende Exponentialfunktion*.

Beispiel: Radium ist ein Stoff, der ohne äußere Einwirkung unter Aussendung von α-, β-, γ-Strahlung zerfällt. Messungen ergeben, daß von einer bestimmten Menge Radium in einem Zeitraum von 1580 Jahren genau die Hälfte zerfallen ist. Im Gegensatz zu den bisher behandelten Exponentialfunktionen nimmt hier die Menge des jeweils noch vorhandenen Radiums ab. Dieser Zusammenhang läßt sich durch eine Exponentialfunktion der Form

$$y = A \cdot 2^{-a \cdot t}$$

beschreiben. Die Zeit, in der die Hälfte des Radiums zerfallen ist, nennen wir Halbwertzeit t_h. Dann ergibt sich das radioaktive Zerfallsgesetz zu[3]

$$y = A \cdot 2^{-\frac{t}{t_h}}$$

---

[2] Unter Benutzung der im nächsten Abschnitt erläuterten Logarithmen sei eine gebräuchliche Umformung durchgeführt. Es ist möglich, den gleichen Zusammenhang durch eine Exponentialfunktion zur Basis e auszudrücken. Dazu benutzen wir die Beziehung $2 = e^{\ln 2}$. Setzen wir dies für den Wert 2 in die ursprüngliche Gleichung ein, erhalten wir $y = A e^{(\ln 2)\frac{t}{T}}$.

[3] Auch diese Gleichung läßt sich als Exponentialfunktion zur Basis e schreiben. Mit $2 = e^{\ln 2}$ können wir schreiben $y = A \cdot e^{-(\ln 2)\frac{t}{t_h}}$ oder $y = A \cdot e^{-\lambda t}$ mit $\lambda = \frac{\ln 2}{t_h}$. λ wird als *Zerfallskonstante* bezeichnet.

Die Abbildung zeigt die fallende Exponentialkurve für den Zerfall des Radiums.

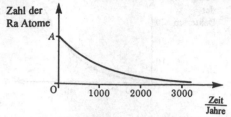

Die fallende Exponentialkurve tritt auch bei gedämpften Schwingungen auf sowie bei Kondensatorentladungen und vielen Ausgleichsvorgängen.

Schließlich sei eine verwandte Funktion erwähnt, die sowohl für positive als auch für negative Abszissenwerte endlich bleibt. Es ist die Funktion $y = e^{-x^2}$. Ihr Graph heißt auch Glockenkurve.

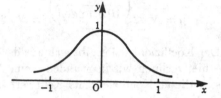

Dieser Funktionstyp beschreibt die Verteilung von Zufallsfehlern, die im Kapitel „Fehlerrechnung" behandelt wird.

4.2   Logarithmus, Logarithmusfunktion

4.2.1   Logarithmus

a) Logarithmus zur Basis 10
Bei der Potenzrechnung wurden Aufgaben des folgenden Typs gelöst:

$$y = 10^x$$

Zu berechnen war y. Für ganzzahlige Werte von x ist die Rechnung unmittelbar auszuführen. In diesem Abschnitt betrachten wir die umgekehrte Fragestellung: Gegeben sei die Gleichung

$$10^x = 1000$$

Gesucht ist der Exponent x.
Als Lösung ergibt sich unmittelbar (weil wir wissen, daß 1000 gleich 10^3 ist):

$$x = 3$$

Wie wird die Lösung systematisch gewonnen? Offensichtlich nach folgendem Gedankengang: Gegeben sei die Gleichung

$$10^x = 1000$$

Wir schreiben beide Seiten der Gleichung als Potenzen zur gleichen Basis:

$$10^x = 10^3$$

Damit haben wir die Möglichkeit gewonnen, die Exponenten miteinander zu vergleichen. Es gilt: Sind zwei Potenzen zur gleichen Basis gleich, so sind auch ihre Exponenten gleich.

Aus $\quad 10^x = 10^3$ folgt $\quad x = 3$

Neues Beispiel:

$$10^x = 100\,000$$

Gesucht ist wieder x. Wir schreiben die Lösungsschritte systematisch auf.

1. Lösungsschritt: Wir schreiben beide Seiten der Gleichung als Potenz $10^x = 10^5$

2. Lösungsschritt: Wir vergleichen die Exponenten $x = 5$

In Worten: Gegeben war hier die Zahl 100 000. Gesucht war der Exponent zur Basis 10, der eben diesen Wert ergibt. Dieser Exponent ist 5. Dieser Exponent hat einen neuen Namen. Er heißt *Logarithmus*.

Die folgenden Sätze sind gleichwertig:
$\qquad x$ ist der Exponent zur Basis 10, der die Zahl 100 000 ergibt.
$\qquad x$ ist der Logarithmus zur Zahl 100 000
Für diese Aussage wird eine neue Schreibweise eingeführt.

$$x = \log 100\,000 = 5$$

Gelesen: x ist der Logarithmus der Zahl 100 000 oder kürzer: x ist der Logarithmus von 100 000

Schreibweise: Die Gleichung $10^x = 100\,000$ kann geschrieben werden:
$\qquad 10^x = 10^{\log 100\,000}$ oder $x = \log 100\,000 = 5$

Damit keine Zweifel über die Basis bestehen können, muß diese angegeben werden. Sie wird als Index geschrieben. Zwei Schreibweisen sind gebräuchlich:

$$x = \log_{10} 100\,000$$

$$x =_{10} \log 100\,000$$

Wir werden die erste Schreibweise benutzen.

b) Logarithmus zur Basis 2
Alle Überlegungen können auf die Potenzschreibweise mit der Basis 2 übertragen werden. Aufgabe: Die Gleichung $2^x = 64$ sei nach x aufzulösen.

Wir schreiben wieder beide Seiten als Potenz mit gleicher Basis: $2^x = 2^6$

Wir vergleichen die Exponenten: $x = 6$

Die Hochzahl, die zur Basis 2 den angegebenen Wert 64 ergibt, ist 6. Dieses Ergebnis kann auch in unserer neuen Schreibweise ausgedrückt werden:

$$x = \log_2 64 = 6 \qquad \text{oder} \qquad 2^{\log_2 64} = 64$$

c) Allgemeine Definition des Logarithmus

Wir führen den Begriff des Logarithmus bei beliebiger positiver Basis a ein:

> Definition: Der Logarithmus einer Zahl c zur Basis a ist diejenige Hochzahl x, mit der man a potenzieren muß, um c zu erhalten.
> In Gleichungsform lautet die Definition:
>
> $$a^{\log_a c} = c$$

Man muß sich einprägen, daß der Logarithmus eine Hochzahl oder ein Exponent ist. Jetzt kann die folgende Gleichung systematisch nach x aufgelöst werden:

$$a^x = c$$

1. Lösungsschritt: Wir schreiben beide Seiten als Potenz mit gleicher Basis

$$a^x = a^{\log_a c}$$

2. Lösungsschritt: Wir vergleichen die beiden Exponenten

$$x = \log_a c$$

In den einführenden Beispielen waren die Zahlen so gewählt, daß sie sich in der Form a^x mit ganzzahligem x schreiben ließen. In den meisten Fällen ist x nicht ganzzahlig. Die Grundlagen für ihre Berechnung werden in Kapitel „Taylorreihen" behandelt.

Viele Gleichungen mit x im Exponenten oder Gleichungen, in denen Exponenten auftreten, nehmen eine einfachere Gestalt an, wenn man sie logarithmiert. *Logarithmieren* ist eine Umformung; sie besteht aus zwei Schritten.

Gegeben sei die Gleichung $y = a^x$.

1. Lösungsschritt: Beide Seiten werden als Potenz zur gleichen Basis geschrieben.

$$a^{\log_a y} = a^x$$

2. Lösungsschritt: Die Exponenten müssen gleich sein. Also gilt

$$\log_a y = x \qquad \text{oder} \qquad \log_a(a^x) = x$$

Beim Logarithmus muß jeweils die Basis durch einen tiefgestellten Index angegeben werden. Die Schreibweise ist schwerfällig. Bei den gebräuchlichen Logarithmen sind daher Sonderbezeichnungen üblich. Man muß sie kennen.

Basis 10: Logarithmen zur Basis 10 heißen dekadische Logarithmen. Mit dekadischen Logarithmen werden numerische Rechnungen durchgeführt. Abkürzung: $\log_{10} = \lg$

Basis e: Logarithmen zur Basis e heißen natürliche Logarithmen. Sie werden in der höheren Mathematik häufig benutzt, vor allem auch in analytischen Rechnungen, die sich auf physikalische Probleme beziehen. Abkürzung: $\log_e = \ln$ (ln ist die Abkürzung für logarithmus naturalis.)

Basis 2: Logarithmen zur Basis 2 werden vor allem in der Informationstheorie und in der Datenverarbeitung benutzt. Abkürzung: $\log_2 = \mathrm{ld}$ (ld ist hergeleitet von logarithmus dualis)

Die numerischen Werte für Logarithmen bestimmt man entweder mit Hilfe eines Taschenrechners oder man entnimmt sie Tabellen.

4.2.2 Rechenregeln für Logarithmen

Die Rechenregeln für Logarithmen ergeben sich aus den Potenzgesetzen, da Logarithmen Exponenten sind. Bei gleicher Basis wird die Multiplikation von Potenzen auf die Addition der Exponenten zurückgeführt. Für die übrigen Rechenoperationen gilt das Analoge. Der Grundgedanke der Logarithmenrechnung ist, Rechnungen anstatt mit den Ausgangswerten mit deren Exponenten durchzuführen.

Die Rechenregeln werden für Logarithmen zur Basis 10 – also für dekadische Logarithmen – abgeleitet. Sie gelten für alle Logarithmen. Es werden folgende Abkürzungen benutzt:

$$10^n = A \quad \text{oder} \quad A = 10^{\lg A} \quad \text{oder} \quad \lg A = n$$

$$10^m = B \quad \text{oder} \quad B = 10^{\lg B} \quad \text{oder} \quad \lg B = m$$

$$\boxed{\text{MULTIPLIKATION:} \quad \lg(AB) = \lg A + \lg B}$$

Beweis: Für Potenzen gilt: $AB = 10^n \cdot 10^m = 10^{n+m} = 10^{\lg A + \lg B}$
Also gilt weiter:

$$\lg AB = \lg A + \lg B$$

$$\boxed{\text{DIVISION:} \quad \lg \frac{A}{B} = \lg A - \lg B}$$

Für Potenzen gilt:

$$\frac{A}{B} = \frac{10^n}{10^m} = 10^{n-m} = 10^{\lg A - \lg B}$$

also gilt weiter: $\lg \frac{A}{B} = \lg A - \lg B$

$$\boxed{\text{POTENZ:} \qquad \lg A^m = m \lg A}$$

Beweis $A^m = (10^n)^m = 10^{nm} = 10^{m \lg A}$

Also gilt weiter: $\lg A^m = m \cdot \lg A$

$$\boxed{\text{WURZEL:} \qquad \lg \sqrt[m]{A} = \frac{1}{m} \lg A = \frac{1}{m} \lg A}$$

Für Potenzen gilt:

$$\sqrt[m]{A} = \lg 10^{(\lg A) \frac{1}{m}}$$

Also gilt weiter: $\lg^m \sqrt{A} = \lg 10^{\frac{1}{m} \cdot \log A}$

Es ist unmittelbar evident, daß die Regeln für das Rechnen mit dekadischen Logarithmen auf Logarithmen mit einer beliebigen Basis übertragen werden können. Allgemein gelten dann folgende Rechenregeln:

$$\boxed{\text{MULTIPLIKATION:} \qquad \log_a AB = \log_a A + \log_a B}$$

Man erhält den Logarithmus eines Produktes, indem man die Logarithmen der Faktoren addiert.

$$\boxed{\text{DIVISION:} \qquad \log_a \frac{A}{B} = \log_a A - \log_a B}$$

Man erhält den Logarithmus eines Bruches, indem man vom Logarithmus des Zählers den Logarithmus des Nenners abzieht.

$$\boxed{\text{POTENZ:} \qquad \log_a A^m = m(\log_a A)}$$

Man erhält den Logarithmus einer Potenz, indem man den Logarithmus der Zahl mit dem Exponenten multipliziert.

$$\boxed{\text{WURZEL:} \qquad \log_a \sqrt[m]{A} = \frac{1}{m}(\log_a A)}$$

Man erhält den Logarithmus einer Wurzel, indem man den Logarithmus der unter dem Wurzelzeichen stehenden Zahl durch die Zahl dividiert, die über dem Wurzelzeichen steht.

Kennt man für beliebige Zahlen die Logarithmen, so kann man die Multiplikation auf die Addition ihrer Logarithmen zurückführen. Die Division wird auf die Subtraktion der Logarithmen zurückgeführt; Potenzieren wird auf Multiplikation der Logarithmen und das Wurzelziehen auf die Division der Logarithmen zurückgeführt.

Man kann Logarithmen einer gegebenen Basis auf eine andere Basis umrechnen. Die Umrechnung sei hier am Beispiel der Umrechnung dekadischer Logarithmen auf natürliche Logarithmen durchgeführt.

Gegeben sei der dekadische Logarithmus einer Zahl c.

Gesucht sei der natürliche Logarithmus der Zahl c. Dann gilt:

$$c = 10^{\lg c} = e^{\ln c}$$

Wir formen so um, daß auf beiden Seiten die gleiche Basis – nämlich 10 – benutzt wird. Wegen $e = 10^{\lg e}$ können wir e ersetzen und erhalten

$$10^{\lg c} = 10^{\lg e \cdot \ln c}$$

Damit gilt auch:

$$\lg c = \lg e \cdot \ln c$$

Jetzt brauchen wir nur noch nach $\ln c$ aufzulösen und erhalten

$$\ln c = \frac{\lg c}{\lg e} \qquad \text{mit } \lg e \approx 0,434 \qquad \ln c \approx \frac{\lg c}{0,434}$$

4.2.3 Logarithmusfunktion

Logarithmusfunktion heißt folgende Funktion:
$y = \log_a x$

Die Gleichung ist gleichbedeutend mit $a^y = x$
$(a > 0)$

In der Abbildung rechts ist die Logarithmusfunktion für $a = 2$ dargestellt:

$$y = \text{ld } x$$

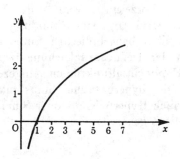

Die Logarithmusfunktion steigt monoton.

In der zweiten Abbildung sind die Logarithmusfunktionen für die Basis 10, 2 und e aufgetragen.

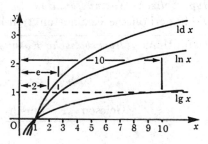

Alle Logarithmusfunktionen haben eine Unendlichkeitsstelle für $x = 0$ und eine Nullstelle bei $x = 1$. Denn es gilt

$$
\begin{aligned}
a^0 &= 1 & \log_a 1 &= 0 \\
e^0 &= 1 & \ln 1 &= 0 \\
10^0 &= 1 & \lg 1 &= 0 \\
2^0 &= 1 & \operatorname{ld} 1 &= 0
\end{aligned}
$$

4.3 Hyperbolische Funktionen

Die hyperbolischen Funktionen sind Kombinationen der Exponentialfunktionen.

Hyperbolische Sinusfunktion
Die hyperbolische Sinusfunktion hat folgende Definitionsgleichung:

Definition: *Hyperbolische Sinusfunktion, Hyperbelsinus*

$$\sinh(x) = \frac{e^x - e^{-x}}{2}$$

Gelesen: „Sinus hyperbolicus von x".

Der hyperbolische Sinus ist eine ungerade Funktion. Die Funktion wechselt das Vorzeichen, wenn x durch $-x$ ersetzt wird. In der Abbildung sind neben dem hyperbolischen Sinus auch die in der Definitionsgleichung benutzten Exponentialfunktionen eingezeichnet. Die hyperbolische Sinusfunktion wird auch Hyperbelsinus oder Sinus hyperbolicus genannt.

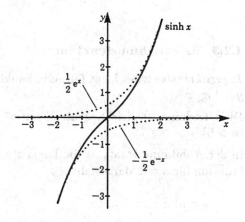

Hyperbolische Kosinusfunktion
Die hyperbolische Kosinusfunktion hat folgende Definitionsgleichung.

Definition: *Hyperbolische Kosnusfunktion, Hyperbelkosinus*

$$\cosh(x) = \frac{e^x + e^{-x}}{2}$$

Gelesen: „Kosinus hyperbolicus von x".

Der hyperbolische Kosinus ist eine gerade Funktion. Dieser Funktionstyp
wird auch „Kettenlinie"genannt, weil er
die Gestalt einer frei durchhängenden
Kette beschreibt. Andere Bezeichnungen: Hyperbelkosinus oder Kosinus hyperbolicus.

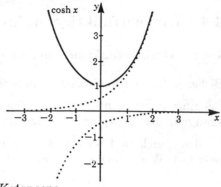

Hyperbolischer Tangens und Hyperbolischer Kotangens
Zunächst werden die Definitionsgleichungen, dann die Graphen angegeben.

Definition: Hyperbolischer Tangens

$$\tanh(x) = \frac{\sinh(x)}{\cosh(x)} = \frac{e^x - e^{-x}}{e^x + e^{-x}} = \frac{1 - e^{-2x}}{1 + e^{-2x}}$$

Hyperbolischer Kotangens

$$\coth(x) = \frac{\cosh(x)}{\sinh(x)} = \frac{e^x + e^{-x}}{e^x - e^{-x}} = \frac{1 + e^{-2x}}{1 - e^{-2x}}$$

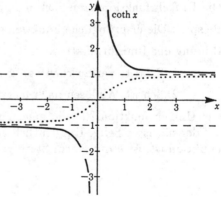

Es gelten folgende Beziehungen:

$$\tanh(x) = \frac{1}{\coth(x)} \qquad \cosh^2(x) - \sinh^2(x) = 1$$

Die letztere Beziehung ähnelt dem Zusammenhang der trigonometrischen Funktionen ($\sin^2 x + \cos^2 x = 1$) und ist durch Ausmultiplizieren der Definitionsgleichungen
leicht zu verifizieren.

Im Kapitel „Parameterdarstellungen" wird gezeigt werden, daß durch die angege-
bene Beziehung der hyperbolischen Funktionen eine Hyperbel definiert wird.

4.4 Umkehrfunktionen, inverse Funktionen

4.4.1 Umkehrfunktion oder inverse Funktion

Bisher haben wir Funktionen immer in der Form geschrieben: $y = f(x)$.

Bei einer monoton mit x wachsenden (oder fallenden) Funktion[4]
kann man die Funktionsgleichung nach x auflösen und in die Form $x = g(y)$ bringen.

An dem durch die Funktion ausgedrückten Zusammenhang hat sich dadurch nichts
geändert. Wertetabelle und Graph bleiben unverändert.

x	y
-2	-6
-1	-3
0	0
1	3
2	6

Beispiel: $y = 3x$

Umformung: $x = \dfrac{y}{3}$

Eine neue Funktion – die *Umkehrfunktion* – gewinnt man jedoch, wenn man in
der ursprünglichen Funktionsgleichung $y = f(x)$ die Variablen x und y einfach vertauscht: $x = f(y)$. Die neue Funktion heißt *Umkehrfunktion* oder *Inverse Funktion*.
Die Umkehrfunktion kann nach y aufgelöst werden.

Beispiel: Die ursprüngliche Funktion sei $y = 3x$

Bildung der Umkehrfunktion:

    1. Schritt: Vertauschen von x und y ergibt: $x = 3y$ (2-9)

    2. Schritt: Auflösen nach y ergibt: $y = \dfrac{x}{3}$

Die Umkehrfunktion ist eine neue Funktion. Das zeigen Wertetabelle und Graph
auf der nächsten Seite. Um deutlich zu machen, daß die Umkehrfunktion eine neue
Funktion ist, ist y mit einem Stern gekennzeichnet.

---

[4] Die Beschränkung auf monoton mit x wachsende (oder fallende) Funktionen ist deshalb notwendig, weil auch nach der Umformung eine eindeutige Beziehung zwischen x-Wert und y-Wert
bestehen soll. Eine monoton steigende Funktion $f(x)$ ist wie folgt definiert: aus $x_1 < x_2$ folgt
$f(x_1) < f(x_2)$ für alle x_1, x_2 des Definitionsbereichs.

Wertetabelle:

x	-2	-1	0	1	2
y^*	$-\frac{2}{3}$	$-\frac{1}{3}$	0	$\frac{1}{3}$	$\frac{2}{3}$

Geometrisch ist die neue Funktion leicht zu definieren. Betrachten wir den Punkt P.

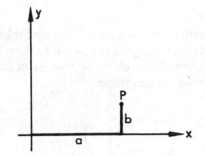 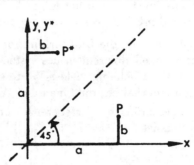

P hat die x-Koordinate a und die y-Koordinate b; $P = (a, b)$. Vertauschen wir die x- und y-Koordinaten, so erhalten wir einen neuen Punkt P^* mit den Koordinaten (b, a). Die Vertauschung der Koordinaten bedeutet geometrisch, daß der ursprüngliche x-Wert nun auf der y-Achse und der ursprüngliche y-Wert auf der x-Achse abgetragen wird.

Geometrisch entspricht dieser Operation eine Spiegelung des Punktes an der Winkelhalbierenden des ersten Quadranten. Was für einen Punkt gilt, gilt für alle Punkte, also ist der Graph der Umkehrfunktion geometrisch die Spiegelung des ursprünglichen Graphen an der Winkelhalbierenden des ersten Quadranten.

Definition:	Die *Umkehrfunktion* oder *Inverse Funktion* einer Funktion $f(x)$ ist die Funktion, die man durch die folgenden Schritte erhält: a) Vertauschung von x und y b) Auflösen nach y

Nicht zu jeder Funktion existiert eine Umkehrfunktion. So führt $y = x^2$ zu

$$y = \pm\sqrt{x}$$

Dies ist keine Funktion, weil dadurch keine eindeutige Zuordnung mehr gegeben ist, es ist eine Relation. Beschränkt man sich auf positive Argumente von x, so ist eine eindeutige Zuordnung gegeben. In diesem Fall lautet die Umkehrfunktion:

$$y = +\sqrt{x}$$

4.4.2 Umkehrfunktionen der trigonometrischen Funktionen: Arcusfunktionen

Umkehrfunktion der Sinusfunktion: Arcussinusfunktion
Wir gehen aus von der Sinusfunktion $y = \sin x$. Durch Vertauschung von x und y erhalten wir die Umkehrfunktion $x = \sin y$.
Die Auflösung nach y führt auf eine neue Funktion, sie heißt *Arcussinusfunktion*.[5]

$$y = \text{arc } \sin x$$

Die Arcussinusfunktion hat folgende Bedeutung:
y ist der Winkel, dessen Sinus den Wert x hat.

Spiegelt man, um die Umkehrfunktion zu erhalten, den Graphen der Sinusfunktion an der Winkelhalbierenden des ersten Quadranten, so sieht man unmittelbar, daß einem x-Wert beliebig viele y-Werte entsprechen. Um eine eindeutige Arcussinusfunktion zu erhalten, muß man den Wertebereich einschränken.

Der eingeschränkte Wertebereich für den Arcussinus ist:

$$-\frac{\pi}{2} \leq y \leq +\frac{\pi}{2}$$

Die Variable x hat den Wertebereich

$$-1 \leq x \leq +1$$

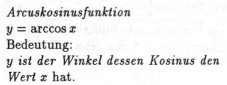

Das Entsprechende gilt für die Arcusfunktionen der übrigen trigonometrischen Funktionen. Der Wertebereich ist eingeschränkt. Diese Werte werden *Hauptwerte* genannt. Im folgenden zeigen wir die Graphen der trigonometrischen Funktion und ihrer Umkehrfunktion.

Arcuskosinusfunktion
$y = \text{arccos } x$
Bedeutung:
y ist der Winkel dessen Kosinus den Wert x hat.

Hauptwerte
$0 \leq y \leq +\pi$
Die Variable x hat den Wertebereich
$-1 \leq x \leq +1$

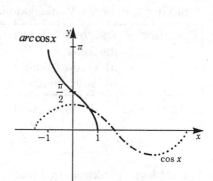

---

[5] arcus (lateinisch) = Bogen. arcsin x wird gelesen: arcus sinus x.

Arcustangensfunktion
Bedeutung: *y ist der Winkel dessen*
Tangens den Wert x hat.
$y = \text{arc tan}(x)$

Hauptwerte
$-\frac{\pi}{2} \leq y \leq +\frac{\pi}{2}$

Der Wertebereich für die
Variable x ist unbeschränkt.

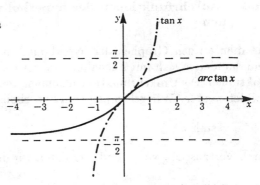

Arcuskotangensfunktion
$y = \text{arc cot } x$
Bedeutung: *y ist der Winkel, dessen*
Kotangens den Wert x hat.

Hauptwerte
$0 < y \leq +\pi$

Der Wertebereich der
Variablen x ist unbeschränkt.

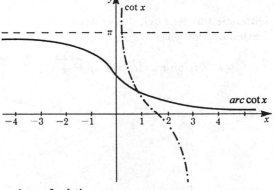

Die Tabelle faßt die Wertebereiche der Arcusfunktionen zusammen:

Trigonometrische Funktion	Arcusfunktion	Hauptwerte	Wertebereiche für x
$y = \sin x$	$y = \arcsin x$	$-\frac{\pi}{2} \leq y \leq +\frac{\pi}{2}$	$-1 \leq x \leq +1$
$y = \cos x$	$y = \arccos x$	$0 \leq y \leq +\pi$	$-1 \leq x \leq +1$
$y = \tan x$	$y = \arctan x$	$-\frac{\pi}{2} \leq y \leq +\frac{\pi}{2}$	x unbeschränkt
$y = \text{cotan } x$	$y = \text{arccotan } x$	$0 \leq y \leq +\pi$	x unbeschränkt

4.4.3 Umkehrfunktionen der hyperbolischen Funktionen: Areafunktionen

Wie man an den Graphen der hyperbolischen Funktionen in Abschnitt 4.3 sehen kann, handelt es sich mit Ausnahme von cosh x um monoton steigende oder fallende Funktionen. Die Umkehrfunktionen können, mit Ausnahme von cosh x, unmittelbar gebildet werden. Wir gehen aus vom hyperbolischen Sinus

$$y = \sinh x$$

Durch Vertauschen von x und y erhalten wir die Umkehrwerte

$$x = \sinh y$$

Die Auflösung nach y führt auf eine neue Funktion.

Die Umkehrfunktion heißt
Area Sinus hyperbolicus oder *Areasinus*:[6]

$$y = \text{Arsinh}\, x$$

Ohne Beweis sei noch die weitere
Beziehung mitgeteilt

$$y = \text{Arsinh}\, x = \ln\left(x + \sqrt{x^2 + 1}\right)$$

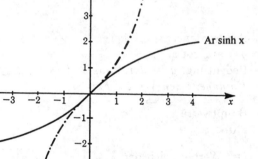

Areacosinus hyperbolicus
Die Bildung der Umkehrfunktion von $y = \cosh x$ ist nur möglich, wenn wir uns auf den Wertebereich $0 \not< y \not< \infty$ beschränken. Dann erhalten wir als Umkehrfunktion

$$y = \text{Arcosh}\, x$$

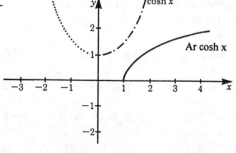

---

[6] Die Bedeutung der Umkehrfunktion, auf der auch der Name beruht, kann erst im Kapitel 16 „Parameterdarstellung" gegeben werden.

Areatangens hyperbolicus
In der gleichen Weise erhalten
wir die Umkehrfunktionen der
hyperbolischen Tangens und des
hyperbolischen Kotangens

$$y = Artanh\, x \qquad y = Arcoth\, x$$

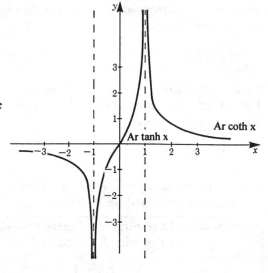

4.4.4 Logarithmusfunktion als Umkehrfunktion der Exponentialfunktion:

Die Umkehrfunktion der Exponentialfunktion ist die Logarithmusfunktion.
Die Umkehrfunktion der Logarithmusfunktion ist die Exponentialfunktion.
Die Funktionsgleichung der Exponentialfunktion ist $y = a^x$.

Bilden wir davon die Umkehrfunktion,
so erhalten wir zunächst $x = a^y$.
Um nach y aufzulösen, logarithmieren
wir die Funktion und erhalten: $y = \log_a x$.

Die Umkehrfunktion der Exponentialfunktion ist die Logarithmusfunktion.
Die Abbildung zeigt Exponentialfunktion und Logarithmusfunktion für die
Basis 2 und e.

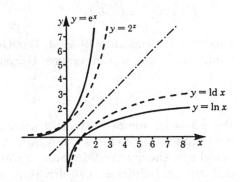

4.5   Mittelbare Funktion, Funktion einer Funktion

Es gibt Fälle, in denen es zweckmäßig ist, eine ineinandergeschachtelte Abhängigkeit zu betrachten. Beispiel: Die kinetische Energie eines fallenden Körpers ist eine
Funktion der Geschwindigkeit v. Sie kann geschrieben werden:

$$E_{kin} = f(v)$$

Die Geschwindigkeit ist ihrerseits eine Funktion der Fallzeit t. Diese Funktion kann geschrieben werden:

$$v = h(t)$$

Es ist unmittelbar evident, daß die kinetische Energie damit eine Funktion der Fallzeit ist. Man kann statt v den Ausdruck $h(t)$ in die ursprüngliche Gleichung einsetzen und gewinnt:

$$E_{kin} = f(h(t))$$

Die kinetische Energie ist damit die Funktion einer Funktion. Man nennt eine derartige Funktion *mittelbare Funktion*.

Definition: Eine *mittelbare Funktion* ist eine Funktion, die sich in der folgenden Form schreiben läßt: $$y = f(g(x))$$ Zur Bezeichnungsweise: f heißt äußere Funktion g heißt innere Funktion

Beispiel: $y = g^2$ \qquad $g = x + 1$

Gesucht ist $y = f(x)$. Durch Einsetzen läßt sich leicht ausrechnen:

$$f(x) = g^2 = (x+1)^2$$

Dies war ein einfaches Beispiel. Der Gebrauch mittelbarer Funktionen erleichtert häufig Rechnungen. Ein weiteres Beispiel kennen wir bereits:

$$y = A\sin(bx + c)$$

Der Sinus ist von dem Term zu nehmen, der in der Klammer steht. Dieser Term muß immer als geschlossener Ausdruck behandelt werden: Sein Wert wird vorher berechnet, ehe der Wert des Sinus bestimmt wird. Es ist daher oft zweckmäßig, dies dadurch auszudrücken, daß der Term als eigenständige Funktion betrachtet wird. Mit der Abkürzung $g(x) = bx + c$ heißt dieser Ausdruck dann

$$y = A\sin(g(x))$$

Der Einfachheit halber schreibt man häufig $y = A\sin(g)$. Der Term $g(x) = (bx + c)$ ist hier die innere Funktion, die Sinusfunktion ist hier die äußere Funktion.

4.6 Übungsaufgaben

Wer die Aufgaben lösen kann, kann danach versuchen, sie mit Hilfe von Computerprogrammen wie Mathematica, Derive, Maple o.ä. zu lösen.
Berechnen Sie die Terme in den Aufgaben 4.1 und 4.2 oder geben Sie eine Umformung an.

4.1 A   a) a^{-n} b) $27^{\frac{1}{3}}$ c) $a^{\frac{1}{n}}$

       d) $(0,1)^0$ e) $(y^3)^2$ f) $x^{-\frac{3}{2}}$

       g) $10^3 \cdot 10^{-3} \cdot 10^2$ h) 3^{-3}

B   a) $(\sqrt{2})^{\frac{1}{2}}$ b) $e^{\frac{1}{10}}$ c) $(\ln 2)^0$

       d) $\sqrt{5} \cdot \sqrt{7}$ e) $(0,5)^2 \cdot (0,5)^{-4} \cdot (0,5)^0$ f) $\sqrt{8} \cdot \sqrt{3}$

4.2 A   a) $\lg 100$ b) $\lg \frac{1}{1000}$ c) $10 \cdot \lg 10$

       d) $\lg 10^6$ e) $10^{\lg 10}$ f) $(\lg 10)^{10}$

B   a) $ld 8$ b) $ld 0,5$ c) $ld 2^5$

       d) $(a^3)^{ld 4}$ e) $a^{3 \cdot ld 4}$ f) $(ld 2)^2$

       g) $2^{ld a}$ h) $2^{ld 2}$

C   a) $e^{\ln e}$ b) $e^{\ln 57}$ c) $\ln e^3$

       d) $(e^{\ln 3})^0$ e) $(\ln e)e^4$ f) $\ln(e \cdot e^4)$

D   a) $\lg 10^x$ b) $\lg \frac{1}{10^x}$ c) $\ln(e^{2x} \cdot e^{5x})$

       d) $\frac{1}{n} \lg a$ e) $ld(4^n)$ f) $m \cdot ld 5$

E   a) $\ln(a \cdot b)$ b) $\lg x^2$ c) $ld(4 \cdot 16)$

       d) $ld\sqrt{x}$ e) $\ln(e^{3x} \cdot e^{5x})$ f) $\lg \frac{10^x}{10^3}$

4.4 Bilden Sie die Umkehrfunktion y* zu folgenden Funktionen

a) $y = 2x - 5$ b) $y = 8x^3 + 1$ c) $y = \ln 2x$

4.5 Berechnen Sie die mittelbaren Funktionen

a) $y = u^3$, $\quad u = g(x) = x - 1$; gesucht $y = f(g(x))$

b) $y = \frac{u+1}{u-1}$, $\quad u = x^2$; gesucht $y = f(g(x))$

c) $y = u^2 - 1$, $u = \sqrt{x^3 + 2}$; gesucht $y = f(g(x))$

d) $y = \frac{1}{2}u$, $\quad u = g(x) = x^2 - 4$; gesucht $y = f(g(1))$

e) $y = u + \sqrt{u}$, $\quad u = \frac{x^2}{4}$; gesucht $y = f(g(2))$

f) $y = \sin(u + \pi)$, $u = \frac{\pi}{2}x$; gesucht $y = f(g(1))$

Lösungen

4.1 A a) $\frac{1}{a^n}$ b) 3 c) $\sqrt[n]{a}$
     d) 1 e) y^6 f) $\frac{1}{\sqrt{x^3}}$
     g) 10^2 h) $\frac{1}{27}$

   B a) $\sqrt[4]{2}$ b) $\sqrt[10]{e}$ c) 1
     d) $\sqrt{35}$ e) 4 f) $\sqrt{24} = 2\sqrt{6}$

4.2 A a) 2 b) -3 c) 10
     d) 6 e) 10 f) 1

   B a) 3 b) -1 c) 5
     d) a^6 e) a^6 f) 1
     g) a h) 2

   C a) e b) 57 c) 3
     d) 1 e) e^4 f) 5

   D a) x b) $-x$ c) $7x$
     d) $\lg(\sqrt[n]{a})$ e) $2n$ f) $ld5^m$

   E a) $\ln a + \ln b$ b) $2\lg x$ c) 6
     d) $\frac{1}{2}ldx$ e) $8x$ f) $x - 3$

4.4 a) $y = \frac{x+5}{2}$ b) $y = \frac{\sqrt[3]{x-1}}{2}$ c) $y = \frac{e^x}{2}$

4.5 a) $y = (x-1)^3$ b) $y = \frac{x^2+1}{x^2-1}$ c) $y = x^3 + 1$
     d) $f(g(1)) = -\frac{3}{2}$ e) $f(g(2)) = 2$ f) $f(g(1)) = -1$

5 Differentialrechnung

5.1 Folge und Grenzwert

5.1.1 Die Zahlenfolge

Als einführendes Beispiel betrachten wir den Term $\frac{1}{n}$ Wir setzen für n nacheinander die natürlichen Zahlen 1, 2, 3, 4, 5, ... ein. Wir erhalten eine Folge von Werten: $1, \frac{1}{2}, \frac{1}{3}, \frac{1}{4}, \frac{1}{5}, \cdots$ In der Abbildung unten sind diese Werte grafisch dargestellt.

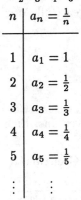

n	$a_n = \frac{1}{n}$
1	$a_1 = 1$
2	$a_2 = \frac{1}{2}$
3	$a_3 = \frac{1}{3}$
4	$a_4 = \frac{1}{4}$
5	$a_5 = \frac{1}{5}$
⋮	⋮

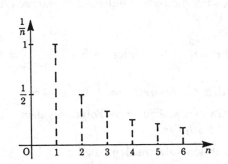

Wertetabelle und Graph der Folge $a_n = \frac{1}{n}$

In diesem Beispiel haben wir jeder natürlichen Zahl n eindeutig den Term $\frac{1}{n}$ zugeordnet. Den Funktionsterm oder Rechenausdruck, der zu n gehört, bezeichnen wir mit a_n. Den folgenden Ausdruck nennen wir eine *Zahlenfolge*:

$$a_1, \quad a_2, \quad \ldots, \quad a_n, \quad a_{n+1}, \quad \ldots$$

Dieser Ausdruck für eine Zahlenfolge kann abgekürzt geschrieben werden: $\{a_n\}$

a_n ist das n-te Glied der Zahlenfolge. Es wird auch *allgemeines Glied* genannt.

Definition: Eine *Zahlenfolge* ist ein Ausdruck der Form $\quad\quad\quad a_1, \quad a_2, \quad \ldots, \quad a_n, \quad a_{n+1}, \quad \ldots$ Abgekürzte Schreibweise $\{a_n\}$

1. Beispiel: Der Rechenausdruck für a_n sei $a_n = \frac{1}{n(n+1)}$

                 Daraus ergibt sich die Zahlenfolge $\frac{1}{1\cdot2}, \frac{1}{2\cdot3}, \frac{1}{3\cdot4}, \cdots$

2. Beispiel: Der Rechenausdruck für a_n sei $a_n = (-1)^n \cdot n$

                 Dies ergibt die Zahlenfolge $-1, \ 2, \ -3, \ 4, \ -5, \ 6, \ \ldots$

3. Beispiel: Im Sonderfall kann a_n auch eine Konstante sein, d.h. das allgemeine
Glied der Zahlenfolge ist von n unabhängig.

$$a_n = 2$$

Dies ergibt sich die Zahlenfolge 2, 2, 2, 2, ...

Es gibt endliche und unendliche Zahlenfolgen. Bei der endlichen Zahlenfolge ist n
auf einen eingeschränkten Wertebereich der natürlichen Zahlen begrenzt.

5.1.2 Grenzwert einer Zahlenfolge

Lassen wir für $a_n = \frac{1}{n}$ die Zahl n unbegrenzt wachsen, so strebt $\frac{1}{n}$ gegen Null. Man
schreibt

$$\frac{1}{n} \to 0 \quad \text{für} \quad n \to \infty \quad \text{oder auch} \quad \lim_{n \to \infty} \frac{1}{n} = 0$$

Man nennt Null den *Grenzwert*[1] von $\frac{1}{n}$ für $n \to \infty$.

Wir haben hier ein Beispiel für eine Folge mit dem Grenzwert Null vor uns. Eine
solche Folge heißt *Nullfolge*.

Die Zahlenfolge mit dem allgemeinen Glied $a_n = 1 + \frac{1}{n}$ strebt gegen den Grenzwert 1.
Der Grenzwert kann im allgemeinen Fall eine beliebige Zahl g sein.

Definition[2]:   Nähern sich die a_n einer Zahlenfolge, sobald n gegen ∞ geht, beliebig gut einer einzigen endlichen Zahl g, so heißt g der *Grenzwert*
(limes) der Folge a_n.

In Zeichen: $\lim_{n \to \infty} a_n = g$

Man sagt auch: Die Zahlenfolge *konvergiert* gegen den Wert g oder einfach: sie
konvergiert. Eine Folge, die nicht konvergiert, heißt *divergent*.
Wir führen jetzt Beispiele für konvergente und divergente Folgen auf.

Beispiel 1:   *Konvergente Zahlenfolge*
Die Folge $a_n = \frac{n}{n+1}$ hat für $n \to \infty$ den Grenzwert $g = 1$. Je größer
n wird, desto mehr gleichen sich Zähler und Nenner an, weil die 1
im Nenner gegenüber dem wachsenden n immer mehr an Bedeutung
verliert.

---

[1] Die Schreibweise lim kommt vom lateinischen Wort limes für Grenze.

[2] In der mathematischen Literatur ist eine vielleicht weniger anschauliche, aber präzisere Definition üblich: g heißt Grenzwert der Folge a_n, wenn für jede positive Zahl ϵ nur endlich viele
Folgeglieder einen Zahlenwert haben, der außerhalb des Zahlenbereiches von $g - \epsilon$ bis $g + \epsilon$ liegt.

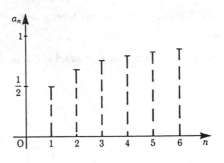

n	$a_n = \frac{n}{n+1}$
1	$\frac{1}{2}$
2	$\frac{2}{3}$
3	$\frac{3}{4}$
4	$\frac{4}{5}$
5	$\frac{5}{6}$
6	$\frac{6}{7}$
$\vdots$	$\vdots$

Wertetabelle und Graph der Folge $\{a_n = \frac{n}{n+1}\}$

Beispiel 2:   Die Folge $a_n = 2 + \left(-\frac{1}{2}\right)^n$ hat für $n \to \infty$, den Grenzwert $g = 2$.

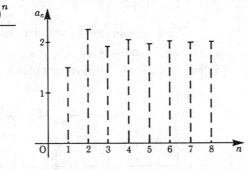

n	$a_n = 2 + \left(-\frac{1}{2}\right)^n$
1	$1,5$
2	$2,25$
3	$1,875$
4	$2,07$
$\vdots$	$\vdots$

Wertetabelle und Graph der Folge $a_n = 2 + \left(-\frac{1}{2}\right)^n$

Beispiel 3:   Eulersche Zahl. Ohne Beweis wird hier der Grenzwert der folgenden Folge mitgeteilt:

$$a_n = \lim_{n \to \infty} \left(1 + \frac{1}{n}\right)^n = e = 2,71828\ldots$$

Nach ihrem Entdecker heißt dieser Wert die *Euler'sche Zahl e* ist eine *transzendente Zahl*. Eine transzendente Zahl kann weder als Bruch noch als Dezimalbruch mit endlicher Stellenzahl dargestellt werden.

Definition: *Eulersche Zahl*

$$e = \lim_{n \to \infty} \left(1 + \frac{1}{n}\right)^n = 2,71828\ldots$$

Einen weiteren Grenzwert werden wir im Abschnitt 5.5.2 benötigen:

$$\lim_{n \to \infty} (e^{\frac{1}{n}} - 1)n = 1 \tag{5.1}$$

Auch den Beweis dieser Aussage werden wir übergehen.

Divergente Zahlenfolge

Beispiel 1:   Die Folge $a_n = n^2$ wächst mit wachsendem n unbegrenzt.

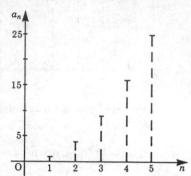

n	$a_n = n^2$
1	1
2	4
3	9
4	16
⋮	⋮

Wertetabelle und Graph der Folge $a_n = n^2$

Beispiel 2:   Die Folge $a_n = (-1)^n \cdot \frac{n}{n+1}$ nähert sich alternierend den beiden eindeutigen Zahlen $+1$ und -1. Auch diese Folge hat keinen Grenzwert.

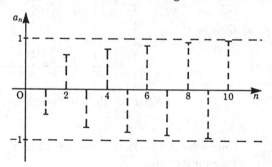

n	$a_n = (-1)^n \frac{n}{n+1}$
1	$-\frac{1}{2}$
2	$+\frac{2}{3}$
3	$-\frac{3}{4}$
4	$+\frac{4}{5}$
5	$-\frac{5}{6}$
⋮	⋮

Wertetabelle und Graph der Folge $a_n = (-1)^n \cdot \frac{n}{n+1}$

5.1.3   Grenzwert einer Funktion

Den Begriff des Grenzwertes einer Zahlenfolge kann man ohne Schwierigkeit auf Funktionen erweitern. Gegeben sei eine beliebige Funktion $y = f(x)$.
Die unabhängige Variable x möge eine Folge von Werten x_1, x_2, ... durchlaufen. Wenn diese Werte den Definitionsbereich der Funktion nicht verlassen, gibt es zu jedem Wert x_n einen Funktionswert $y_n = f(x_n)$.
Damit haben wir aus der Folge der x_n eine neue Folge der Werte $y_n = f(x_n)$ gewonnen.

> Definition: Wir denken uns alle Folgen $\{x_n\}$ aus dem Definitionsbereich von $y = f(x)$, die gegen einen bestimmten festen Wert x_0 konvergieren (bzw. über jedes Maß hinaus wachsen).
>
> Strebt $f(x)$ für alle diese Folgen gegen eine einzige endliche Zahl g, dann heißt g der *Grenzwert* oder *Limes* der Funktion $f(x)$ *für* $x \to x_0$ (bzw. $x \to \infty$)

Man sagt auch: $f(x)$ *konvergiert* gegen g und schreibt

$$\lim_{x \to x_0} f(x) = g, \text{ falls } x \text{ gegen eine endliche Zahl } x_0 \text{ strebt.}$$

$$\lim_{x \to \infty} f(x) = g, \text{ falls } x \text{ über alle Maßen wächst.}$$

Beispiel: $y = \frac{1}{x}$ für $x \to \infty$.

Lassen wir x die Folge 1, 2, 3, ... durchlaufen, so haben wir für die Funktionswerte x die Zahlenfolge $a_n = \frac{1}{n}$ vor uns, die wir bereits kennen: sie hat den Grenzwert Null. Aber auch, wenn wir x die Folge 1, 3, 9, 27, ... oder $\frac{3}{7}$, $\frac{6}{7}$, $\frac{9}{7}$, $\frac{12}{7}$, ... oder jede andere steigende reelle Folge durchlaufen lassen, bekommen wir für y den Wert Null heraus; $y = \frac{1}{x}$ hat den Grenzwert $g = 0$ für $x \to \infty$.

Beispiele für die praktische Grenzwertbildung

Wir haben bisher kein klares und eindeutiges Verfahren angegeben, nach dem man jeden Grenzwert bestimmen könnte. Tatsächlich gibt es kein derartiges Verfahren - allein der Erfolg rechtfertigt ein bestimmtes Vorgehen. Immerhin gibt es aber einige Methoden, die in vielen Fällen zum Ziel führen.

1. Beispiel: Gesucht sei der Grenzwert der Funktion für $x \to \infty$

$$\lim_{x \to \infty} \frac{x^2}{x^2 + x + 1}$$

Wir wissen: Wenn $x \to \infty$ geht, gehen Brüche wie $\frac{1}{x}$ und $\frac{1}{x^2}$ gegen Null. Wenn wir durch die höchste Potenz, nämlich x^2, kürzen, können wir einige der Summanden im Nenner auf eine für den Grenzübergang geeignetere Form bringen:

$$\lim_{x \to \infty} \frac{1}{1 + \frac{1}{x} + \frac{1}{x^2}}$$

Jetzt können wir den Grenzübergang durchführen und erhalten als Grenzwert

$$\lim_{x \to \infty} \frac{1}{1 + \frac{1}{x} + \frac{1}{x^2}} = 1$$

2. Beispiel: Der folgende Grenzwert wird uns bei der Berechnung von Differen-
                tialquotienten begegnen.

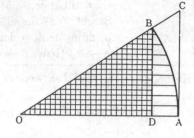

$$\lim_{x \to \infty} \frac{\sin x}{x}$$

Wir gehen von der Definition der Winkelfunktionen im Einheitskreis aus.

Das Bogenstück des Sektors OAB sei x. Dann ist
die Sektorenfläche A(OAB) größer als die Fläche
A(ODB) des Dreiecks ODB und kleiner als die
Fläche A(OAC) des Dreiecks OAC (s.Abb). Es
gilt also

$$A(ODB) < A(OAB) < A(OAC)$$

$$\frac{\sin x \cdot \cos x}{2} < \frac{x}{2} < \frac{\tan x}{2}$$

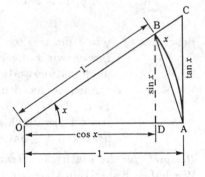

Wir multiplizieren mit 2 und teilen durch $\sin x$

$$\cos x < \frac{x}{\sin x} < \frac{1}{\cos x}$$

Für $x \to 0$ geht $\cos x \to 1$, folglich geht auch $\frac{\sin x}{x} \to 1$. Wir erhalten also

$$\lim_{x \to \infty} \frac{\sin x}{x} = 1$$

5.2   Stetigkeit

Die unten links abgebildete Funktion $y = f(x)$ macht bei $x = x_0$ einen Sprung; sie
ist „unstetig".

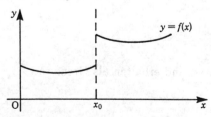

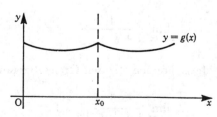

Die rechts oben abgebildete Funktion $y = g(x)$ dagegen ist bei x_0 „stetig".

Präziser und unabhängig von der Anschauung können wir den Stetigkeitsbegriff mit Hilfe des Grenzwertes definieren.

Definition:	Die Funktion $y = f(x)$ heißt im Punkt $x = x_0$ *stetig*, wenn folgende Bedingungen erfüllt sind: $f(x)$ hat für $x \to x_0$ denselben Grenzwert g, unabhängig davon, ob man sich auf der x-Achse von links oder von rechts der Stelle x_0 nähert. Der Grenzwert g stimmt mit dem Wert $f(x_0)$ überein, also mit dem Funktionswert an der Stelle $x = x_0$.

Für den rechtsseitigen Grenzwert schreiben wir

$$\lim_{x \to x_0 + 0} f(x);$$

Für den linksseitigen Grenzwert schreiben wir

$$\lim_{x \to x_0 - 0} f(x)$$

Ist $f(x)$ in x_0 stetig, gilt also:

$$\lim_{x \to x_0 - 0} f(x) = \lim_{x \to x_0 + 0} f(x) = \lim_{x \to x_0} f(x) = f(\lim_{x \to x_0} x_0) = f(x)$$

5.3 Reihe und Grenzwert

5.3.1 Reihe

Addiert man die Glieder einer Zahlenfolge, so entsteht eine *Reihe*.

Beispiel: Gegeben sei die Zahlenfolge

$$1, \frac{1}{2}, \frac{1}{3}, \frac{1}{4}, \dots, \frac{1}{n}, \dots, \frac{1}{r}$$

Addieren wir die Glieder, so erhalten wir die Reihe

$$1 + \frac{1}{2} + \frac{1}{3} + \frac{1}{4} + \dots + \frac{1}{n} + \dots + \frac{1}{r}$$

Allgemeine Notierung:

Folge: $a_1, a_2, a_3, \dots, a_n, \dots, a_r$

Reihe: $a_1 + a_2 + a_3 + \dots + a_n + \dots + a_r = s_r$

a_1: *Anfangsglied* der Reihe

a_n: *Allgemeines Glied*

a_r: *Endglied*

s_r: *Wert* der Reihe

n ist die *Laufzahl*, sie nimmt jeden Wert zwischen 1 und r an. Die Laufzahl wird auch häufig mit j, k, r oder einem anderen Buchstaben bezeichnet.

Für eine Reihe benutzt man als Abkürzung das Summenzeichen. Es ist der große griechische Buchstabe $\sum$ (Sigma) und steht für Summe. Durch das Summenzeichen vermeiden wir es, umständlich lange Reihen hinzuschreiben.

$$a_1 + a_2 + a_3 + \ldots + a_r = \sum_{n=1}^{r} a_n = s_r$$

Das Summenzeichen ist eine sehr häufig gebrauchte Abkürzung.

Unter dem Summenzeichen steht die Laufzahl mit der Nummer des Anfangsgliedes ($n = 1$). Über dem Summenzeichen steht die Nummer des Endgliedes (r). Hinter dem Summenzeichen steht das allgemeine Glied (a_n).

Beispiel: Reihe der Quadratzahlen:

$$1 + 2^2 + 3^2 + \ldots + n^2 + \ldots + r^2$$

Hier ist das allgemeine Glied das Quadrat der Laufzahl n:

$$a_n = n^2$$

Darstellung durch das Summenzeichen:

$$\sum_{n=1}^{r} n^2 = 1^2 + 2^2 + 3^2 + \ldots + n^2 + \ldots + r^2 = s_r$$

Für eine Reihe mit unendlichen vielen Gliedern muß man den Grenzübergang $r \to \infty$ bilden:

$$\lim_{r \to \infty} s_r = \lim_{r \to \infty} \sum_{n=1}^{r} a_n$$

Formal schreibt man in diesem Fall:

$$s = \sum_{n=1}^{\infty} a_n$$

Eine derartige Reihe heißt *unendliche Reihe*.

5.3.2 Geometrische Reihe

Folgende Reihe heißt *Geometrische Reihe*:

$$a + aq + aq^2 + \ldots + aq^n + \ldots \quad (a, q \text{ sind reelle Zahlen})$$

Das allgemeine Glied a_n der Reihe hat die Form:

$$a_n = aq^n$$

Für das Anfangsglied gilt $a = a \cdot q^0$

Wir wollen die Summe der ersten r Glieder berechnen: Dazu benutzen wir einen Trick: Wir multiplizieren die Reihe gliedweise mit q und subtrahieren hiervon die ursprüngliche Reihe. Dann fallen alle mittleren Glieder fort.

$$
\begin{aligned}
q \cdot s_r &= & a \cdot q + a \cdot q^2 + a \cdot q^3 + \ldots + a \cdot q^{r-1} + a \cdot q^r \\
-s_r &= & -a - a \cdot q - a \cdot q^2 - a \cdot q^3 - \ldots - a \cdot q^{r-1} \\
q \cdot s_r - s_r &= & -a + a \cdot q^r
\end{aligned}
$$

oder

$$s_r(q - 1) = a \cdot (q^r - 1)$$

Dieser Ausdruck wird nach s_r aufgelöst und wir erhalten die Summe der r ersten Glieder einer geometrischen Reihe.

Geometrische Reihe, Summenformel	$s_r = a \cdot \dfrac{q^r - 1}{q - 1} = a \cdot \dfrac{1 - q^r}{1 - q} \qquad (q \neq 1)$

Nunmehr können wir auch die Summe der unendlichen Reihe bilden: Wir lassen $r \to \infty$ gehen. Hierbei müssen wir zwei Fälle unterscheiden:

  1. Fall: $|q| < 1$

Dann ist $\lim\limits_{r \to \infty} q^r = 0$, und wir erhalten als Grenzwert

Unendliche geometrische Reihe, Summenformel	$s = \lim\limits_{r \to \infty} s_r = \lim\limits_{r \to \infty} a \cdot \dfrac{1 - q^r}{1 - q} = a \cdot \dfrac{1}{1 - q}$

  2. Fall: $|q| > 1$

Hier wächst q^r für $r \to \infty$ über alle Grenzen, und wir bekommen keinen endlichen Grenzwert für die geometrische Reihe.

5.4 Die Ableitung einer Funktion

5.4.1 Die Steigung einer Geraden

> Definition: Unter der *Steigung einer Geraden* versteht man das Verhältnis von
> Höhendifferenz Δy zur Basislinie Δx, auf der diese Höhendifferenz
> erreicht wird.

Das Zeichen Δ ist der griechische Buchstabe „Delta" und soll „Differenz von ..."
bedeuten. Δx heißt also nicht Delta mal x, sondern Differenz der beiden x-Werte
x_2 und x_1.

$$\Delta x = x_2 - x_1$$

$$\Delta y = y_2 - y_1$$

Man kann die Steigung auch als
Tangens des „Steigungswinkels" α schreiben:

$$\frac{\Delta y}{\Delta x} = \tan \alpha$$

5.4.2 Die Steigung einer beliebigen Kurve

Die Steigung einer beliebigen Kurve kann – zum Unterschied von der Geraden – von
Punkt zu Punkt verschieden sein. Kennen wir die Steigung in einem festen Punkt P,
dann soll die Gerade durch P mit dieser Steigung die *Tangente im Punkt P* heißen.

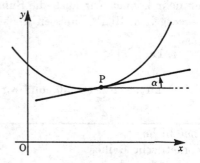

Wir verwenden die Begriffe „Steigung der
Kurve" und „Tangentensteigung" als Syn-
onyme. Das Problem ist, die Steigung der
Kurve im Punkt P aus der Funktionsgleichung zu berechnen. Dieses Problem nennt
man *Tangentenproblem*.

Wir gehen dabei von folgender anschaulicher Idee aus, deren Ergebnisse wir später
noch präzisieren müssen: Wir betrachten neben P einen zweiten beliebigen Punkt
Q auf der Kurve $y = f(x)$. Die Verbindungsgerade von P zu Q heißt *Sekante*.

Die Steigung der Sekante PQ kennen wir; sie ist

$$\tan \alpha' = \frac{\Delta y}{\Delta x}$$

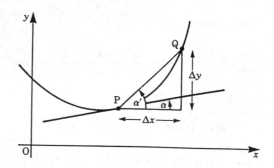

Lassen wir nun Q nach P wandern, so wird α' sich α nähern, und wenn Q mit P zusammenfällt, wird aus der Sekantensteigung $\tan \alpha'$ die gesuchte Steigung $\tan \alpha$ werden. Gleichzeitig gehen Δx und Δy gegen Null, sodaß wir für unsere Steigung erhalten:

$$\tan \alpha = \lim_{\alpha' \to \alpha} \tan \alpha' = \lim_{\Delta x \to 0} \frac{\Delta y}{\Delta x}$$

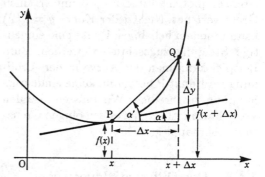

Jetzt berechnen wir Δy aus der Funktionsgleichung:

$$\Delta y = f(x + \Delta x) - f(x)$$

$$\tan \alpha = \lim_{\Delta x \to 0} \frac{f(x + \Delta x) - f(x)}{\Delta x}$$

Definition: Der Bruch $\frac{f(x+\Delta x)-f(x)}{\Delta x} = \frac{\Delta y}{\Delta x}$ heißt *Differenzenquotient es ist die Sekantensteigung*.

Beispiel: Die Steigung der Parabel $y = x^2$ soll für den Punkt $P = (\frac{1}{2}, \frac{1}{4})$ ermittelt werden.

Die Sekantensteigung ist

$$\tan \alpha' = \frac{f(x + \Delta x) - f(x)}{\Delta x}$$

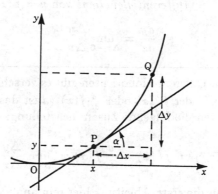

Wir müssen $\tan \alpha$ berechnen.

Für die Parabel ist

$$f(x) = x^2$$

$$f(x + \Delta x) = (x + \Delta x)^2$$

Die Steigung ist

$$\tan \alpha = \lim_{\Delta x \to 0} \frac{(x + \Delta x)^2 - x^2}{\Delta x} = \lim_{\Delta x \to 0} \frac{x^2 + 2x \cdot \Delta x + (\Delta x)^2 - x^2}{\Delta x}$$

Wir kürzen durch

$$\Delta x : \tan \alpha = \lim_{\Delta x \to 0} (2x + \Delta x)$$

Beim Grenzübergang wird Δx zu Null, und wir haben $\tan \alpha = 2x$

Am Punkt $P = (\frac{1}{2}, \frac{1}{4})$ ist also $\tan \alpha = 1$ Dies entspricht $\alpha = 45°$

Nun ist es durchaus nicht so, daß der Differenzenquotient für $\Delta x \to 0$ immer einen
Grenzwert hat. Nicht jeder Kurve $y = f(x)$
kann in jedem beliebigen Punkt eine eindeutige Steigung zugeschrieben werden. Zum
Beispiel kann man der Kurve in der Abbildung im Punkt P bestimmt keine eindeutige
Steigung zuschreiben. Wir müssen also den
Vorbehalt machen, daß es den obigen Grenzwert überhaupt gibt.

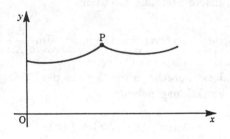

5.4.3   Der Differentialquotient

Wir lösen uns jetzt von der geometrischen Anschauung und betrachten den Differenzenquotienten $\frac{\Delta y}{\Delta x} = \frac{f(x + \Delta x) - f(x)}{\Delta x}$.

Definition: Hat der Differenzenquotient $\frac{\Delta y}{\Delta x}$ für $\Delta x \to 0$ einen Grenzwert, so
heißt dieser Grenzwert die 1. *Ableitung* von $f(x)$ nach x oder
Differentialquotient von $y = f(x)$.

$$\frac{dy}{dx} = \lim_{\Delta x \to 0} \frac{\Delta y}{\Delta x}$$

Für diesen Differentialquotienten gibt es verschiedene Notierungen: $\frac{dy}{dx}$ (lies: dy nach
dx) oder y' oder $f'(x)$ oder $\frac{d}{dx} f(x)$ (d ist das Symbol für „Differential von ...")
Wir erhalten die folgende Zusammenstellung:

$$\frac{dy}{dx} = y' = f'(x) = \frac{d}{dx} f(x) = \lim_{\Delta x \to 0} \frac{\Delta y}{\Delta x} = \lim_{\Delta x \to 0} \frac{f(x + \Delta x) - f(x)}{\Delta x}$$

Wir haben die erste Ableitung hier rein analytisch als Grenzwert definiert; die geometrische Bedeutung des Differentialquotienten ist, daß er die Steigung der Kurve
bzw. der Tangente an der Stelle x angibt.

Dabei haben wir wesentlich mehr
erhalten, als wir gefordert hatten: Statt der Steigung in einem
einzigen Punkt P haben wir die
Steigung als Funktion von x erhalten. Wir können also die Steigung y' für jeden Punkt ausrechnen, für den $f'(x)$ bekannt
ist. Damit haben wir das Tangentenproblem allgemein gelöst.

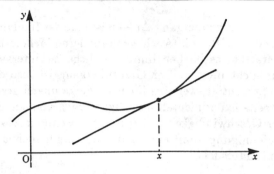

Die Bedeutung der Differentialrechnung beruht darauf, daß sie eine Beziehung her-
stellt zwischen Veränderungen zweier voneinander abhängiger Größen. Der Differentialquotient y' gibt das Verhältnis an zwischen einer Änderung von y und der
Änderung von x. Im nächsten Abschnitt werden wir ein Beispiel aus der Physik
betrachten.

5.4.4 Physikalische Anwendung: Die Geschwindigkeit

Nehmen wir an, ein Fahrzeug fahre gleichmäßig schnell eine Strecke Δx entlang.
Stoppen wir die Zeit Δt, die dabei vergeht, so ist seine Geschwindigkeit (genauer,
der Betrag seiner Geschwindigkeit)

$$v_0 = \frac{\Delta x}{\Delta t}$$

Fährt das Fahrzeug nicht gleichmäßig
schnell, so erhalten wir auf diese Weise le-
diglich seine Durchschnittsgeschwindigkeit.

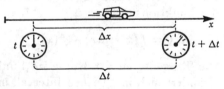

Wir wissen nicht, wie schnell es zu einem bestimmten Zeitpunkt t fährt; d.h. wir
kennen nicht seine *Momentangeschwindigkeit* $v(t)$.

Je kleiner wir aber Δt und Δx machen, desto besser werden wir uns der Momentangeschwindigkeit nähern.

Als Momentangeschwindigkeit werden wir demnach die 1. Ableitung der Ortskoor-
dinate x nach der Zeit definieren:

$$v(t) = \lim_{\Delta t \to 0} \frac{\Delta x}{\Delta t} = \frac{dx}{dt}$$

Ableitungen nach der Zeit werden üblicherweise durch einen Punkt über der Variablen bezeichnet.

$$v(t) = \frac{dx}{dt} = \dot{x}$$

Dieser Grenzübergang $\Delta t \to 0$ ist eine der fundamentalen mathematischen Abstraktionen der Physik. Auch wenn moderne Meßmethoden sehr kleine Zeiten zu messen gestatten, es bleiben immer endliche Zeitintervalle. Beliebig kleine Zeiten können wir nicht messen. Der Grenzübergang ist also eine Abstraktion. Die Abstraktion ist berechtigt, weil aus ihr neue Folgerungen gezogen werden können, die dann ihrerseits experimentell bestätigt werden können. So läßt sich die zeitliche Änderung der Geschwindigkeit mit Hilfe einer weiteren Abstraktion – der Beschleunigung Beschleunigung – mit einer physikalisch gut meßbaren Größe – der Kraft – verbinden und untersuchen.

5.4.5 Das Differential

Wir haben den Differentialquotienten wie folgt eingeführt:

$$\frac{dy}{dx} = \lim_{\Delta x \to 0} \frac{\Delta y}{\Delta x}$$

Wir werden nun die Größen dx und dy definieren. dx und Δx nehmen wir willkürlich als gleich an; wir fassen hier also dx als endliche Größe auf.

dx heißt „Differential" von x.

Gehen wir auf der Kurve $y = f(x)$ vom Punkt P zum Punkt Q, so ändert sich der Funktionswert um Δy.

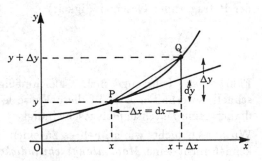

$$\Delta y = f(x + \Delta x) - f(x)$$

Die Tangente an der Kurve im Punkt P ändert sich im gleichen Intervall um den Wert

$$dy = f'(x)dx$$

dy heißt Differential der Funktion $y = f(x)$

Das Differential der Funktion ist im allgemeinen nicht gleich der Änderung des Funktionswertes:

$$dy \neq \Delta y$$

Das Differential dy ist eine Näherung für Δy, die umso besser gilt, je kleinere Intervalle betrachtet werden. Sobald wir die Ableitung y' einer Funktion berechnen können, können wir auch die Differentiale berechnen. Man benutzt sie als *erste Näherung* für die Änderung eines Funktionswertes. Diese Näherung bedeutet geometrisch, daß die Funktion durch ihre Tangente ersetzt wird.

Üblicherweise benutzen wir folgende Bezeichnung:

x = unabhängige Variable

y = abhängige Variable

Dementsprechend bezeichnen wir weiter:

dx = *unabhängiges Differential*

$dy = f'(x)dx$ *abhängiges Differential* von $y = f(x)$.

Statt dy schreibt man auch df.

5.5   Praktische Berechnung des Differentialquotienten

Bevor wir an die Berechnung spezieller Differentialquotienten gehen, wollen wir einige Regeln ableiten, die allgemein für die Ableitung von Funktionen gelten.

5.5.1   Differentiationsregeln

1) Ein *konstanter Faktor* bleibt beim Differenzieren erhalten.

$$y = cf(x), \qquad c = const$$
$$y' = cf'(x)$$

Beweis: In unserer Definitionsgleichung für den Differentialquotienten können wir die Konstante c ausklammern und vor das Limeszeichen ziehen, da sie vom Grenzprozeß $\Delta x \to 0$ unberührt bleibt.

$$\begin{aligned} y' &= \lim_{\Delta x \to 0} \frac{c \cdot f(x + \Delta x) - c \cdot f(x)}{\Delta x} \\ &= \lim_{\Delta x \to 0} c \cdot \frac{f(x + \Delta x) - f(x)}{\Delta x} \\ &= c \cdot f'(x) \end{aligned}$$

2) *Summenregel*: Die Ableitung einer Summe von Funktionen ist die Summe der Einzelableitungen.

$$y = u(x) + v(x)$$
$$y' = u'(x) + v'(x)$$

Beweis: Wir können den Limes in eine Summe zweier Limites zerlegen, sofern der Limes der einzelnen Summanden existiert (man kann leicht beweisen, daß diese Zerlegung möglich ist)

$$
\begin{aligned}
y' &= \lim_{\Delta x \to 0} \frac{u\,(x + \Delta x) + v\,(x + \Delta x) - (u\,(x) + v\,(x))}{\Delta x} \\
&= \lim_{\Delta x \to 0} \frac{u\,(x + \Delta x) - u\,(x)}{\Delta x} + \frac{v\,(x + \Delta x) - v\,(x)}{\Delta x} \\
&= \lim_{\Delta x \to 0} \frac{u\,(x + \Delta x) - u\,(x)}{\Delta x} + \lim_{\Delta x \to 0} \frac{v\,(x + \Delta x) - v\,(x)}{\Delta x} \\
&= u'(x) + v'(x)
\end{aligned}
$$

Die Regel gilt sinngemäß natürlich auch für die Differenz von Funktionen, ebenso für eine Summe oder Differenz beliebig vieler Funktionen, z.B.:

$$
\begin{aligned}
y &= u_1(x) + u_2(x) + \ldots + u_n(x) \\
y' &= u_1' + u_2' + \ldots + u_n'
\end{aligned}
$$

3) *Produktregel*: Für die Ableitung des Produktes der Funktionen $u(x)$ und $v(x)$ gilt

$$
\begin{aligned}
y &= u\,(x) \cdot v\,(x) \\
y' &= u' \cdot v + u \cdot v'
\end{aligned}
$$

Beweis: Es ist

$$
y' = \lim_{\Delta x \to 0} \frac{u\,(x + \Delta x)\,v\,(x + \Delta x) - u\,(x)\,v\,(x)}{\Delta x}
$$

Im Zähler addiert man $u\,(x) \cdot v\,(x + \Delta x) - u\,x \cdot v\,(x + \Delta x) = 0$

$$
y' = \lim_{\Delta x \to 0} \frac{u(x + \Delta x)v(x + \Delta x) - u(x)v(x) + u(x)v(x + \Delta x) - u(x)v(x + \Delta x)}{\Delta x}
$$

Wir fassen so zusammen, daß Differenzenquotienten entstehen.

$$
\begin{aligned}
y' &= \lim_{\Delta x \to 0} \frac{u\,(x + \Delta x) - u\,(x)}{\Delta x} \cdot v\,(x + \Delta x) + \lim_{\Delta x \to 0} u\,(x) \cdot \frac{v\,(x + \Delta x) - v\,(x)}{\Delta x} \\
&= u'(x)\,v\,(x) + u\,(x)\,v'(x)
\end{aligned}
$$

4) *Quotientenregel*: Für die Ableitung des Quotienten zweier Funktionen $u(x)$ und $v(x)$ gilt

$$
\begin{aligned}
y &= \frac{u\,(x)}{v\,(x)} \\
y' &= \frac{u'v - uv'}{v^2}
\end{aligned}
$$

Der Beweis beruht wieder auf dem Trick, eine Größe zu addieren und gleichzeitig abzuziehen; der Interessent findet den Beweis in ausführlicheren Lehrbüchern der Differentialrechnung.

5) *Kettenregel*: Ist eine Funktion f von g abhängig, wobei g selbst aber noch eine Funktion von x ist, so spricht man von einer mittelbaren Funktion:[3]

$$y = f(g(x))$$

Für die Ableitung gilt:
$$
\begin{aligned}
y &= f(g(x)) \\
y' &= \frac{df}{dg} \cdot g'(x) = f'(x) \cdot g'(x)
\end{aligned}
$$

Mit anderen Worten, man muß erst f nach der Größe g ableiten, dann g nach x und dann beide Ableitungen miteinander multiplizieren[4].

Ausführlich geschrieben:

$$y' = \frac{d}{dg}\{f(g)\} \cdot \frac{d}{dx}\{g(x)\}$$

5.5.2 Ableitung einfacher Funktionen

Wir wollen jetzt den Differentialquotienten y' für beliebige Funktionen ausrechnen. Dafür müssen wir den Grenzübergang für die Funktion $f(x)$ wirklich ausführen.

$$y' = \lim_{\Delta x \to 0} \frac{f(x + \Delta x) - f(x)}{\Delta x}$$

Die grundsätzliche Schwierigkeit ist die, daß wir bei $\Delta x = 0$ für den Bruch den Ausdruck $\frac{0}{0}$ erhalten. Dieser Ausdruck ist zunächst ohne Sinn. Für jede Funktion müssen wir den Bruch daher so umformen, daß beim Grenzübergang $\Delta x \to 0$ der Nenner nicht Null wird.

Die folgenden Beweise sind nicht unbedingt notwendig für das Verständnis der wesentlichen Zusammenhänge in der Differential- und Integralrechnung, wie man sie für die Anwendung in den Naturwissenschaften braucht; wir werden die Beweise daher verhältnismäßig kurz fassen.

1) *Die Funktion ist eine Konstante.*
Die Ableitung einer *Konstanten* verschwindet.

$$y(x) = \text{const.} \qquad y'(x) = 0$$

Geometrische Bedeutung: Der Graph
für $y(x) = 0$ ist eine Parallele zur x-Achse.
Die Steigung ist 0.

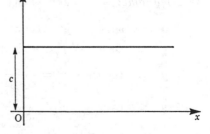

---

[3] Der Begriff der mittelbaren Funktion ist bereits in Abschnitt 4.5 eingeführt worden
[4] Baule: Die Mathematik des Naturforschers und Ingenieurs, Band I, S. Hirzel, Leipzig
Courant: Vorlesungen über Differential- und Integralrechnung, Bd. I, Springer, Berlin, Göttingen, Heidelberg
Mangoldt, Knopp: Einführung in die Höhere Mathematik, Band II, S. Hirzel, Stuttgart

Beweis: Wenn wir für $f(x)$ und $f(x + \Delta x)$ die Konstante c einsetzen, wird der Grenzwert

$$y' = \lim_{\Delta x \to 0} \frac{c - c}{\Delta x} = \lim_{\Delta x \to 0} \frac{0}{\Delta x} = \lim_{\Delta x \to 0} 0 = 0$$

2) Die Funktion ist eine Potenz von x.

$$y = f(x) = x^r \qquad\qquad y' = rx^{r-1}$$

r: rationale Zahl

Beweis: Für den Spezialfall, daß r eine positive ganze Zahl n ist sieht der Differenzenquotient für $y = x^n$ folgendermaßen aus:

$$\frac{\Delta y}{\Delta x} = \frac{(x + \Delta x)^n - x^n}{\Delta x}$$

Ausmultiplizieren der Klammer nach dem binomischen Satz:

$$\frac{\Delta y}{\Delta x} = \frac{x^n + nx^{n-1}\Delta x + \ldots + (\Delta x)^n - x^n}{\Delta x}$$

$$= \frac{nx^{n-1}\Delta x + \ldots + (\Delta x)^n}{\Delta x}$$

Δx ausklammern und kürzen:

$$\frac{\Delta y}{\Delta x} = nx^{n-1} + \frac{n(n-1)}{2}x^{n-2}\Delta x + \ldots + (\Delta x)^{n-1}$$

Beim Grenzübergang $\Delta x \to 0$ bleibt von der Summe nur das erste Glied übrig.

Beispiel: $y = x^3 \qquad y' = 3 \cdot x^{3-1} = 3x^2$

Die Ableitungsregel gilt für alle rationalen Zahlen.

Beispiel: $y = x^{-\frac{1}{2}} \qquad y' = -\frac{1}{2} \cdot x^{-\frac{1}{2}-1} = -\frac{1}{2} \cdot x^{-\frac{3}{2}}$

3) Trigonometrische Funktionen

$$
\begin{aligned}
y &= \sin x & y' &= \cos x \\
y &= \cos x & y' &= -\sin x \\
y &= \tan x & y' &= \frac{1}{\cos^2 x} \\
y &= \cot x & y' &= \frac{-1}{\sin^2 x}
\end{aligned}
$$

Bei den letzten beiden Ableitungen müssen natürlich die x-Werte ausgeschlossen werden, bei denen der Nenner Null wird.

Beweise: *Ableitung der Sinusfunktion:*
Der Differenzenquotient hat folgende Form:

$$\frac{\Delta y}{\Delta x} = \frac{\sin(x + \Delta x) - \sin x}{\Delta x}$$

$$= \frac{2\sin(\frac{\Delta x}{2})\cos(x + \frac{\Delta x}{2})}{\Delta x} \qquad \text{siehe Anmerkung}^5$$

$$= \frac{\sin\frac{\Delta x}{2}}{\frac{\Delta x}{2}} \cdot \cos(x + \frac{\Delta x}{2})$$

Im Abschnitt 5.1.3 ist folgender Grenzwert berechnet worden:

$$\lim_{\Delta x \to 0} \frac{\sin \Delta x}{\Delta x} = 1$$

Folglich ergibt sich:

$$\frac{dy}{dx} = \lim_{\Delta x \to 0} \frac{\sin\frac{\Delta x}{2}}{\frac{\Delta x}{2}} \cdot \cos(x + \frac{\Delta x}{2}) = \cos x$$

Ableitung der Kosinusfunktion:
Wir wenden die Kettenregel auf den folgenden Ausdruck an:

$$y = \cos x = \sin(\frac{\pi}{2} - x)$$

Mit $g = \frac{\pi}{2} - x$, $f(g) = \sin g$ erhalten wir

$$y' = \cos g \cdot g' = \cos(\frac{\pi}{2} - x) \cdot (-1)$$

$$= -\sin x$$

Zur Herleitung der Ableitungen von $\tan x$ und $\cot x$ differenziert man folgende Beziehungen mit Hilfe der Quotientenregel und setzt die bereits bekannten Ableitungen ein.

$$y = \tan x = \frac{\sin x}{\cos x}$$

$$y = \cot x = \frac{\cos x}{\sin x}$$

Die Rechnung kann der Leser selbst ausführen.

4) *Exponentialfunktion und Logarithmus*

$$y = e^x \qquad y' = e^x$$

$$y = \ln x \qquad y' = \frac{1}{x}$$

---

^{5}Bei dieser Umformung haben wir die Formel aus der Tabelle am Ende von Kapitel 3 benutzt: $\sin\alpha - \sin\beta = 2(\sin\frac{\alpha-\beta}{2} \cdot \cos\frac{\alpha+\beta}{2})$. Hier ist $\alpha = x + \Delta x$ $\qquad \beta = x$

Beweis: *a) Ableitung der Exponentialfunktion:*
Im Zähler des Differenzenquotienten klammern wir e^x aus:

$$\frac{\Delta y}{\Delta x} = \frac{f(x + \Delta x) - f(x)}{\Delta x} = \frac{e^{x+\Delta x} - e^x}{\Delta x} = \frac{e^x(e^{\Delta x} - 1)}{\Delta x}$$

Da Δx auf beliebige Weise gegen Null streben soll, können wir $\Delta x = \frac{1}{n}$ setzen, denn wenn $n \to \infty$ geht, strebt $\Delta x \to 0$.

Im Abschnitt 5.1.2 ist mitgeteilt worden: $\lim \left(e^{\frac{1}{n}} - 1\right) \cdot n = 1$

Beim Grenzübergang $\Delta x \to 0$ geht also $\frac{(e^{\Delta x} - 1)}{\Delta x}$ gegen 1 , und es bleibt e^x übrig, wie behauptet.

b) Ableitung der Logarithmus-Funktion $y = \ln x$:
Wir exponenzieren die Gleichung $y = \ln x$, d.h. wir schreiben

$$e^y = e^{\ln x} = x$$

Bilden wir die Ableitung $\frac{dx}{dy}$ der Funktion $x = e^y$, so erhalten wir

$$\frac{dx}{dy} = e^y$$

Da wir den Differentialquotienten als Quotienten der Differentiale dx und dy auffassen können, können wir die Gleichung auch schreiben als:

$$\frac{dy}{dx} = \frac{1}{e^y} = \frac{1}{x}$$

Also ist:

$$y' = \frac{dy}{dx} = \frac{1}{x}$$

5) Bemerkungen über die Bedeutung der Exponentialfunktion

Die e-Funktion $y = e^x$ ist die Funktion, die beim Differenzieren erhalten bleibt, für die also gilt $y' = y$. Nach unserer allgemeinen Interpretation der Ableitung gibt y' an, wie sich y mit x ändert (vgl. 5.4.3). Man sieht jetzt schon, daß die e-Funktion überall dort von Bedeutung sein wird, wo die Änderung einer Größe in enger Beziehung zur Größe selbst steht. Dies ist z.B. bei natürlichen Wachstums- und Zerfallsprozessen der Fall: Je mehr Menschen es gibt, desto stärker vermehren sie sich; sofern die Vermehrung nicht durch äußere Einflüsse gebremst wird, wächst die Zahl der Menschen „exponentiell" an.

Die Gleichung

$$y' = y$$

ist übrigens die erste „Differentialgleichung", der wir in diesem Buch begegnet sind. Sie heißt *Differentialgleichung* deswegen, weil in *einer* Gleichung sowohl y als auch eine Ableitung von y vorkommt.

Wir halten fest, daß die Funktion $y = e^x$ die Differentialgleichung $y = y'$ erfüllt. Man sagt: $y = e^x$ ist eine Lösung der Differentialgleichung $y' = y$.

5.5.3   Ableitung komplizierter Funktionen

Die Ableitung komplizierter Funktionen erfordert die Kombination der allgemeinen Differentiationsregeln aus 5.5.1 und der Ableitungen einfacher Funktionen. Es folgen Beispiele:

Konstanter Faktor: Ein konstanter Faktor bleibt erhalten

$$y = a \sin x \qquad y' = a \cos x \qquad a = \text{const.}$$
$$y = a x^n \qquad y' = a n x^{n-1}$$

Summe von Funktionen: Die Ableitung ist die Summe der Ableitungen

$$y = x^2 + x \qquad y' = 2x + 1$$
$$y = x^5 - \ln x \qquad y' = 5x^4 - \frac{1}{x}$$

Die Ableitung einer „ganzen rationalen Funktion (Polynom) n-ten Grades"

$$y = a_0 + a_1 x + a_2 x^2 + \ldots + a_n x^n \qquad (n: \text{natürliche Zahl})$$

$$y' = a_1 + 2a_2 x + \ldots + n a_n x^{n-1}$$

Produkt von Funktionen: Hier wird die Produktregel angewandt

$$y = (x + 1) x$$

Wir setzen

$$u = x + 1 \qquad u' = 1$$
$$v = x \qquad v' = 1$$

Dann wird

$$y' = u'v + uv' = x + (x + 1) \cdot 1$$
$$= 2x + 1$$

Wir hätten übrigens $(x + 1) x$ auch ausmultiplizieren können, um eine Summe von Funktionen zu erhalten, die gliedweise differenziert werden kann:

$$y = x^2 + x$$

Es ist also durchaus nicht so, daß man immer eine bestimmte Regel anwenden muß. Manchmal hat man die Wahl zwischen mehreren Regeln und kann sich die bequemste aussuchen, hier zweifellos die Regel über „Summe von Funktionen".

Quotienten von Funktionen: Hier wird die Quotientenregel angewandt:

$$y = \frac{x^2}{\sin x}$$

Wir setzen $u = x^2 \qquad u' = 2x$

$\qquad\qquad\quad v = \sin x \qquad v' = \cos x$

Damit erhalten wir

$$y' = \frac{u'v - uv'}{v^2} = \frac{2x \sin x - x^2 \cos x}{\sin^2 x}$$

Mittelbare Funktionen: Hier wird die Kettenregel angewandt

$$y = \cos ax \qquad\qquad (a = \text{const.})$$

Wir betrachten $\cos ax$ als zusammengesetzt aus der Funktion $g(x) = ax$ und $f(g) = \cos g$, also

$$y = f(g(x)) = \cos g(x)$$

Wir müssen jetzt f nach g und anschließend g nach x ableiten:

$$f(g) \;=\; \cos g \qquad \frac{df}{dg} = -\sin g$$

$$g \;=\; ax \qquad g' = \frac{dg}{dx} = a$$

Nach der Kettenregel ist dann

$$y' \;=\; \frac{df}{dg} \cdot g' = (-\sin g) \cdot a$$

$$\;=\; -a \cdot \sin ax$$

In der Mechanik und bei Schwingungsproblemen hat man es oft mit Größen zu tun, die von der Zeit t abhängen. Eine solche Abhängigkeit begegnet uns in der „harmonischen Bewegung"

$$x = f(t) = \cos \omega t$$

Wir brauchen in dem eben gerechneten Beispiel nur alle Größen umzubenennen - das ändert ja nichts an der Art und Weise, wie die eine Variable von der anderen abhängt - und schon können wir die Ableitung von x nach t angeben:
Wir substituieren

x	durch	das	frühere	y
t	"	"	"	x
ω	"	"	"	a
x	$= \cos$	ωt		$\dot{x} = \frac{dx}{dt} = -\omega \sin \omega t$

Der Punkt über dem x bezeichnet, wie bereits erwähnt, die Ableitung nach der Zeit.

Ein weiteres Beispiel für die Anwendung der Kettenregel sei $y = ((x+1)\,x)^3$

Wir setzen

$$g(x) \;=\; (x+1)\,x \qquad g'(x) = 2x+1$$

$$f(g) \;=\; g^3 \qquad\qquad \frac{df}{dg} = 3g^2 = 3\,((x+1)\,x)^2$$

Dann ist

$$y' = \frac{df}{dg}\cdot g' = 3\,((x+1)\,x)^2\,(2x+1)$$

5.6 Höhere Ableitungen

Wir haben schon bei der Ableitung des Differentialquotienten bemerkt, daß er nicht nur die Steigung in einem Punkt, sondern die Steigung für jeden x-Wert des Definitionsbereiches von $f(x)$ liefert, für den die Ableitung existiert.

Der Differentialquotient ist also selbst wieder eine Funktion von x. Wir haben das in der Schreibweise $f'(x)$ bereits ausgedrückt. Es liegt also nahe, $f'(x)$ nochmals nach x abzuleiten. Man erhält auf diese Weise die *2. Ableitung von $y = f(x)$ nach x.*

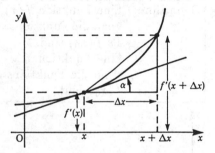

Definition: Der folgende Grenzwert heißt *2. Ableitung* von $y = f(x)$ nach x.

$$\lim_{\Delta x \to 0} \frac{f'(x+\Delta x) - f'(x)}{\Delta x} = f''(x) = y''(x)$$

Schreibweise mit Hilfe der Symbole für Differentiale:

$$y'' = \frac{d}{dx}\Big(\frac{dy}{dx}\Big) = \frac{d^2 y}{dx^2} = \frac{d^2}{dx^2} f(x)$$

(gelesen: *d*-zwei-*y* nach *d*-*x*-Quadrat)

Weiter können wir die 3., 4., ..., allgemein die *n-te Ableitung* bilden:

$$y^{(n)} = \frac{d^n y}{dx^n} = \frac{d^n}{dx^n} f(x) = f^{(n)}(x)$$

Die erste Ableitung stellt die Steigung der Ursprungsfunktion $f(x)$ dar. Die zweite Ableitung stellt die Steigung der ersten Ableitung dar. Die dritte Ableitung stellt die Steigung der zweiten Ableitung dar.

Beispiel 1: Für $y = x$ ist $y' = 1$ und $y'' = 0$. Jede weitere Ableitung ist ebenfalls 0.

Beispiel 2: Wir betrachten die „Gleichung der harmonischen Bewegung".

$$x = \cos\omega t \qquad \dot{x} = -\omega\sin\omega t \qquad \ddot{x} = -\omega^2\cos\omega t$$

5.7   Maxima und Minima

Charakteristische Stellen einer Funktion wurden bereits in Kapitel 3 behandelt. Anhand dieser Stellen läßt sich häufig ein rascher Überblick über den grundsätzlichen Verlauf des Graphen gewinnen. Diskutiert wurden Nullstellen, Pole, Asymptoten. Jetzt können wir die Kurvendiskussion verfeinern und nach den Stellen suchen, an denen die Funktion Extremwerte annimmt, der Graph also Maxima und Minima hat. Wir setzen im folgenden Abschnitt voraus, daß die betrachteten Funktionen mindestens zweimal differenzierbar sind.

Definition:	Eine Funktion $f(x)$ hat an der Stelle x_0 ein (lokales) *Maximum*, wenn die Funktionswerte in der Umgebung der Stelle x_0 alle kleiner als $f(x_0)$ sind. Eine Funktion $f(x)$ hat an der Stelle x_0 ein (lokales) *Minimum*, wenn die Funktionswerte in der Umgebung von x_0 alle größer als $f(x_0)$ sind.

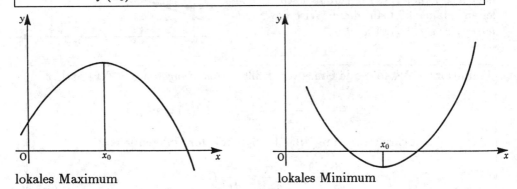

lokales Maximum   lokales Minimum

Hat die Kurve $f(x)$ an der Stelle x_0 ein Minimum oder Maximum und dort keine „Spitze", so sieht man unmittelbar, daß dort die Tangente horizontal sein muß; es muß $f'(x_0) = 0$ sein.

Diese Bedingung ist *notwendig*. Die Frage ist nun, ob man umgekehrt von der Bedingung $f'(x_0) = 0$ auf die Existenz eines Maximums oder Minimums schließen kann. Die Abbildung zeigt, daß man das nicht kann. Hier ist an der Stelle x_1 zwar die Steigung $f'(x_1) = 0$, aber rechts von x_1 sind die Funktionswerte größer, links sind sie kleiner als $f(x_1)$.

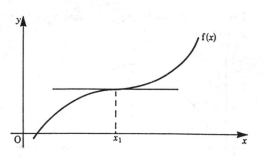

Wir haben also weder ein Maximum noch ein Minimum vor uns, sondern einen sogenannten *Wendepunkt* mit waagerechter Tangente. An Wendepunkten ändert sich das Krümmungsverhalten einer Kurve. Durchläuft man die hier abgebildete Kurve von links nach rechts, geht sie im Wendepunkt von Rechtskrümmung zu Linkskrümmung über. Ein Wendepunkt mit waagrechter Tangente wird *Sattelpunkt* genannt.

Jetzt untersuchen wir den Verlauf der Steigung y' in der Umgebung des Wendepunktes in der Abbildung rechts.
Die Steigung der Funktion nimmt links vom Wendepunkt ab, erreicht im Wendepunkt den Wert Null und nimmt rechts vom Wendepunkt zu. Die Abbildung zeigt den Verlauf der Steigung, die durch die Funktion y' beschrieben wird. Für diesen Wendepunkt an der Stelle $x = x_1$ hat y' also ein Minimum, und es gilt damit $f''(x_1) = 0$.

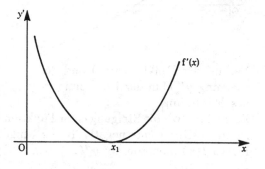

Wie wir an diesem Beispiel gesehen haben, ist die Bedingung $f'(x_0) = 0$ nicht *hinreichend* für die Existenz eines Extremwertes (Maximums ,oder Minimums), d.h. sie reicht nicht aus, um die Existenz eines Maximums oder Minimums sicherzustellen.

Erst die Betrachtung der zweiten Ableitung $f''(x_0)$ gibt uns ein hinreichendes Kriterium[6].

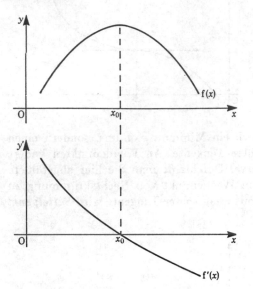 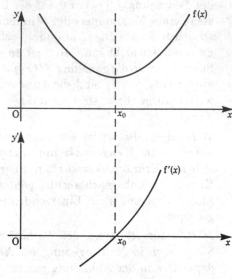

Verlauf der Funktion $y(x)$ und der Steigung $y'(x)$ in der Umgebung eines Maximums.

Verlauf der Funktion $y(x)$ und der Steigung $y'(x)$ in der Umgebung eines Minimums.

Betrachten wir die Steigung einer Funktion in der Umgebung eines Maximums: Links ist sie positiv, rechts negativ. In der Umgebung von x_0 nimmt also die Steigung der Kurve $f(x)$ monoton ab: $y''(x_0) < 0$.

Für ein Minimum nimmt die Steigung von links nach rechts zu: $y''(x_0) > 0$.

Unser hinreichendes Kriterium für Maxima und Minima lautet:

$f'(x_0) = 0$. Gilt zusätzlich $f''(x_0) < 0$, liegt ein lokales Maximum vor.
Gilt zusätzlich $f''(x_0) > 0$, liegt ein lokales Minimum vor.

Auch die Bedingung $f''(x_0) = 0$ für die Existenz eines Wendepunktes ist nur eine notwendige Bedingung. Erst die zusätzliche Bedingung $f'''(x_0) > 0$ oder < 0 liefert ein hinreichendes Kriterium.

---

[6] In seltenen Fällen ist eine Entscheidung sogar erst durch die Analyse einer höheren Ableitung möglich.

Handlungsanweisung für die Bestimmung von Maxima und Minima.[7]

1. Wir setzen $f'(x) = 0$

   Diese Gleichung lösen wir nach x auf und erhalten die Stellen $x_0, x_1, x_2, \ldots,$ an denen sich Maxima und Minima befinden können.

2. Wir berechnen die zweite Ableitung $f''(x)$.

   Gilt $f''(x_0) < 0$, so liegt bei x_0 ein Maximum vor.

   Gilt $f''(x_0) > 0$, so liegt bei x_0 ein Minimum vor.

   Bei $f''(x_0) = 0$ können wir zunächst nichts sagen. Falls $f'''(x_0) \neq 0$, liegt ein Wendepunkt vor.

   Dieselbe Probe müssen wir noch für die anderen Stellen $x_1, x_2, \ldots$ machen.

Beispiel: $y = x^2 - 1$. Wir setzen die 1. Ableitung Null:

$$2x = 0$$

Der Wert $x = 0$ ist also „maximum- bzw. minimum-verdächtig". Die 2. Ableitung $y'' = 2$ ist positiv, also liegt ein Minimum vor.

Differentiationsregeln

Funktion $y = f(x)$	Ableitung $y' = f'(x)$
Konstanter Faktor c $c \cdot f(x)$	$c \cdot f'(x)$
Summe $u(x) + v(x)$	$u'(x) + v'(x)$
Produkt $u(x) \cdot v(x)$	$u' \cdot v + u \cdot v'$
Quotient $\dfrac{u(x)}{v(x)}$	$\dfrac{u' \cdot v - u \cdot v'}{v^2}$
Kettenregel, mittelbare Funktion $f(g(x))$	$\dfrac{df}{dg} \cdot g'(x)$

Ableitung einfacher Funktionen

Funktion $y = f(x)$	Ableitung $y' = f'(x)$
Konstante $y = \text{const}$	$y' = 0$
$y = x^r$	$y' = r \cdot x^{r-1}$
Trigonometrische Funktionen	
$y = \sin x$	$y' = \cos x$
$y = \cos x$	$y' = -\sin x$
$y = \tan x$	$y' = \dfrac{1}{\cos^2 x}$
$y = \cot x$	$y' = \dfrac{-1}{\sin^2 x}$
Exponentialfunktion $y = e^x$	$y' = e^x$
Logarithmusfunktion $y = \ln x$	$y' = \frac{1}{x}$

[7]Diese Handlungsanweisung ist nur gültig, wenn die Maxima oder Minima innerhalb des Definitionsbereichs liegen. Sie gilt nicht, wenn die Maxima oder Minima mit dem Rand des Definitionsbereichs zusammenfallen. Um diese Fälle zu erkennen, hilft es, den Graphen der Funktion zu zeichnen.

5.8   Übungsaufgaben

Bestimmen Sie den Grenzwert der Folgen für $n \to \infty$

5.1 A   a) $a_n = \frac{\sqrt{n}}{n}$ b) $a_n = \frac{5+n}{2n}$ c) $a_n = \left(-\frac{1}{4}\right)^n - 1$

d) $a_n = \frac{2}{n} + 1$ e) $a_n = \frac{n^3 + 1}{2n^3 + n^2 + n}$ f) $a_n = 2 + 2^{-n}$

g) $a_n = \frac{n^2 - 1}{(n+1)^2} + 5$

B   Berechnen Sie die folgenden Grenzwerte

a) $\lim_{x \to 0} \frac{x^2 + 1}{x - 1}$ b) $\lim_{x \to 2} \frac{1}{x}$ c) $\lim_{x \to 0} \frac{x^2 + 10x}{2x}$ d) $\lim_{x \to \infty} e^{-x}$

5.2 a)   Ist die Funktion $y = 1 + |x|$ im Punkte $x = 0$ stetig?

b)   Bestimmen Sie die Unstetigkeitsstellen bei den folgenden Funktionen:

$$f(x) = \left\{ \begin{array}{ll} 1 \text{ für} & 2k \leq x \leq 2k + 1 \\ & \\ -1 \text{ für} & 2k + 1 < x < 2(k+1) \end{array} \right\} \quad (k = 0, 1, 2, 3, \ldots)$$

c) An welchen Stellen ist die unten gezeichnete Funktion $f(x)$ unstetig?

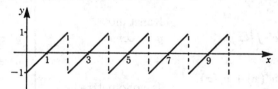

5.3   Bestimmen Sie folgende Summen:

a) $S_5 = \sum_{\nu=1}^{5} \left(1 + \frac{1}{\nu}\right)$ b) $S_{10} = \sum_{n=0}^{9} 3 \cdot \left(\frac{1}{2}\right)^n$ $(2^{10} = 1024)$

c) $S = \sum_{n=1}^{\infty} 3 \cdot \left(\frac{1}{2}\right)^n$

5.4 a) Gegeben sei die Kurve $y = x^3 - 2x$. Berechnen Sie die Steigung der Sekante durch die Kurvenpunkte an der Stelle $x_1 = 1$ und $x_2 = \frac{3}{2}$. Vergleichen Sie diese Sekantensteigung mit der Steigung der Tangente an der Stelle $x_1 = 1$.

b) Das Weg-Zeit-Gesetz einer Bewegung sei

$$s = 3 \left[\frac{m}{\sec^2}\right] t^2 - 8 \left[\frac{m}{\sec}\right] t.$$

Wie groß ist die Momentangeschwindigkeit zur Zeit $t = 3$ sec ? Angabe in m/sec.

c) Bestimmen Sie jeweils das Differential dy für die Funktionen $y = f(x)$:

$c_1)\ f(x) = x^2 + 7x$ $c_2)\ f(x) = x^5 - 2x^4 + 3$ $c_3)\ f(x) = 2(x^2 + 3)$

5.5 A Berechnen Sie die Ableitungen folgender Funktionsterme:

a) $3x^5$ b) $8x - 3$ c) $x^{\frac{7}{3}}$ d) $7x^3 - 4x^{\frac{3}{2}}$

e) $\frac{x^3 - 2x}{5x^2}$

B Bilden Sie die Ableitungen:

a) $y = 2 \cdot x^3$ b) $y = \sqrt[3]{x}$ c) $y = \frac{1}{x^2}$ d) $y = \frac{2x}{4+x}$

e) $y = (x^2 + 2)^3$ f) $y = x^4 + \frac{1}{x}$ g) $y = \sqrt{1 + x^2}$

Differenzieren Sie:

a) $y = 3 \cdot \cos(6x)$ b) $y = 4\sin(2\pi x)$ c) $y = Ae^{-x} \cdot \sin(2\pi x)$

d) $y = ln(x + 1)$ e) $y = \sin x \cdot \cos x$ f) $y = \sin x^2$

g) $y = (3x^2 + 2)^2$ h) $y = a\sin(bx + c)$ i) $y = e^{2x^3 - 4}$

5.6   Bilden Sie die Ableitungen:

a) $g(\phi) = a\sin\phi + tg\phi$;   gesucht $g'(\phi)$ (1. Ableitung)

b) $v(u) = u \cdot e^u$;   gesucht $v''(u)$ (2. Ableitung)

c) $f(x) = ln\, x$;   gesucht $f''(x)$ (2. Ableitung)

d) $h(x) = x^5 + 2x^2$;   gesucht $h^{IV}(x)$ (4. Ableitung)

5.7   Bestimmen Sie die Nullstellen und Extremwerte folgender Funktionen:

a) $y = 2x^4 - 8x^2$ b) $y = 3\sin\phi$ c) $y = \sin(0,5x)$

d) $y = 2 + \frac{1}{2}x^3$ e) $y = 2(\cos(\phi + 2))$ f) $y = \frac{2}{3}x^3 - 2x^2 - 6x$

Lösungen

5.1 A a) 0   b) $\frac{1}{2}$ c) -1 d) 1   e) $\frac{1}{2}$ f) 2 g) 6

    B a) -1 b) $\frac{1}{2}$ c) 5   d) 0

5.2 a) Die Funktion ist im Punkte
       $x = 0$ stetig – aber nicht
       differenzierbar.

    b) $f(x)$ ist an den Stellen $x = k$
       $(k = 0, 1, 2, \ldots)$ unstetig

    c) Unstetigkeitsstellen $x = 2k, k = 0, 1, 2, \ldots$

5.3 a) $S_5 = 2 + \frac{3}{2} + \frac{4}{3} + \frac{5}{4} + \frac{6}{5} = 7 + \frac{17}{60} \approx 7,28$

    b) $S_{10} = 3\frac{1-\left(\frac{1}{2}\right)^{10}}{1-\frac{1}{2}} = 3 \cdot 2 \cdot \frac{1023}{1024} = 5.994$ c) $S = \frac{3}{2} \cdot \frac{1}{\frac{1}{2}} = 3$

5.4 a) Endpunkte der Sekante: $P_1(1, -1)$, $P_2\left(\frac{3}{2}, \frac{3}{8}\right)$

       Steigung der Sekante: $m_s = \frac{\Delta y}{\Delta x} = 2,75$

       Steigung der Tangente: $m_T = y'(1) = 1$

    b) $v(t) = \frac{ds}{dt} = 6t - 8$; $v(3\text{sec}) = 10$ m/sec

    c_1) $dy = (2x + 7)\,dx$ c_2) $dy = (5x^4 - 8x^3)\,dx$

    c_3) $dy = 4x\,dx$

5.5 A a) $15x^4$ b) 8   c) $\frac{7}{3}x^{\frac{4}{3}}$

        d) $21x^2 - 6\sqrt{x}$ e) $\frac{x^2+2}{5x^2}$

    B a) $6x^2$ b) $\frac{1}{3\sqrt[3]{x^2}}$ c) $-\frac{2}{x^3}$

        d) $\frac{8}{(4+x)^2}$ e) $6x(x^2 + 2)^2$ f) $4x^3 - \frac{1}{x^2}$

        g) $\frac{2x}{2\sqrt{1+x^2}} = \frac{x}{\sqrt{1+x^2}}$

C a) $\quad -18\sin(6x)$ b) $\quad 8\pi\cos(2\pi x)$

   c) $\quad Ae^{-x}[2\pi\cos(2\pi x) - \sin(2\pi x)]$ d) $\quad \frac{1}{x+1}$

   e) $\quad \cos^2 x - \sin^2 x$ f) $\quad 2x\cos x^2$ g) $\quad 12x\left(3x^2 + 2\right)$

   h) $\quad a\cdot b\cdot\cos(bx + c)$ i) $\quad 6x^2 e^{2x^3 - 4}$

5.6 a) $a\cos\phi + \frac{1}{\cos^2\phi}$ b) $e^u(2+u)$ c) $\frac{-1}{x^2}$ d) $120\,x$

5.7   Nullstellen   Extremwerte

a) $x_1 = 2$ $(-\sqrt{2}, -8)$ Min

    $x_2 = -2$ $(0, 0)$ Max

    $x_3 = x_4 = 0$ $(\sqrt{2}, -8)$ Min

b) $x = k\pi$ $x = \pm\frac{\pi}{2}, \pm\frac{5\pi}{2}, \pm\frac{9\pi}{2}, \ldots$ Max

    $(k = 0, \pm 1, \pm 2, \ldots)$ $x = \pm\frac{3}{2}\pi, \pm\frac{7}{2}\pi, \pm\frac{11}{2}\pi, \ldots$ Min

c) $x = 2k\pi$ $x = \pm\pi, \pm 5\pi, \pm 9\pi, \ldots$ Max

    $(k = 0, \pm 1, \pm 2, \ldots$ $x = \pm 3\pi, \pm 7\pi, \pm 11\pi, \ldots$ Min

d) $x = \sqrt[3]{-4} = -1,59$ keine

e) $x = (2k+1)\frac{\pi}{2} - 2$ $x = 2k\pi - 2$ Max

    $(k = 0, \pm 1, \pm 2, \ldots)$ $x = (2k+1)\pi - 2$ Min

f) $x_1 = \frac{3}{2}(1 + \sqrt{5})$ $(-1, 3\frac{1}{3})$ Max

       $= 4,85$ $(3, -18)$ Min

    $x_2 = \frac{3}{2}(1 - \sqrt{5})$

       $= 1,85$

    $x_3 = 0$

6   Integralrechnung

6.1   Die Stammfunktion

Das Grundproblem der Integralrechnung: Im vorhergehenden Kapitel - Differential-rechnung - gingen wir von dem Graphen einer differenzierbaren Funktion aus und bestimmten die Steigung.

Gegeben war eine Funktion $y = f(x)$

Gesucht war die Ableitung $f'(x) = \dfrac{dy}{dx}$

Man kann die Problemstellung umkehren. Von einer Funktion sei uns die Ableitung bekannt. Gesucht ist die Funktion.

Beispiel: Von einer Funktion sei be-kannt, daß sie im gesamten Definiti-onsbereich überall die gleiche Steigung habe.

$$f'(x) = y' = a$$

Können wir die Funktion angeben?

Dazu müssen wir die uns bekannten Funktionen daraufhin durchmustern, ob eine unter ihnen ist, die überall die gleiche Steigung hat. Eine derartige Funktion haben wir kennengelernt. Es ist die Gerade. Eine mögliche Lösung des Problems ist also eine Gerade mit der Steigung a.

$$y(x) = a \cdot x$$

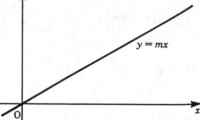

Der Graph zeigt diese Funktion. Die Rechenoperation, aus einer Ableitung auf eine Funktion zu schließen, heißt *integrieren*. Eine allgemeine Formulie-rung dieses Problems lautet:

Gegeben sei $f(x)$. Wir betrachten $f(x)$ als Ableitung einer Funk-tion $F(x)$. Wir suchen $F(x)$. Dann muß $F(x)$ folgender Bedingung genügen:

$$F'(x) = f(x)$$

Die Funktion $F(x)$ nennt man *Stammfunktion*[1] zur Funktion $f(x)$.

---

[1] Es ist üblich, Stammfunktionen durch Großbuchstaben zu bezeichnen

Definition: $F(x)$ heißt *Stammfunktion* von $f(x)$, wenn gilt

$$F'(x) = f(x) \qquad (6.1)$$

Beispiel: Gegeben sei $f(x) = a$
               Wir hatten eine Lösung bereits bestimmt zu: $F(x) = a \cdot x$

Daß diese Lösung richtig ist, können wir durch Differenzieren verifizieren:

$$f(x) = F'(x) = \frac{d}{dx}(ax) = a$$

Nun erinnern wir uns, daß beim Differenzieren eine addierte Konstante fortfällt. Damit können wir weitere Stammfunktionen angeben:

$$F(x) = ax + C$$

Die Konstante C verschwindet beim Differenzieren. Ersichtlich gibt es nicht nur eine Lösung zu einer Integrationsaufgabe. Es gibt beliebig *viele*, die sich durch eine additive Konstante unterscheiden.

Die Lösung der Gleichung $F'(x) = f(x)$ führt damit auf eine Kurvenschar:

$$y = F(x) + C$$

Für unser Beispiel sind alle Geraden mit der Steigung a Stammfunktionen für $f(x) = a$. Um aus der Menge der Stammfunktionen genau eine zu bestimmen, muß eine zusätzliche Angabe vorliegen.

Diese Zusatzangabe kann in folgender Forderung bestehen: Der Graph der Funktion soll durch einen bestimmten Punkt gehen, dessen Koordinaten vorgegeben sind $y_0 = a \cdot x_0$. Eine solche Zusatzangabe wird in Physik und Technik häufig *Randbedingung* genannt.

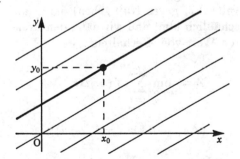

Wir fassen zusammen: Das Aufsuchen einer Stammfunktion heißt *integrieren*. In der Integralrechnung wird von der Ableitung einer Funktion auf die zugehörige Stammfunktion geschlossen.

Die Stammfunktion ist nur bis auf eine additive Konstante C festgelegt. Die Konstante C kann erst dann bestimmt werden, wenn eine zusätzliche Randbedingung angegeben wird.

6.2 Flächenproblem und bestimmtes Integral

In diesem Abschnitt gewinnen wir einen anschaulichen zweiten Zugang zur Integralrechnung. Die Zusammenhänge werden dann im nächsten Abschnitt deutlich.

Von der Funktion $f(x)$, der x-Achse und den Parallelen zur y-Achse $x = a$ und $x = b$ wird die Fläche A eingeschlossen. Wir suchen diese Fläche A.

Wäre $f(x)$ eine Gerade, dann ließe sich A leicht berechnen. Wir wollen ein Verfahren zur Berechnung von A entwickeln, das auf beliebige, im Intervall $a \leq x \leq b$ stetige Funktionen anwendbar ist.[2]

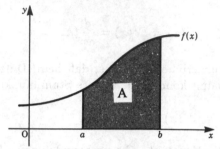

Dazu unterteilen wir das Intervall in n Teilintervalle $\Delta x_1, \Delta x_2, \ldots, \Delta x_n$ und wählen aus jedem Teilintervall Δx_i einen Wert der Variablen x_i aus.

Die Fläche A läßt sich näherungsweise darstellen als Summe der Rechtecke mit der Höhe $f(x_i)$ und der Breite Δx_i:

$$A \approx \sum_{i=1}^{n} f(x_i)\Delta x_i$$

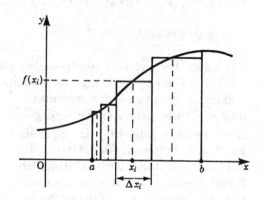

Vergrößern wir n unbegrenzt (dabei soll gleichzeitig die Breite *aller* Teilintervalle Δx_i gegen Null gehen), ist es anschaulich klar, daß wir dann den exakten Wert von A erhalten:

$$A = \lim_{n \to \infty} \sum_{i=1}^{n} f(x_i)\Delta x_i$$

$(\Delta x_i \to 0$ für $i = 1, \ldots n)$

---

[2] $f(x)$ sei zunächst im betrachteten Intervall positiv.

Für diesen Grenzwert[3]
führen wir ein neues Symbol ein:

$$A = \lim_{n \to \infty} \sum_{i=1}^{n} f(x_i)\,\Delta x_i$$

$$A = \int_a^b f(x)\,dx$$

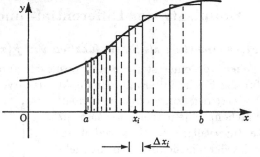

Dieses Symbol heißt Integralzeichen. Der Ausdruck heißt *bestimmtes Integral* und wird gelesen „Integral $f(x)\,dx$ von a bis b".

Das von Leibniz eingeführte Integralzeichen ist aus einem langgestreckten S entstanden. Es soll daran erinnern, daß hier der Grenzwert einer Summe gemeint ist. Das bestimmte Integral hat einen festen, eindeutig bestimmbaren Wert.

Das Integral wird wie beim Flächenproblem in allen Fällen angewendet, bei denen Produkte aufsummiert werden, deren Anzahl immer größer wird und deren Werte immer kleiner werden.

Das Integralzeichen ist als Befehl zur Ausführung einer Operation aufzufassen. Als geometrisches Beispiel haben wir die Summierung von Flächenstreifen kennengelernt, deren Streifenbreite gegen 0 geht.

Die Ausführung der Operation wird im übernächsten Abschnitt dargestellt.

Definition: Bestimmtes Integral

$$F = \lim_{i \to \infty} \sum_{i=1}^{n} f(x_i)\Delta x_i = \int_a^b f(x)\,dx \qquad (6.2)$$

Das Symbol $\int_a^b f(x)\,dx$ heißt
bestimmtes Integral von $f(x)$ zwischen den Grenzen a und b.

a heißt *untere Integrationsgrenze*

b heißt *obere Integrationsgrenze*

$f(x)$ heißt *Integrand*

x heißt *Integrationsvariable*

Hinweis zur Bezeichnungsweise: Flächen werden mit A bezeichnet. Für den allgemeinen Fall eines Integrals oder einer Stammfunktion benutzen wir den Buchstaben F.

---

[3] Für stetige Funktionen ist dieser Grenzübergang immer durchführbar. Bei nicht stetigen Funktionen muß jeweils bewiesen werden, daß dieser Grenzwert existiert. Nehmen wir als Höhe der Rechtecke den größten Funktionswert innerhalb des Streifens, so erhalten wir als Summe dieser Streifen eine obere Grenze für den Flächeninhalt. Diese Summe heißt Obersumme. Nehmen wir als Höhe den jeweils kleinsten Wert, erhalten wir eine untere Grenze, die Untersumme. Bei stetigen Funktionen fallen im Grenzübergang Obersumme und Untersumme zusammen.

6.3   Hauptsatz der Differential- und Integralrechnung

Die Flächenfunktion als Stammfunktion von $f(x)$

Wir gehen von einer stetigen und positiven Funktion $f(x)$ aus. Wir interessieren uns für die Fläche unterhalb der Funktionskurve im schraffierten Intervall.

Im Unterschied zum oben behandelten Flächenproblem sehen wir nun die
rechte Intervallgrenze als variabel an.
Dann ist der Flächeninhalt nicht mehr
konstant, sondern eine Funktion der
rechten Intervallgrenze x.

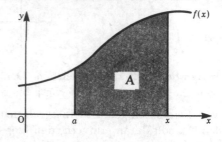

Hier entsteht nun insofern ein formales
Problem: wir verwenden das Symbol x
jetzt in zwei Bedeutungen

    a) x ist die rechte Intervallgrenze und damit ein definierter Wert

    b) x ist die Variable der Funktion $f(x)$

Wir vermeiden Schwierigkeiten infolge dieser Doppeldeutigkeit, wenn wir die Bezeichnungen verändern.

Wir bezeichnen die Variable der Aus-
gangsfunktion y mit t und betrachten
die Fläche unter der Funktionskurve
$f(t)$ zwischen der festen Intervallgrenze
$t = a$ und der variablen Intervallgrenze
$t = x$.

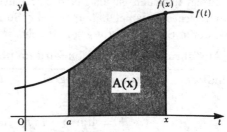

Unter Benutzung des Integralsymbols
schreiben wir für die Fläche:

$$A(x) = \int\limits_a^x f(t)\,dt$$

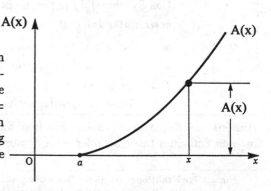

Hierdurch haben wir eine Funktion
$A(x)$ definiert, deren Funktionswert angibt, welche Fläche unter der Kurve
$f(t)$ in den Grenzen $t = a$ und $t =$
x liegt. Die Funktion $A(x)$ nennen
wir *Flächenfunktion*. In der Abbildung
rechts ist die Flächenfunktion für die
Funktion $f(t)$ gezeichnet.

Welche Eigenschaften hat nun diese Flächenfunktion $A(x)$? Wir betrachten zunächst
die Funktion $f(t)$ und eine Verschiebung der rechten Intervallgrenze um Δx nach
rechts.

Die Fläche vergrößert sich dann um den schraffierten Streifen. Dieser Flächenzuwachs ΔA muß gleich sein dem Funktionszuwachs der Flächenfunktion $A(x)$.

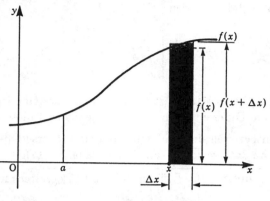

Wir können zwei Grenzen angeben, zwischen denen die Fläche des schraffierten Streifens liegt[4]:

$$\Delta x \cdot f(x) \leq \Delta A \leq \Delta x \cdot f(x + \Delta x)$$

Wir teilen durch Δx:

$$f(x) \leq \frac{\Delta A}{\Delta x} \leq f(x + \Delta x)$$

Wir haben eine Ungleichung erhalten. Wir führen nun den Grenzübergang $\Delta x \to 0$ aus.

$$\lim_{\Delta x \to 0} \frac{\Delta A}{\Delta x} = \frac{\Delta A}{\Delta x} = A'(x)$$

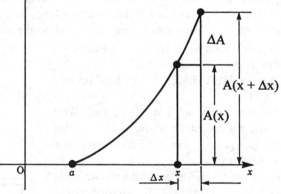

Weiter gilt:

$$\lim_{\Delta x \to 0} f(x + \Delta x) = f(x)$$

Wir erhalten

$$f(x) \leq A'(x) \leq f(x)$$

Das bedeutet: $A'(x)$ wird von gleichen Größen eingeschlossen. Damit gilt:

$$A'(x) = f(x)$$

Die Ableitung der Flächenfunktion $A(x)$ an der Stelle x ist gleich $f(x)$. Unser grundlegendes Ergebnis ist: *Die Flächenfunktion ist eine Stammfunktion von $f(x)$.*

Das ist der Hauptsatz der Differential- und Integralrechnung. Er enthält die grundlegende Beziehung zwischen Differential- und Integralrechnung. Eine Umformung hebt diese Beziehung deutlich hervor: Die Flächenfunktion ist gegeben durch:

$$A(x) = \int\limits_{a}^{x} f(t)\,dt$$

---

[4] Hier gilt die Voraussetzung einer monoton steigenden Funktion. Bei einer fallenden Funktion müssen die Grenzen vertauscht werden.

Wir differenzieren

$$A'(x) = \frac{d}{dx} \left[\int\limits_a^x f(t)\, dt \right] = f(x)$$

Das bedeutet: Führt man nacheinander eine Integration in der Klammer und dann eine Differentiation durch, so heben sich diese Operationen auf.

Integrieren und Differenzieren sind inverse Operationen. Anders ausgedrückt: *Die Integration ist die Umkehrung der Differentiation.*

Hauptsatz der Differential- und Integralrechnung

$$\text{Für } F(x) = \int\limits_a^x f(t)\,dt \quad \text{gilt:} \tag{6.3}$$

$$F'(x) = f(x)$$

Kehren wir zum Beispiel der Flächenberechnung zurück. Bisher haben wir stillschweigend vorausgesetzt, daß es für die Bestimmung der Flächenfunktion gleichgültig ist, von welcher linken Intervallgrenze a ausgehend die Flächenfunktion bestimmt wird. Daß das in der Tat so ist, soll nun gezeigt werden.

Wir ersetzen die linke Intervallgrenze a durch die neue Grenze a'.

Wie verläuft die neue Flächenfunktion $\overline{A}(x)$?

An der Stelle a' hat $\overline{A}(x)$ den Wert Null. An der Stelle a erreicht $\overline{A}(x)$ den Wert $\overline{A}(x)(a)$, der der Fläche zwischen a' und a entspricht.

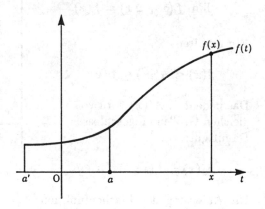

Ihren weiteren Verlauf können wir leicht angeben, wenn wir die ursprüngliche Flächenfunktion $A(x)$ benutzen.

Die neue Flächenfunktion setzt sich nämlich aus zwei Anteilen zusammen:

$\overline{A}(a)$ als Fläche im Intervall a' bis a

$A(x)$ als Fläche im Intervall a bis x

Damit gilt

$$\overline{A}(x) = A(x) + \overline{A}(a)$$

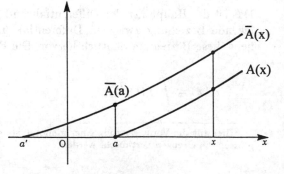

Durch beliebige Wahl der linken Intervallbegrenzung entstehen neue Flächenfunktionen, die sich jedoch nur durch eine additive Konstante unterscheiden.

Dem entspricht, daß wir auch eingangs im ersten Abschnitt die Stammfunktion nur bis auf eine additive Konstante bestimmen konnten.

6.4 Bestimmtes Integral

Wir leiten die Berechnung des bestimmten Integrals ab aus der geometrischen Bedeutung der Stammfunktion als Flächenfunktion.

Es sei die Fläche unter der Funktion $y = x$ über dem Intervall vom Anfangspunkt a bis zum Endpunkt b zu bestimmen. Die Fläche ist in der Abbildung schraffiert.

Eine Stammfunktion, die der Bedingung

$$F'(x) = f(x)$$

genügt, läßt sich angeben:[5]

$$F(x) = \frac{x^2}{2}$$

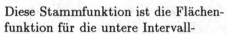

Diese Stammfunktion ist die Flächenfunktion für die untere Intervallgrenze $x = 0$. Die Stammfunktion gibt als Flächenfunktion die Fläche unter der Kurve im Intervall vom Anfangspunkt $x = 0$ bis zum variablen Endpunkt x an.

Um die gesuchte Fläche zu bestimmen, hilft folgende Überlegung weiter:

Die gesuchte Fläche A wird als Differenz zweier Flächen dargestellt werden. Von der Fläche $A(b)$ unter der Kurve zwischen $x = 0$ und $x = b$ wird die Fläche $A(a)$ unter der Kurve zwischen $x = 0$ und $x = a$ abgezogen.

Damit ist die gesuchte Fläche A

$$A = A(b) - A(a)$$

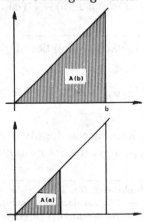

Die Fläche A ist also gleich der Differenz der Flächenfunktion.

---

[5] Daß diese Stammfunktion der Bedingung genügt, läßt sich leicht verifizieren:
$$F'(x) = \frac{d}{dx}\left(\frac{x^2}{2}\right) = x$$

Für unser Beispiel:

$$A = \left(\frac{b^2}{2} - \frac{a^2}{2} \right)$$

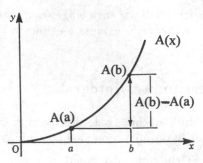

Verallgemeinerung: Wir haben das bestimmte Integral für ein konkretes Beispiel ermittelt. Das Verfahren ist allgemeingültig. Man sucht für den Integranden eine Stammfunktion und bildet die Differenz[6]

$$\int\limits_a^b f(x)dx = F(b) - F(a)$$

Das bestimmte Integral ist nicht auf diese geometrische Bedeutung eingeschränkt[7].

Ist für eine vorgegebene Funktion $f(x)$ eine beliebige Stammfunktion gefunden, so läßt sich das *bestimmte Integral* als Differenz angeben: vom Wert der Stammfunktion an der oberen Grenze wird der Wert der Stammfunktion an der unteren Grenze abgezogen.

Berechnung des bestimmten Integrals

$$\int\limits_a^b f(x)\,dx = F(b) - F(a) \qquad\qquad (6.4)$$

Ist $F(x)$ eine Stammfunktion der Funktion $f(x)$, dann ist

$$\int\limits_a^b f(x)\,dx = [F(x)]_a^b = F(b) - F(a) \qquad\qquad (6.5)$$

Die eckige Klammer in der Mitte der Gleichung ist das Symbol für eine Handlungsvorschrift: Setze in die Stammfunktion die Werte $x = b$ und $x = a$ ein und bilde die Differenz.

---

[6]Stammfunktionen für ein gegebenes $f(x)$ können sich durch eine additive Konstante unterscheiden. Diese fällt bei der Differenzbildung heraus.

[7]Beispiel für ein bestimmtes Integral ohne geometrische Bedeutung: Es sei der von einem Fahrzeug zurückgelegte Weg s in dem Zeitintervall $t = 0$ bis $t = 12$ (sec) gesucht. Dann gilt:

$$s = \int_0^{12 \text{ sec}} v dt. \text{ Ist die Geschwindigkeit konstant, so erhalten wir:}$$

$$s = \int_0^{12 \text{ sec}} v dt = [v \cdot t]_0^{12 \text{ sec}} = 12 \cdot v \text{ sec}$$

6.4.1 Beispiele für das bestimmte Integral

Flächenberechnung:
Beispiel 1: Gesucht sei die Fläche unter der Parabel $y = x^2$ im Intervall $x_1 = 1$ bis $x_2 = 2$.
Die gesuchte Fläche ergibt sich zu

$$A = \int\limits_1^2 x^2 dx$$

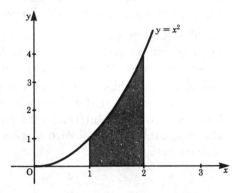

Wir bestimmen zunächst eine Stammfunktion:
Eine Stammfunktion für $f(x) = x^2$ ist[8]:

$$F(x) = \frac{x^3}{3}$$

Folglich gilt[9]: $A = \int\limits_1^2 x^2 dx = \left[\frac{x^3}{3}\right]_1^2 = \frac{8}{3} - \frac{1}{3} = \frac{7}{3}$

Beispiel 2: Gesucht sei die Fläche unter der Kosinusfunktion im Intervall $0 \leq x \leq \frac{\pi}{2}$:

$$A = \int\limits_0^{\frac{\pi}{2}} \cos x \, dx$$

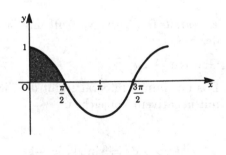

Eine Stammfunktion von $f(x) = \cos x$ können wir sofort angeben:
$F(x) = \sin x$.
Also ist das bestimmte Integral

$$\int\limits_0^{\frac{\pi}{2}} \cos x \, dx = [\sin x]_0^{\frac{\pi}{2}}$$

$$= \sin\frac{\pi}{2} - \sin(0) = 1$$

Beispiel 3: Gesucht sei die Fläche unter der Kurve $f(x) = \cos x$ im Intervall

$$\frac{\pi}{2} \leq x \leq 3\frac{\pi}{2}$$

---

[8] Man überzeuge sich durch Nachrechnen von der Richtigkeit dieser Aussage. Dazu differenziere man die Stammfunktion. Dann muß man die gegebene Funktion erhalten.

[9] Bemerkung zur Notierung: Die Stammfunktion wird beim bestimmten Integral häufig in eckige Klammern geschrieben. Die Integrationsgrenzen werden an der hinteren Klammer unten und oben angegeben. Die Schreibweise erleichtert die Übersicht bei der Differenzbildung.

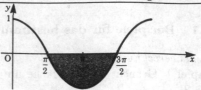

$$\int\limits_{\frac{\pi}{2}}^{\frac{3\pi}{2}} \cos x \, dx = [\sin x]_{\frac{\pi}{2}}^{\frac{3\pi}{2}} = -1 - 1 = -2$$

Die unterhalb der x-Achse liegende Fläche wird negativ gezählt. Wünscht man bei Flächenberechnungen den Absolutwert der Fläche, so muß man dies beachten.

Verläuft die Kurve in einem bestimmten Bereich sowohl oberhalb wie auch unterhalb der x-Achse, so muß man in diesem Fall das bestimmte Integral in zwei oder mehr Anteile aufteilen. Dies sei am Beispiel erläutert:

Beispiel 4: Gesucht sei der Absolutwert der Fläche, die zwischen der Kosinusfunktion und der x-Achse im Intervall 0 bis π liegt. Das bestimmte Intervall wird in zwei Anteile aufgeteilt:

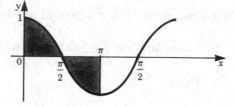

1. Anteil: Die Kurve verläuft oberhalb der x-Achse.

Grenzen: 0 ; $\frac{\pi}{2}$

Flächeninhalt: $A_1 = 1$

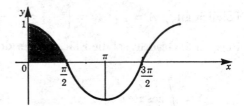

2. Anteil: Die Kurve verläuft unterhalb der x-Achse.

Grenzen: $\frac{\pi}{2}$; π

Das bestimmte Integral ergibt die Fläche mit negativem Vorzeichen:

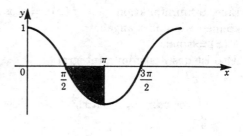

$$\int\limits_{\frac{\pi}{2}}^{\pi} \cos x \, dx = [\sin x]_{\frac{\pi}{2}}^{\pi} = -1.$$

Will man diese Fläche positiv zählen, so muß der Absolutwert genommen werden:

$$A_2 = |-1| = 1$$

Die Summe beider Anteile ist dann:

$$A = A_1 + A_2 = 2$$

Beispiele, die nicht auf eine Flächenberechnung zurückgeführt werden:
Gesucht ist die Geschwindigkeit v einer Rakete 40 Sekunden nach dem Start. Das entspricht dem Brennschluß der ersten Raketenstufe.

Bekannt sei die – konstante – Beschleunigung a:

$$a = 50 \frac{m}{sec^2}$$

Für den Zusammenhang zwischen Beschleunigung und Geschwindigkeit gilt:

$$a = \frac{dv}{dt}$$

$$v = \int_0^{40sec} a\, dt = [a \cdot t]_0^{40} = 50 \cdot 40 \frac{m}{sec} = 2000 \frac{m}{sec}$$

Gesucht ist nun der Weg, den die Rakete 40 sec nach dem Start zurückgelegt hat. Es handelt sich um eine gleichförmig beschleunigte Bewegung.

$$v = a \cdot t \qquad \text{mit } a = 50 \frac{m}{sec^2}$$

Der Weg s ist das bestimmte Integral

$$s = \int_0^{40\ sec} v\, dt = \int_0^{40\ sec} a \cdot t \cdot dt = \left[\frac{a}{2} \cdot t^2 \right]_0^{40\ sec}$$

$$= \left[\frac{50}{2} \cdot \{(40)^2 - 0\}\ m \right] = 40\,000\ m$$

6.5 Zur Technik des Integrierens

Zunächst werden allgemeine Techniken zur Bestimmung der Stammfunktion mitgeteilt. Die Menge aller Stammfunktionen $F(x)$ von $f(x)$ wird *unbestimmtes Integral* genannt und durch folgendes Symbol gekennzeichnet:

$$F(x) = \int f(x)\, dx$$

6.5.1 Verifizierungsprinzip

Die Aufgabe der Differentialrechnung - Bestimmung der Ableitung einer differenzierbaren Funktion - kann immer gelöst werden. Man kann die Differentiationsregeln algorithmisch anwenden.

Die Aufgabe der Integralrechnung - Bestimmung der Stammfunktion bei gegebener Ableitung - kann nicht immer gelöst werden. Es gibt kein algorithmisches Lösungsverfahren, das immer zum Ziel führt. Ein Lösungsverfahren, das oft hilft, ist das *Verifizierungsprinzip*.

Beispiel: Gegeben ist eine Funktion $f(x)$. Wir *vermuten*, daß die Funktion $F(x)$ eine Stammfunktion von $f(x)$ ist. Dann prüfen wir die Vermutung, indem wir $F(x)$ differenzieren und $F'(x)$ und $f(x)$ vergleichen. Gilt $F'(x) = f(x)$, dann war unsere Annahme richtig. Diese Prüfung ist ein *Beweis* dafür, daß $F(x)$ Stammfunktion von $f(x)$ ist.

War die Annahme falsch, müssen wir eine neue Annahme machen und solange suchen, bis die Lösung gefunden ist.

Es gibt kein algorithmisches Verfahren zur Integration beliebiger Funktionen. Bereits scheinbar einfache Funktionen sind gelegentlich nicht integrierbar. Man muß heuristisch vorgehen und verschiedene Möglichkeiten ausprobieren. Eine große Hilfe sind dabei Integrationstafeln, in denen Lösungen zusammengetragen sind.[10]
Am Ende dieses Kapitels befindet sich eine für viele Fälle ausreichende Tabelle von Lösungen. Schließlich sind Computerprogramme hilfreich, die Lösungen gespeichert haben.

6.5.2   Stammintegrale

Zu einer Reihe von elementaren Funktionen lassen sich durch Anwendung des Hauptsatzes der Differential- und Integralrechnung - die Integration ist die Umkehrung der Differentiation - leicht die zugehörigen Stammfunktionen angeben.

Diese Stammfunktion nennt man auch *Grundintegral* oder *Stammintegral*. Mit Hilfe des Verifizierungsprinzipes kann man unmittelbar überprüfen, daß das Stammintegral jeweils eine richtige Lösung der Integralaufgabe für die gegebene Funktion darstellt.

Funktion	Stammintegral
$x^n \quad (n \neq -1)$	$\frac{x^{n+1}}{n+1} + c$
$\sin x$	$-\cos x + c$
$\cos x$	$\sin x + c$
e^x	$e^x + c$
$\frac{1}{x} \quad (x > 0)$	$\ln|x| + c$

---

[10]Bronstein, Semendjajew, Musiol, Muhlig: Taschenbuch der Mathematik, Frankfurt, 1993. Stöcker: Taschenbuch mathematischer Formeln und Verfahren, Frankfurt, 1993.

6.5.3 Konstanter Faktor und Summe

Viele Integrale lassen sich durch zwei einfache Operationen vereinfachen. Es ist zweckmäßig, diese Vereinfachungen durchzuführen, ehe nach einer Lösung des Integrals in einer Tabelle gesucht wird.

Konstanter Faktor:
Ein konstanter Faktor kann vor das Integral gezogen werden:

$$\int c f(x)\,dx = c \int f(x)\,dx \tag{6.6}$$

Beweis: Wir führen den Beweis mit Hilfe des Verifizierungsprinzips.
Es sei $F(x) = \int f(x)\,dx$. Dann gilt auch: $c\,F(x) = c \int f(x)\,dx$
Wir differenzieren beide Seiten und erhalten:

$$c\,F' = c\,f(x)$$

Summe und Differenz von Funktionen:
Das Integral der Summe zweier - oder mehrerer - Funktionen ist gleich der Summe der Integrale dieser Funktionen.

$$\int (f(x) + g(x))\,dx = \int f(x)\,dx + \int g(x)\,dx \tag{6.7}$$

Beweis: Wir führen den Beweis mit Hilfe des Verifizierungsprinzips.
$F(x)$ sei die Stammfunktion zu $f(x)$; $G(x)$ sei die Stammfunktion zu $g(x)$
Dann gilt: $F(x) + G(x) = \int f(x)\,dx + \int g(x)\,dx$
Wir differenzieren auf beiden Seiten und erhalten

$$F'(x) + G'(x) = f(x) + g(x)$$

Das Integral der Differenz zweier - oder mehrerer - Funktionen ist gleich der Differenz der Integrale der Funktion.

6.5.4 Integration durch Substitution

Wir wollen das Integral $\int (1 + 2x)^8\,dx$ berechnen. Durch Ausmultiplizieren könnten wir eine Summe von Grundintegralen erhalten. Dies kostet aber viel Mühe. Substituieren wir im Integranden die Funktion $1 + 2x$ durch u, dann erhalten wir für den Integranden die Funktion $f(u) = u^8$, die sich elementar integrieren läßt. Diese *Substitution* im Integranden führt aber noch nicht völlig zum Ziel, da noch dx zu substituieren ist. Wir müssen dx noch durch die Variable u ausdrücken. Wir differenzieren dazu die Substitutionsgleichung $u = 1 + 2x$ nach x und erhalten

$$\frac{du}{dx} = 2 \quad \text{Nach } dx \text{ aufgelöst:} \quad dx = \frac{du}{2}$$

Damit ergibt sich

$$\int (1+2x)^8 \, dx = \int u^8 \cdot \frac{du}{2} = \frac{u^9}{18} + C$$

Wir können jetzt die Substitution $u = 1 + 2x$ rückgängig machen und erhalten

$$\int (1+2x)^8 \, dx = \frac{(1+2x)^9}{18} + C$$

Die Substitution hat uns hier viel Rechenarbeit erspart. Die Substitution erfolgt allgemein in vier Schritten:

Gegeben sei $\int f(x)\,dx$	Beispiel: $\int \sin(5x)\,dx$
1. Wahl einer Hilfsfunktion, von der wir erwarten, daß sie die Aufgabe erleichtert $u = g(x)$	$u = 5x$
2. Substitution a) Der Funktion b) des Differentials dx Um b) auszuführen, muß die Hilfsfunktion nach x aufgelöst und differenziert werden. Dann erhält man dx als Funktion von u und du	$\int \sin(u)\,dx$ $x = \dfrac{u}{5}$ $\dfrac{dx}{du} = \dfrac{1}{5}$ $dx = \dfrac{du}{5}$ $\int \dfrac{\sin(u)}{5}\,du$
3. Integration	$\int \dfrac{sin(u)\,du}{5} = -\dfrac{\cos(u)}{5} + C$
4. Rücksubstitution	$-\dfrac{1}{5}\cos(u) + c = -\dfrac{1}{5}\cos(5x) + C$

Die Kunst des Integrierens besteht darin, das gegebene Integral durch eine geeignete Substitution in ein Grundintegral zu überführen. Zur Auffindung geeigneter Substitutionen lassen sich keine allgemeingültigen Regeln geben. Die Integration durch Substitution ist eine direkte Folge der Kettenregel der Differentialrechnung.

6.5.5 Partielle Integration

Aus der Produktregel der Differentialrechnung folgt die *Partielle Integration*. Gegeben seien die Funktionen $u(x)$ und $v(x)$. Differenziert man das Produkt $u \cdot v$ nach der Produktregel, so erhält man:

$$\frac{d}{dx}(u(x) \cdot v(x)) = \frac{du}{dx} \cdot v(x) + \frac{dv}{dx} \cdot u(x)$$

Abgekürzt geschrieben: $(u\,v)' = u'v + uv'$

Umgeformt

$$uv' = (uv)' - u'v \tag{6.8}$$

Wir integrieren die letzte Gleichung. Dabei kann die Stammfunktion nur für den ersten Term nach dem Gleichheitszeichen sofort hingeschrieben werden.

$$\int uv'\,dx = [uv] - \int vu'\,dx \tag{6.9}$$

Diese Gleichung kann in manchen Fällen eine Hilfe sein. Kann man den Integranden in zwei Faktoren zerlegen, so kann man diese Faktoren als u und v' auffassen. Ist das Integral von v' bekannt, so ergibt sich der erste Term rechts. Ist außerdem das rechts stehende Integral lösbar, so ist das ursprüngliche Integral gelöst. Die richtige Wahl von u und v' ist entscheidend für die Brauchbarkeit des Verfahrens, hier muß man oft probieren.

1. Beispiel: Zu lösen sei: $\displaystyle\int xe^x\,dx$

Wir setzen $u = x$ $v' = e^x$

Damit ist $u' = 1$ $v = e^x$

Einsetzen in die Gleichung (6.9) liefert

$$\int xe^x\,dx = xe^x - \int e^x\,dx = xe^x - e^x + c = e^x(x-1) + c$$

2. Beispiel: Zu lösen sei:

$$\int \sin^2 x\,dx$$

Wir wählen $u = \sin x$ $v' = \sin x$

Daraus folgt $u' = \cos x$ $v = -\cos x$

$$\int \sin^2 x\,dx = -\cos x \sin x + \int \cos^2 x\,dx$$

Für $\cos^2 x$ setzen wir ein $\cos^2 x = 1 - \sin^2 x$ ein

$$\int \sin^2 x \, dx = -\cos x \sin x + \int (1 - \sin^2 x) \, dx$$

$$\int \sin^2 x \, dx = -\cos x \sin x + x - \int \sin^2 x \, dx$$

Wir addieren auf beiden Seiten $\sin^2 x \, dx$ und dividieren durch 2. Damit erhalten wir

$$\int \sin^2 x \, dx = -\frac{1}{2} \cos x \sin x + \frac{x}{2} + C$$

Für den Anfänger betonen wir, daß nur über häufiges Üben ausreichende Fähigkeiten im Integrieren erworben werden können!

6.6 Rechenregeln für bestimmte Integrale

Auch für bestimmte Integrale gelten die Rechenregeln, die für das unbestimmte Integral abgeleitet wurden:

Konstanter Faktor
Konstante Faktoren können vor das Integral gezogen werden.

Summe und Differenz:
Ist der Integrand eine Summe oder Differenz, kann das Integral in eine Summe oder Differenz von Integralen zerlegt werden.

Das bestimmte Integral haben wir geometrisch als Flächeninhalt unter einer Kurve gedeutet. Aus dieser Deutung lassen sich leicht weitere Eigenschaften des bestimmten Integrals ableiten. Sie sind hier teilweise ohne Beweis zusammengestellt. Sie sind geometrisch evident.

Zerlegung in Teilbereiche
Das Integral über den ganzen Integrationsbereich ist gleich der Summe der Integrale über die Teilbereiche.

$$\int\limits_a^b f(x) \, dx = \int\limits_a^c f(x) \, dx + \int\limits_c^b f(x) \, dx$$

Die Regel ist aufgrund ihrer geometrischen Bedeutung evident.

Vertauschung der Integrationsgrenzen
Vertauscht man die Integrationsgrenzen, so wechselt das Integral das Vorzeichen.

$$\int\limits_a^b f(x)\,dx = -\int\limits_b^a f(x)\,dx \tag{6.10}$$

Beweis:

$$\int\limits_a^b f(x)\,dx = F(b) - F(a) = -[F(a) - F(b)] = -\int\limits_b^a f(x)\,dx$$

Untere und obere Integrationsgrenzen sind gleich
Sind obere und untere Integrationsgrenze gleich, so verschwindet das bestimmte Integral.

$$\int\limits_a^a f(x)\,dx = 0$$

Bezeichnungsweise
Der Wert eines bestimmten Integrals ist unabhängig von der Bezeichnungsweise.

$$\int\limits_a^b f(x)\,dx = \int\limits_a^b f(z)\,dz = \int\limits_a^b f(u)\,du \tag{6.11}$$

Davon macht man in den Anwendungen oft Gebrauch.

6.7 Substitution bei bestimmten Integralen

Durch geeignete Substitutionen lassen sich unbestimmte Integrale häufig in Grundintegrale überführen. Das Verfahren der Substitution kann auch bei bestimmten Integralen angewandt werden. Nach Abschluß der Integration muß die Rücksubstitution in die ursprüngliche Variable durchgeführt werden. Erst dann können die Grenzen eingesetzt werden.

Gegeben:	Beispiel:
$\int_a^b f(x)\,dx$	$\int_1^5 \sqrt{2x-1}\,dx$

1. Wahl einer Hilfsfunktion	$\sqrt{2x-1} = u$

2. Substitution	$2x - 1 = u^2$
	$x = \frac{u^2+1}{2}$
	$dx = u\,du$
	$\int_1^5 \sqrt{2x-1}\,dx = \int_{u_1}^{u_2} u^2\,du$

3. Integration	$\int u^2\,du = \frac{u^3}{3} + c$

4. Rücksubstitution	$\int_1^5 \sqrt{2x-1}\,dx = \frac{1}{3}\left[\sqrt{(2x-1)^3}\right]_1^5 = \frac{26}{3}$

Bei diesem Verfahren haben wir das bestimmte Integral erst nach der Rücksubstitution ausgerechnet. Hierbei haben wir vermieden, auf die Frage einzugehen, wie sich die Grenzen bei der Substitution verändern. Die Frage ist leicht zu beantworten: Für die Grenzen sind die entsprechenden Werte der neuen Variablen einzusetzen.

Will man auf die Rücksubstitution verzichten und das bestimmte Integral unmittelbar nach der Ausführung der Integration berechnen, so müssen die substituierten Grenzen eingesetzt werden. Das sei am obigen Beispiel gezeigt:

Gegeben:	Beispiel:
$\int_a^b f(x)\,dx$	$\int_1^5 \sqrt{2x-1}\,dx$

1. Wahl einer Hilfsfunktion	$\sqrt{2x-1} = u$

2. Substitution der Grenzen	$\int_1^5 \sqrt{2x-1}\,dx = \int_{u_1}^{u_2} u^2\,du$
untere Grenze	$\sqrt{2 \cdot 1 - 1} = u_1 = 1$
obere Grenze	$\sqrt{2 \cdot 5 - 1} = u_2 = 3$
	$\int_1^5 \sqrt{2x-1}\,dx = \int_1^3 u^2\,du$

3. Integration	$\int_1^3 u^2\,du = \left[\frac{1}{3}u^3\right]_1^3 = \frac{26}{3}$

6.8 Mittelwertsatz der Integralrechnung

Es sei $f(x)$ eine stetige Funktion. Dann gilt folgende Satz

$$\int\limits_a^b f(x)\,dx = f(x_0)\,(b-a)$$

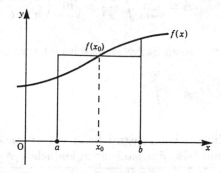

In Worten: Es gibt mindestens einen Wert
x_0 im Intervall a bis b, für den der Flächeninhalt des Rechtecks mit den Seiten $f(x_0)$
und $(b-a)$ gleich dem Flächeninhalt unter
der Funktionskurve im Intervall ist.

Auf den Beweis verzichten wir hier, weil der Satz unmittelbar einleuchtet.

6.9 Uneigentliche Integrale

Gegeben sei die Funktion $y = f(x) = \dfrac{1}{x^2} \qquad (x \neq 0)$

Es soll der Inhalt des schraffierten Flächenstücks A berechnet werden.

Diese Aufgabe ist lösbar:

$$A = \int\limits_a^b \frac{dx}{x^2} = \left[-\frac{1}{x}\right]_a^b =$$

$$= \left(-\frac{1}{b}\right) - \left(-\frac{1}{a}\right) = \frac{1}{a} - \frac{1}{b}$$

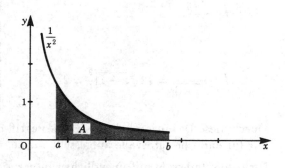

Wir können nun das Flächenstück A nach rechts erweitern, indem wir b beliebig
weit nach rechts verschieben.
Der Flächeninhalt wächst dabei
überraschenderweise nicht beliebig
an.

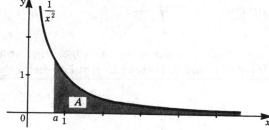

Wir haben einen Grenzübergang:

$$A = \lim_{b \to \infty} \int_a^b \frac{dx}{x^2} = \lim_{b \to \infty} \left(\frac{1}{a} - \frac{1}{b} \right) = \frac{1}{a}$$

Für diesen Sachverhalt schreibt man einfacher:

$$A = \int_a^\infty \frac{dx}{x^2} = \frac{1}{a}$$

Ein solches Integral heißt ein *uneigentliches Integral*. Ein uneigentliches Integral kann also durchaus einen endlichen Wert haben.

> Definition: Integrale mit unendlichen Integrationsgrenzen heißen *uneigentliche Integrale*. Das uneigentliche Integral heißt *konvergent*, wenn sein Wert endlich ist, es heißt *divergent*, wenn sein Wert unendlich wird.

Außerdem nennt man ein Integral uneigentlich, wenn der Integrand im Integrationsbereich Unendlichkeitsstellen hat.

Beispiel: Das Integral ist uneigentlich, weil an der Stelle $x = 1$ die Funktion $f(x) = \frac{1}{\sqrt{x-1}}$ eine Polstelle hat. Dennoch ist die Fläche unterhalb der Kurve im Intervall $x = 1$ bis $x = 2$ endlich.

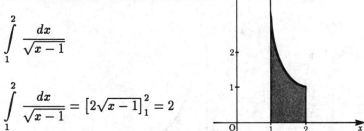

$$\int_1^2 \frac{dx}{\sqrt{x-1}}$$

$$\int_1^2 \frac{dx}{\sqrt{x-1}} = \left[2\sqrt{x-1} \right]_1^2 = 2$$

Durch diese Definition haben wir den Begriff des bestimmten Integrals, der anfangs nur für endliche Intervalle aufgestellt wurde, auf unendliche Intervalle erweitert.

Nicht alle Integrale mit unendlichen Integrationsgrenzen konvergieren.

Beispiel: $$\int_a^\infty \frac{dx}{x}$$

Betrachten wir zunächst das zugehörige bestimmte Integral mit endlicher oberer Integralgrenze b. Dieses Integral läßt sich berechnen:

$$\int_a^b \frac{dx}{x} = \ln b - \ln a$$

Lassen wir nun b gegen ∞ gehen, so strebt auch der Ausdruck $\ln b$ gegen unendlich.

$$\int\limits_a^\infty \frac{dx}{x} = \infty$$

Es handelt sich um ein divergentes uneigentliches Integral.

6.10 Arbeit im Gravitationsfeld

Das uneigentliche Integral $\int\limits_a^\infty \frac{dx}{x^2}$ tritt in der Physik im Zusammenhang mit dem Gravitationsgesetz und dem Coulombschen Gesetz auf. Hier sei das Gravitationsgesetz diskutiert:

Es soll eine Arbeit W berechnet werden, die erforderlich ist, um einen Körper mit der Masse m, der sich im Abstand r von der felderzeugenden Masse M befindet, gegen die Anziehungskraft F um ein bestimmtes Stück dr zu bewegen.

Das Newtonsche Gravitationsgesetz mit der Gravitationskonstanten γ ist:

$$F = \gamma \, \frac{Mm}{r^2}$$

$$dW = F\,dr = \gamma \, \frac{Mm}{r^2} \, dr$$

Soll der Körper mit der Masse m aus dem Abstand r_0 in den Abstand r_1 gebracht werden, erhalten wir die dafür erforderliche Arbeit W durch Integration.

$$W = \int\limits_{r_0}^{r_1} \gamma \, \frac{Mm}{r^2} \, dr = \gamma Mm \cdot \int\limits_{r_0}^{r_1} \frac{dr}{r^2} = \gamma Mm \left(\frac{1}{r_0} - \frac{1}{r_1} \right)$$

Von besonderem Interesse ist der Fall, daß der Körper mit der Masse m ganz aus dem Feld entfernt werden soll ($r_1 = \infty$).

Die Berechnung der hierfür erforderlichen Arbeit führt auf ein uneigentliches Integral.

$$W = \int\limits_{r_0}^\infty \gamma \, \frac{Mm}{r^2} \, dr = \gamma Mm \int\limits_{r_0}^\infty \frac{dr}{r^2} = \gamma \, \frac{Mm}{r_0}$$

Integrationsregeln und -techniken

1   Für $a \leq c \leq b$ gilt:

$$\int\limits_a^b f(x)\,dx = \int\limits_a^c f(x)\,dx + \int\limits_c^b f(x)\,dx$$

2      $$\int\limits_a^b cf(x)\,dx = c\int\limits_a^b f(x)\,dx \qquad\qquad (c = const.)$$

3      $$\int\limits_a^b f(x)\,dx = -\int\limits_b^a f(x)\,dx$$

4      $$\int\limits_a^a f(x)\,dx = 0$$

5      $$\int\limits_a^b [f(x) + g(x)]\,dx = \int\limits_a^b f(x)\,dx + \int\limits_a^b g(x)\,dx$$

6   Integration durch Substitution

$$\int\limits_a^b f(x)\,dx = \int\limits_{g^*(a)}^{g^*(b)} f(g(z))\,g'(z)\,dz$$

Dabei ist $x = g(z)$ (Substitution) und folglich ist

$dx = g'(z)\,dz$. $g^*(x)$ ist die Umkehrfunktion der

Funktion $x = g(z)$

7   Partielle Integration

$$\int\limits_a^b u(x)\,v'(x)\,dx = [u(x)\,v(x)]_a^b - \int\limits_a^b u'(x)\,v(x)\,dx$$

Die Regeln 1, 2, 5, 6, 7 gelten entsprechend auch für unbestimmte Integrale.

Tabelle der wichtigsten Integrale

$f(x)$	$\int f(x)\,dx$ [11]	$f(x)$	$\int f(x)\,dx$
c	cx	$\sin x$	$-\cos x$
x^n	$\dfrac{x^{n+1}}{n+1} \quad (n \neq -1)$	$\cos x$	$\sin x$
$\dfrac{1}{x}$	$\ln|x| \quad (x \neq 0)$	$\sin^2 x$	$\frac{1}{2}(x - \sin x \cos x)$
e^x	e^x	$\dfrac{1}{\sin x}$	$\ln|\tan \frac{x}{2}|$
a^x	$\dfrac{a^x}{\ln a} \quad \begin{pmatrix} a > 0 \\ a \neq 1 \end{pmatrix}$	$\dfrac{1}{\sin^2 x}$	$-\cot x$
$\ln x$	$x \ln x - x \quad (x > 0)$	$\cos^2 x$	$\frac{1}{2}(x + \sin x \cdot \cos x)$
$\dfrac{1}{x-a}$	$\ln|x-a|$	$\dfrac{1}{\cos x}$	$\ln|\tan\left(\frac{x}{2} + \frac{\pi}{4}\right)|$
$\dfrac{1}{(x-a)^2}$	$-\dfrac{1}{x-a}$	$\dfrac{1}{\cos^2 x}$	$\tan x$
$\dfrac{1}{x^2-a^2}$	$\frac{1}{2a} \ln \frac{x-a}{x+a} \quad (|x| > |a|)$	$\dfrac{1}{1+\sin x}$	$\tan\left(\frac{x}{2} - \frac{\pi}{4}\right)$
$\dfrac{1}{a^2+x^2}$	$\frac{1}{a} \arctan \frac{x}{a}$	$\dfrac{1}{1-\sin x}$	$-\cot\left(\frac{x}{2} - \frac{\pi}{4}\right)$
$\sqrt{ax+b}$	$\frac{2}{3a}\sqrt{(ax+b)^3}$	$\dfrac{1}{1+\cos x}$	$\tan \frac{x}{2}$
$\dfrac{1}{\sqrt{ax+b}}$	$\frac{2}{a}\sqrt{ax+b}$	$\dfrac{1}{1-\cos x}$	$-\cot \frac{x}{2}$
$\dfrac{1}{\sqrt{a^2-x^2}}$	$\arcsin \frac{x}{a}$	$\tan x$	$-\ln|\cos x|$
$\sqrt{a^2-x^2}$	$\frac{x}{2}\sqrt{a^2-x^2} + \frac{a^2}{2}\arcsin \frac{x}{a}$	$\tan^2 x$	$\tan x - x$
$\dfrac{1}{\sqrt{x^2+a^2}}$	$\ln\left(x + \sqrt{x^2+a^2}\right)$	$\cot x$	$\ln|\sin x|$
$\sqrt{x^2+a^2}$	$\frac{x}{2}\sqrt{x^2+a^2} + \frac{a^2}{2}\ln\left(x + \sqrt{a^2+x^2}\right)$	$\cot^2 x$	$-\cot x - x$

---

[11] Die Integrationskonstante wurde weggelassen.

6.11   Übungsaufgaben

6.1   Gegeben sei $f(x)$. Bestimmen Sie diejenigen Stammfunktionen $F(x)$
zu $f(x)$, die die angegebenen Randbedingungen erfüllen:

    a) $f(x) = 3x$ Randbedingung: $F(1) = 2$

    b) $f(x) = 3x$ Randbedingung: $F(2) = 1$

    c) $f(x) = 3x$ Randbedingung: $F(0) = 0$

    d) $f(x) = 2x + 3$ Randbedingung: $F(1) = 0$

6.3   Geben Sie ohne Rechnung die Ableitung der folgenden Funktionen an:

    A a) $F(x) = \int\limits_0^x \sqrt{2t^5 - 3t}\, dt$ b) $F(t) = \int\limits_0^t \sin(w\,r + \alpha)dr$

       c) $F(x) = \int\limits_0^x e^{At} dt$

    B a) Wie lautet die zur Funktion $f(x) = x^2$
gehörende Flächenfunktion $A(x)$?
(Randbedingung $A(0) = 0$)

       b) Welcher Funktionswert von $A(x)$
entspricht der schraffierten Fläche?

6.4   Berechnen Sie die bestimmten Integrale

    A a) $\int\limits_0^{\frac{\pi}{2}} 3\cos x\,dx$ b) $\int\limits_{-\frac{\pi}{2}}^{\frac{\pi}{2}} 3\cos x\,dx$ c) $\int\limits_0^{\pi} 3\cos x\,dx$

    B Berechnen Sie die Fläche zwischen Graph und x-Achse

       a) $\int\limits_{-2}^{0} (x-2)dx$ b) $\int\limits_0^2 (x-2)dx$ c) $\int\limits_0^4 (x-2)dx$

6.5   Überprüfen Sie folgende Gleichungen mit Hilfe des Verifizierungsprinzips:

    A a) $\int \frac{2dx}{(x+1)^2} = \frac{x-1}{x+1} + C$

       b) $2\int \sin^2(4x - 1)dx = x - \frac{1}{8}\sin(8x - 2) + C$

       c) $\int \frac{1-x^2}{(1+x^2)^2}dx = \frac{x}{1+x^2} + C$

Lösen Sie folgende Aufgaben. Sie können die Tabelle benutzen.

6.5 B a) $\int \frac{dx}{x-a}$ b) $\int \frac{1}{\cos^2 x} dx$ c) $\int \frac{a}{\sqrt{x^2+a^2}} dx$

     d) $\int \sin^2 \alpha \, d\alpha$ e) $\int a^t dt$ f) $\int \sqrt[3]{x^7} \, dx$

     g) $\int 5 \left(x^2 + x^3\right) dx$ h) $\int (\frac{3}{2}t^3 + 4t) dt$

6.5.4   Integrieren Sie

     a) $\int \sin 4\pi x \, dx$ b) $\int \cos (ax) \, dx$ c) $\int 4 \sin (4t) \, dt$

     d) $\int 2\pi \sin (2\pi x) \, dx$ e) $\int 0,5\pi \cos (0,5\pi t) \, dt$ f) $\int e^{(3x-1)} \, dx$

6.5.5   Lösen Sie mit Hilfe partieller Integration:

     a) $\int x \ln x \, dx$ b) $\int x \sin x \, dx$

     c) $\int x^2 \cos x \, dx$ d) $\int \sin x \cos x \, dx$

6.6 a) $\int\limits_{-\pi}^{-\pi} \cos x \, dx$ b) $\int\limits_{3}^{3} x^4 \, dx$

   c) $\int\limits_{3}^{0} x^2 \, dx$ d) $\int\limits_{0}^{0,5} x^2 \, dx + \int\limits_{0,5}^{1,5} x^2 \, dx + \int\limits_{1,5}^{2} x^2 \, dx$

6.7   Lösen Sie durch Substitution

     a) $\int\limits_{0}^{1} (5x - 4)^3 \, dx$ b) $\int\limits_{1}^{2} \frac{dx}{\sqrt{7-3x}}$

                                          Substituieren Sie: $u = 7 - 3x$

     c) $\int\limits_{1}^{\frac{3}{2}} \sin (\pi x + \frac{5\pi}{2}) \, dx$ d) $\int\limits_{-1}^{1} x^2 \sqrt{2x^3 + 4} \, dx$

6.9   Berechnen Sie:

     a) $\int\limits_{4}^{\infty} \frac{d\rho}{\rho^2}$ b) $\int\limits_{10}^{\infty} \frac{dx}{x}$ c) $\gamma \int\limits_{r_0}^{\infty} \frac{dr}{r^2}$

     d) $\int\limits_{1}^{\infty} \frac{d\lambda}{\lambda}$ e) $\int\limits_{1}^{\infty} \frac{dr}{r^3}$ f) $\int\limits_{1}^{\infty} (1 + \frac{1}{x^2}) \, dx$

     g) $\int\limits_{-\infty}^{-1} \frac{dx}{x^2}$ h) $\int\limits_{1}^{\infty} \frac{1}{\sqrt{x}} \, dx$

Lösungen

6.1   a) $F(x) = \frac{3}{2}x^2 + C_1;$ $C_1 = \frac{1}{2},$ $F(x) = \frac{3}{2}x^2 + \frac{1}{2}$

      b) $F(x) = \frac{3}{2}x^2 + C_2;$ $C_2 = -5,$ $F(x) = \frac{3}{2}x^2 - 5$

      c) $F(x) = \frac{3}{2}x^2 + C_3;$ $C_3 = 0$ $F(x) = \frac{3}{2}x^2$

      d) $F(x) = x^2 + 3x + C;$ $C = -4,$ $F(x) = x^2 + 3x - 4$

6.3   A   a) $F'(x) = \sqrt{2x^5 - 3x}$ (Hauptsatz der Differential-Integralrechnung)

        b) $F'(t) = \sin(wt + \alpha)$ c) $F'(x) = e^{Ax}$

    B   a) $F(x) = \frac{x^3}{3}$ b) $F = F(2)$

6.4   A   a) 3   b) 0   c) 6

    B   a) $\left[\frac{x^2}{2} - 2x\right]_{-2}^{0} = -6$

       Rechnen wir die Fläche positiv, so gilt $A = |-6| = 6$

       b) $A = |-2| = 2$

       c) Hier muß abschnittsweise integriert werden.

$$A = \left| \left[\frac{x^2}{2} - 2x\right]_0^2 \right| + \left| \left[\frac{x^2}{2} - 2x\right]_2^4 \right| = 4$$

6.5   A   Differenzieren der jeweiligen Stammfunktion ergibt:

       a) $\frac{d}{dx}\left(\frac{x-1}{x+1}\right) = \frac{2}{(x+1)^2}$

       b) $\frac{d}{dx}\left(x - \frac{1}{8}\sin(8x - 2)\right) = 1 - \cos(2(4x - 1))$

       $= 1 - \cos^2(4x - 1) + \sin^2(4x - 1) = \sin^2(4x - 1) + \sin^2(4x - 1)$

       $= 2\sin^2(4x - 1)$

       c) $\frac{d}{dx}\left(\frac{x}{1+x^2}\right) = \frac{1-x^2}{(1+x^2)^2}$

    B   a) $\ln(x - a) + C$ b) $\tan x + C$

       c) $a\ln(x + \sqrt{x^2 + a^2}) + C$ d) $\frac{1}{2}(\alpha - \sin\alpha \cdot \cos\alpha) + C$

       e) $\frac{a^t}{\ln a} + C$ f) $\int x^{\frac{7}{3}}dx = \frac{3}{10}x^{\frac{10}{3}} = \frac{3}{10}\sqrt[3]{x^{10}}$

       g) $5\int x^2\,dx + 5\int x^3\,dx = \frac{5}{3}x^3 + \frac{5}{4}x^4 + C$ h) $\frac{3}{8}t^4 + 2t^2$

6.5.4   a) $\frac{-1}{4\pi}\cos 4\pi x + C$ b) $\frac{1}{a}\sin ax + C$ c) $-\cos 4t + C$

      d) $-\cos(2\pi x) + C$ e) $\sin(0,5\pi t) + C$ f) $\frac{1}{3}e^{3x-1} + C$

6.5.5

a) $\frac{x^2}{2}\ln x - \frac{x^2}{4} + C;$ Rechengang: $\ln x = u,\ x = v'$

$$\int x\ln x = \frac{x^2}{2}\ln x - \int \frac{x^2}{2}\frac{dx}{x}$$

$$= \frac{x^2}{2}\ln x - \frac{x^2}{4} + C$$

b) $-x\cos x + \sin x + C;$ Rechengang: $x = u, \sin x = v'$

$$\int x\sin x\,dx = x(-\cos x) + \int \cos x \cdot 1\,dx$$

$$= x\cos x + \sin x + c$$

c) $x^2\sin x + 2x\cos x - 2\sin x + C,$ Rechengang: $x^2 = u, \cos x = v'$

$$\int x^2\cos x\,dx = x^2\sin x - \int 2x\sin x\,dx$$

$$= x^2\sin x + 2x\cos x - 2\sin x + C$$

d) $\frac{1}{2}\sin^2 x + C,$ Rechengang: $\sin x = u, \cos x = v'$

$$\int \sin x \cos x\,dx = \sin^2 x - \int \sin x \cos x\,dx$$

$$2\int \sin x \cos x\,dx = \sin^2 x \int \sin x \cos x\,dx$$

$$= \frac{1}{2}\sin^2 x$$

6.6   a) 0   b) 0   c) -9 (wegen $\int\limits_3^0 x^2\,dx = -\int\limits_0^3 x^2 dx$)

      d) $\frac{8}{3}$ (Die drei Integrale können zu einem zusammengezogen werden)

6.7 a) $-12\frac{3}{4}$ Rechengang: Substitution $5x - 4 = u$, $dx = \frac{1}{5}du$

$$\int\limits_0^1 (5x - 4)^3 dx = \int\limits_{-4}^1 u^3 \frac{1}{5} du = \frac{1}{5}\left[\frac{u^4}{4}\right]_{-4}^1 = \frac{-51}{4} = -12\frac{3}{4}$$

  b) $\frac{2}{3}$ Rechengang: Substitution $u = 7 - 3x$, $dx = -\frac{du}{3}$

$$\int\limits_1^2 \frac{dx}{\sqrt{7-3x}} = \int\limits_4^1 \frac{1}{\sqrt{u}}\left(-\frac{1}{3}du\right) = \frac{1}{3}\int\limits_1^4 \frac{du}{\sqrt{u}} = \left[\frac{2}{3}\sqrt{u}\right]_1^4 = \frac{2}{3}$$

  c) $\frac{-1}{\pi}$ Rechengang: Substitution $u = \pi x + \frac{5\pi}{2}$, $dx = \frac{u}{\pi}$

$$\int\limits_1^{\frac{3}{2}} \sin\left(\pi x + \frac{5\pi}{2}\right)dx = \int\limits_{\frac{7\pi}{2}}^{4\pi} \sin u \frac{1}{\pi} du = \left[\frac{-1}{\pi}\cos u\right]_{\frac{7\pi}{2}}^{4\pi} = \frac{-1}{\pi}[1 - 0] = \frac{-1}{\pi}$$

  d) $\frac{1}{9}(6\sqrt{6} - 2\sqrt{2}) = 1,32$

  Rechengang: Substitution $u = 2x^3 + 4$, $dx = \frac{1}{6x^2}\,du$

$$\int\limits_{-1}^1 x^2\sqrt{2x^3 + 4}\,dx = \int\limits_2^6 x^2\sqrt{u}\frac{1}{6x^2}\,du = \int\limits_2^6 \frac{1}{6}\sqrt{u}\,du$$

$$= \frac{1}{9}(6^{\frac{3}{2}} - 2^{\frac{3}{2}}) = \frac{1}{9}(6\sqrt{6} - 2\sqrt{2}) = \frac{2\sqrt{2}}{9}(3\sqrt{3} - 1) = 1,32$$

6.8 a) $\frac{1}{4}$ b) ∞ c) $\Upsilon\frac{1}{r_0}$ d) ∞

  e) $\frac{1}{2}$ Rechengang: $\int\limits_1^\infty \frac{dr}{r^3} = \lim\limits_{b\to\infty}\left[\frac{-1}{2r^2}\right]_1^b = \lim\limits_{b\to\infty}\left[\frac{-1}{2b^2} - \left(-\frac{1}{2}\right)\right] = \frac{1}{2}$

  f) ∞ Rechengang: $\int\limits_1^\infty \left(1 + \frac{1}{x^2}\right)dx = \lim\limits_{b\to\infty}\left[x - \frac{1}{x}\right]_1^b = \infty$

  g) 1 Rechengang: $\int\limits_{-\infty}^{-1} \frac{dx}{x^2} = \lim\limits_{b\to\infty}\left[\frac{-1}{b} + 1\right] = 1$

  h) ∞ Rechengang: $\int\limits_1^\infty \frac{dx}{\sqrt{x}} = \lim\limits_{b\to\infty}(2\sqrt{b} - 2) = \infty$

7 Taylorreihe und Potenzreihen

7.1 Vorbemerkung

In Kapitel 5 „Differentialrechnung" wurde die Summenformel für die geometrische Reihe ermittelt:

$$1 + x + x^2 + x^3 + \ldots = \frac{1}{1-x}$$

Diese Formel gilt für folgenden Definitionsbereich: $-1 < x < 1$. Wir betrachten das damalige Ergebnis nun unter neuem Blickwinkel.

Auf der linken Seite der Gleichung steht eine Reihe mit unendlich vielen Gliedern. Die Glieder sind Potenzen von x.
Auf der rechten Seite der Gleichung steht ein einfacher Funktionsterm. Die Abbildung rechts zeigt den Funktionsgraphen für den angegebenen Wertebereich.

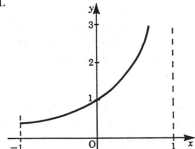

Reihe und Funktion sind im Definitionsbereich identisch. Das heißt: Man kann eine Funktion darstellen als Summe von Potenzen von x.

Im folgenden werden wir uns mit der Frage befassen, ob es noch andere Funktionen gibt, die mit Reihen identisch sind.
Eine *unendliche Potenzreihe* ist ein Ausdruck der Form

$$a_0 + a_1 x + a_2 x^2 + a_3 x^3 + \ldots = \sum_{n=0}^{\infty} a_n x^n$$

Wenn es gelänge, Funktionen wie die Exponentialfunktion, trigonometrische Funktionen und andere als unendliche Potenzreihen darzustellen, hätte das große Vorteile. Potenzreihen haben zwar unendlich viele Glieder, aber diese Glieder sind einfach und leicht handhabbar. Hinzu kommt: für kleine Werte von x nimmt der Wert der höheren Glieder oft rasch ab. Für Näherungszwecke brauchen dann nur die ersten Glieder der Reihe berücksichtigt zu werden.

Wird für eine Funktion die Potenzreihe bestimmt, nennt man dies *Entwicklung der Funktion in eine Potenzreihe*. Die Potenzreihe wird *Taylorreihe* genannt.

Die Entwicklung in Potenzreihen – oder Taylorreihen – ist für folgende Zwecke nützlich:

1. *Berechnung von Funktionswerten*: Mit trigonometrischen Funktionen und Exponentialfunktionen konnten wir umgehen, weil wir die Werte Tabellen entnahmen oder mit dem Taschenrechner oder PC berechneten. Bisher wurde nicht dargestellt, auf welchem Wege diese Werte gewonnen werden. Diese Werte werden mit Hilfe von Potenzreihen numerisch berechnet. Nur auf diese Weise läßt sich für jeden Wert des Argumentes x der Funktionswert mit beliebiger Genauigkeit ermitteln.

2. *Näherungen*: Die ersten Glieder der Potenzreihe lassen sich als Näherungsausdrücke für die jeweilige Funktion verwenden.

3. *Gliedweise Integration*: Häufig ist es nicht möglich, eine Funktion geschlossen zu integrieren. Läßt sich jedoch die Funktion in eine absolut konvergente Potenzreihe entwickeln, eröffnet sich ein Ausweg. Die Potenzreihe kann gliedweise integriert werden und man erhält damit eine neue Potenzreihe für das Integral.

Was hier für die bekannten Funktionen gesagt ist, gilt ebenso für andere Funktionen der höheren Mathematik und Funktionen, wie sie bei der Lösung physikalischer oder technischer Probleme auftreten.

Darüber hinaus ist die Tatsache der Übereinstimmung zwischen Funktionen und Potenzreihen auch theoretisch höchst bemerkenswert. Bei der Untersuchung der Reihen zeigen sich unerwartete Verwandtschaften – beispielsweise zwischen Exponentialfunktion und trigonometrischen Funktionen.

7.2   Entwicklung einer Funktion in eine Taylorreihe

Behauptet wird, daß für viele Funktionen $f(x)$ die Beziehung gilt:

$$f(x) = \sum_{n=0}^{\infty} a_n x^n = a_0 + a_1 x + a_2 x^2 + \ldots + a_n x^n + \ldots \tag{7.1}$$

Die Koeffizienten a_n müssen für jede Funktion speziell ermittelt werden. Eine Voraussetzung für diese Identität zwischen Funktion und Reihe ist, daß die Funktion beliebig oft differenzierbar ist.[1] In Abschnitt 7.3 werden wir die Frage untersuchen, für welchen Bereich von x eine solche Entwicklung möglich ist.

---

[1] Diese Voraussetzung ist notwendig, aber nicht hinreichend.
Beispiel: Die Funktion $f(x) = e^{-\frac{1}{x^2}}$ für $x \neq 0, f(0) = 0$ ist in keine Taylorreihe entwickelbar, obwohl alle Ableitungen existieren. Beweis siehe R. Courant: Vorlesungen über Differential- und Integralrechnung, Bd. 1, Berlin 1971.

Zunächst nehmen wir an, daß die Darstellung als Potenzreihe in den behandelten Fällen möglich sei. Beispiele dafür sind die oft benutzten Funktionen:

$$y = \sin x \qquad y = \cos x \qquad y = e^x \qquad y = a^x$$

Wenn eine Identität zwischen Funktion und Reihe besteht, so kann dies benutzt werden, um die Koeffizienten a_n zu bestimmen.

So können wir fordern, daß für den Punkt $x = 0$ die Funktion $f(x)$ und alle ihre Ableitungen mit der Reihe und allen ihren Ableitungen übereinstimmen.[2] Daraus lassen sich sukzessiv Bestimmungsgleichungen für jeden einzelnen Koeffizienten ableiten. Wir gehen aus von der Gleichung:

$$f(x) = a_0 + a_1 x + a_2 x^2 + \ldots + a_n x^n + \ldots$$

1. Schritt: Funktion und Reihe sollen an der Stelle $x = 0$ übereinstimmen. Dies führt zur ausführlich geschriebenen Gleichung:

$$f(0) = a_0 + a_1 \cdot 0 + a_2 \cdot 0 + \ldots + a_n \cdot 0 + \ldots$$

Außer a_0 fallen alle Glieder fort. Es bleibt:

$$f(0) = a_0$$

Damit ist a_0 bestimmt.

2. Schritt: Die erste Ableitung an der Stelle $x = 0$ soll für Funktion und Reihe übereinstimmen. Beide Seiten der Ausgangsgleichung werden einmal differenziert. Die Reihe wird dabei Glied für Glied differenziert.

$$f'(x) = a_1 \cdot 1 + a_2 \cdot 2x + a_3 \cdot 3x^2 + \ldots + a_n \cdot n \cdot x^{n-1} + \ldots$$

Für $x = 0$ fallen außer a_1 alle Glieder fort, also gilt:

$$f'(0) = 1 \cdot a_1$$

Damit ist a_1 bestimmt.

3. Schritt: Die zweite Ableitung an der Stelle $x = 0$ soll für Funktion und Reihe übereinstimmen. Die Reihe wird dabei Glied für Glied noch einmal differenziert:

$$f''(x) = 2a_2 + 3 \cdot 2 \cdot a_3 \cdot x + \ldots + n(n-1)a_n \cdot x^{n-2} + \ldots$$

---

[2] Die geometrische Bedeutung dieser Forderung diskutieren wir in 7.3

Für $x = 0$ fallen außer $2a_2$ alle Glieder fort. Also gilt:

$$f''(0) = 2a_2 \qquad \text{oder}$$

$$a_2 = \frac{f''(0)}{2 \cdot 1}$$

Damit ist a_2 bestimmt.

n-ter Schritt: Die n-te Ableitung soll für Funktion und Reihe übereinstimmen. Nach n-maliger Differentiation ergibt sich:

$$f^{(n)}(x) = n(n-1)(n-2)\ldots 2 \cdot 1 \cdot a_n + (n+1)n(n-1)\ldots 2 \cdot 1 \cdot a_{n+1}x + \ldots$$

Für $x = 0$ fallen alle Glieder der Reihe bis auf das erste fort. Also gilt

$$f^{(n)}(0) = n(n-1)(n-2) \cdot \ldots \cdot 2 \cdot 1 \cdot a_n \qquad \text{oder}$$

$$a_n = \frac{f^{(n)}(0)}{n(n-1)(n-2) \cdot \ldots \cdot 2 \cdot 1}$$

Damit ist a_n bestimmt.

Um die Koeffizienten etwas einfacher schreiben zu können, führen wir eine neue Schreibweise ein. Das Produkt der n ersten natürlichen Zahlen werde abgekürzt:

$$1 \cdot 2 \cdot 3 \cdot \ldots \cdot (n-1) \cdot n = n!$$

Der Ausdruck $n!$ wird gesprochen *n-Fakultät*. Es gilt dann:

$$
\begin{aligned}
1! &= 1 \\
2! &= 1 \cdot 2 = 2 \\
3! &= 1 \cdot 2 \cdot 3 = 6 \\
4! &= 1 \cdot 2 \cdot 3 \cdot 4 = 24
\end{aligned}
$$

Schließlich setzt man noch fest $\quad 0! = 1$

Mit Hilfe dieser Abkürzung lassen sich die Koeffizienten der Potenzreihe einfacher darstellen:

$$a_0 = f(0) \quad a_1 = \frac{f'(0)}{1!} \quad a_2 = \frac{f''(0)}{2!} \ldots\ldots\ldots a_n = \frac{f^{(n)}(0)}{n!}$$

Lassen sich also alle Ableitungen der Funktion für den Wert $x = 0$ berechnen, so läßt sich die der Funktion äquivalente Reihe angeben.[3]

---

[3] Voraussetzung: Die Reihe konvergiert; siehe auch 7.3

Definition: Die Darstellung einer Funktion als Potenzreihe heißt die *Entwicklung* der Funktion in eine *Taylorreihe*[4]

$$f(x) = f(0) + \frac{f'(0)}{1!}x + \frac{f''(0)}{2!}x^2 + \ldots + \frac{f^{(n)}(0)}{n!}x^n + \ldots$$

$$= \sum_{n=0}^{\infty} \frac{f^{(n)}(0)}{n!}x^n \qquad\qquad (7.2)$$

---

1. Beispiel: Entwicklung der Exponentialfunktion e^x. Zunächst werden die Ableitungen der Exponentialfunktion gebildet.

$$
\begin{aligned}
f(x) &= e^x \\
f'(x) &= e^x \\
\vdots\; &= \;\vdots \\
f^{(n)}(x) &= e^x
\end{aligned}
$$

Mit $f(0) = e^0 = 1$ ergibt sich dann:

$$f(x) = e^x = 1 + \frac{x}{1!} + \frac{x^2}{2!} + \frac{x^3}{3!} + \ldots + \frac{x^n}{n!} + \ldots = e^x = \sum_{n=0}^{\infty} \frac{x^n}{n!}$$

Die unendliche Potenzreihe ist mit der Funktion e^x identisch. Der Ausdruck $n!$, der im Nenner der Koeffizienten steht, steigt rascher an als jede Potenzfunktion. Daher werden die Glieder mit großem n beliebig klein. Für $x = 1$ gilt beispielsweise:

$$f(1) = e^1 = 1 + 1 + \frac{1}{2} + \frac{1}{6} + \frac{1}{24} + \frac{1}{120} + \frac{1}{720} + \frac{1}{5040} \ldots \approx 2{,}71828$$

Entsprechend gilt für e^{-x}

$$f(x) = e^{-x} = 1 - \frac{x}{1!} + \frac{x^2}{2!} - \frac{x^3}{3!} + \frac{x^4}{4!} \pm \ldots$$

2. Beispiel: Sinusfunktion. Links stehen die Ableitungen, rechts Werte für $x = 0$. x ist hier im Bogenmaß gemessen.

$$
\begin{array}{rclcrclcl}
f(x) &=& \sin x & \qquad & f(0) &=& \sin(0) &=& 0 \\
f'(x) &=& \cos x & \qquad & f'(0) &=& \cos(0) &=& 1 \\
f''(x) &=& -\sin x & \qquad & f''(0) &=& -\sin(0) &=& 0 \\
f'''(x) &=& -\cos x & \qquad & f'''(0) &=& -\cos(0) &=& -1
\end{array}
$$

---

[4] In der mathematischen Literatur wird oft in der Bezeichnung differenziert. Die Entwicklung der Funktion an der Stelle $x = 0$ heißt dann *MacLaurinsche Form der Taylorreihe*. Taylorreihe ist der übergeordnete Begriff und gilt auch für Entwicklungen der Funktion an einer anderen Stelle als $x = 0$ (vergl. 7.4).

In dieser Reihe fällt die Hälfte der Glieder fort wegen $\sin(0) = 0$
Daraus ergibt sich die Taylorreihe für die Sinusfunktion:

$$\sin x = x - \frac{x^3}{3!} + \frac{x^5}{5!} - \frac{x^7}{7!} + \ldots = \sum_{n=0}^{\infty} \frac{(-1)^n}{(2n+1)!} x^{2n+1}$$

Auch hier werden die Glieder höherer Ordnung beliebig klein.

3. Beispiel: Obwohl uns das Ergebnis bereits bekannt ist, entwickeln wir systematisch auch den Summenterm der geometrischen Reihe:

$$f(x) = \frac{1}{1-x}$$

Links stehen die Ableitungen, rechts die Werte für $x = 0$.

$$f(x) = \frac{1}{1-x} \qquad\qquad f(0) = 1$$
$$f'(x) = \frac{1}{(1-x)^2} \qquad\qquad f'(0) = 1$$
$$f''(x) = \frac{1\cdot 2}{(1-x)^3} \qquad\qquad f''(0) = 2!$$
$$f'''(x) = \frac{1\cdot 2\cdot 3}{(1-x)^4} \qquad\qquad f'''(0) = 3!$$
$$\vdots \qquad\qquad\qquad \vdots$$
$$f^n(x) = \frac{n!}{(1-x)^{n+1}} \qquad\qquad f^n(0) = n!$$

Eingesetzt ergibt sich dann, wie erwartet, die geometrische Reihe:

$$\frac{1}{1-x} = 1 + x + x^2 + x^3 + \ldots + x^n + \ldots = \sum_{n=0}^{\infty} x^n$$

7.3   Gültigkeitsbereich der Taylorentwicklung (Konvergenzbereich)

Es gibt Funktionen, bei denen die Taylorreihe nur für einen bestimmten Bereich von x-Werten konvergiert. Das ist beispielsweise bei der Summenformel für die geometrische Reihe der Fall:

$$\frac{1}{1-x} = 1 + x + x^2 + x^3 + \ldots$$

Die Reihe konvergiert nur für den Wertebereich $-1 < x < +1$ Der Bereich, in dem sich eine Funktion in eine Potenzreihe entwickeln läßt, heißt *Gültigkeitsbereich* oder *Konvergenzbereich*.

Der Konvergenzbereich kann durch eine Zusatzrechnung bestimmt werden.[5]

Für die folgenden Funktionen, die uns vor allem interessieren, ist die Reihenentwicklung für alle x-Werte möglich: e^x, e^{ax}, $\sin(ax)$, $\cos(ax)$

7.4   Das Näherungspolynom

Es ist leichter, mit Näherungspolynomen mit endlich vielen Gliedern umzugehen, als mit unendlichen Reihen. In einer Potenzreihenentwicklung gehen bei konvergenten Reihen die Beiträge der Glieder mit hohen Potenzen von x gegen Null.

Die Berechnung der Potenzreihe einer Funktion braucht daher nicht über unendlich viele Glieder erstreckt zu werden, sondern kann nach der Berechnung einer endlichen Anzahl von Gliedern abgebrochen werden. Wann abgebrochen wird, hängt von dem Genauigkeitsanspruch ab. Dafür ist eine Abschätzung des mit dem Abbrechen verbundenen Fehlers notwendig. Gegeben sei

$$f(x) = a_0 + a_1 x + a_2 x^2 + \ldots + a_n x^n + \ldots$$

Wir teilen die Reihe in zwei Teile

$$f(x) = \underbrace{a_0 + a_1 x + a_2 x^2 + \ldots + a_n x^n}_{\substack{\text{Näherungspolynom n-ten Grades} \\ p_n(x)}} + \underbrace{a_{n+1} x^{n+1} + \ldots}_{\substack{\text{Rest} \\ R_n(x)}} \tag{7.3}$$

---

[5] Die Entwicklung der Funktion $f(x)$ gilt für alle x-Werte, die der Ungleichung $|x| < R$ genügen. Die Zahl R heißt *Konvergenzradius*. Der Konvergenzradius läßt sich aus dem Koeffizienten a_n der Potenzreihe berechnen. Wir teilen hier nur das Ergebnis mit:

$$R = \lim_{n \to \infty} \left| \frac{a_n}{a_{n+1}} \right|$$

Divergenz   Konvergenz   Divergenz

$-R$ $\quad$ 0 $\quad$ $+R$

Vorausgesetzt wird, daß die Folge $\left\{ \left| \frac{a_n}{a_{n+1}} \right| \right\}$ konvergiert.

1. Beispiel: Geometrische Reihe: $\frac{1}{1-x} = 1 + x + x^2 + x^3 + \ldots$ Hier ist $a_n = a_{n+1} = 1$. Daraus folgt $\frac{a_n}{a_{n+1}} = 1$. In diesem Fall ist trivial, daß die Folge $\left\{ \frac{a_n}{a_{n+1}} \right\}$ gegen 1 konvergiert und es gilt $R = 1$.

2. Beispiel: Exponentialfunktion $e^x = \sum_{n=1}^{\infty} \frac{x^n}{n!}$ Es gilt $\left\{ \left| \frac{a_n}{a_{n+1}} \right| \right\} = \left\{ \left| \frac{(n+1)!}{n!} \right| \right\} = \left\{ \frac{n+1}{1} \right\}$

Somit ergibt sich $R = \lim_{n \to \infty} (n+1) = \infty$. Diese Reihenentwicklung gilt also für alle x-Werte. Das Kriterium ist aus dem sogenannten „Quotientenkriterium" zur Bestimmung der Konvergenz einer Reihe abgeleitet. (Einzelheiten siehe A. Duschek, Höhere Mathematik, Wien 1965, S. 353) Die Aussage gilt für $|x| < R$. Für den Wert $x = R$ ist das Verhalten der Reihe mit diesem Konvergenzkriterium nicht zu bestimmen.

Den ersten Teil der Reihe nennen wir *Näherungspolynom n-ten Grades*. Den zweiten Teil nennen wir *Rest*.

Wir können das Näherungspolynom als eine Näherung der Funktion betrachten. Dabei machen wir einen Fehler, denn wir vernachlässigen den Rest. Der Rest stellt schließlich immerhin noch eine unendliche Potenzreihe dar. Die Größe des Fehlers hängt ab von x und der Zahl der berücksichtigten Glieder. Wenn es gelingt, die Größe des Restes abzuschätzen, hat man eine Schätzung des Fehlers.

Beschäftigen wir uns zunächst mit der geometrischen Bedeutung der Näherungspolynome: Wir wollen das grafische Bild der Näherungspolynome am Beispiel der trigonometrischen Funktion $\sin(x)$ studieren.

    1. Näherungspolynom: $\sin x \approx x$

    2. Näherungspolynom: $\sin x \approx x - \dfrac{x^3}{3!}$

    3. Näherungspolynom: $\sin x \approx x - \dfrac{x^3}{3!} + \dfrac{x^5}{5!}$

Das *erste Näherungspolynom* ist die Approximation der Sinusfunktion durch die Tangente an der Stelle $x = 0$.

    $\sin x \approx x$

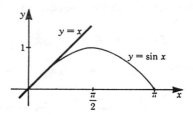

Das *zweite Näherungspolynom* ersetzt die Sinusfunktion durch eine Parabel 3. Grades. Der Bereich, in dem das Näherungspolynom die Funktion hinreichend genau approximiert, ist hier größer geworden.

    $\sin x \approx x - \dfrac{x^3}{3!}$

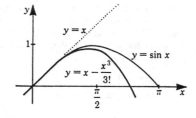

Das *dritte Näherungspolynom* ersetzt die Sinusfunktion durch eine Parabel 5. Grades. Der Bereich befriedigender Näherung wächst weiter an.

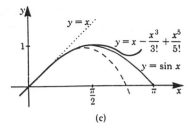

(c)

$$\sin x \approx x - \frac{x^3}{3!} + \frac{x^5}{5!}$$

Was hier am Beispiel der Sinusfunktion gezeigt wurde, gilt allgemein. Die Näherungspolynome sind Parabeln n-ten Grades. Sie stimmen mit der Funktion an der Stelle $x = 0$ überein.

Die Entwicklung einer Funktion in ein Näherungspolynom heißt *Taylorentwicklung*.

7.4.1 Abschätzung des Fehlers

Es ist *Lagrange* gelungen, den Fehler abzuschätzen, den man macht, wenn der Rest der Potenzreihe vernachlässigt wird. *Lagrange* zeigte, daß der Rest der Potenzreihe durch den folgenden Ausdruck dargestellt werden kann:

$$R_n(x) = \frac{f^{(n+1)}(\xi)}{(n+1)!} x^{n+1} \tag{7.4}$$

In dem etwas komplizierten Ausdruck – der *Restglied von Lagrange* genannt wird – steht die $(n+1)$-te Ableitung der Funktion $f(x)$ an der Stelle ξ.
ξ liegt zwischen 0 und x. Dies sei ohne Beweis mitgeteilt.

$$0 < \xi < x$$

Das Restglied ist eine Funktion von ξ. Wir können ξ von 0 bis x variieren und in diesem Wertebereich das Restglied bestimmen. Dann gibt es ein ξ_0, für den das Restglied ein Maximum annimmt. Der Fehler infolge des Abbrechens kann dann nicht größer als dieses Maximum sein.

Beispiel: Wir brechen die Reihe für die Exponentialfunktion nach dem 3. Glied
ab. Gesucht ist der entstehende Fehler für den Wert $x = 0,5$. Das
Restglied ist

$$R_3\,(0,5) = \frac{e^{\xi}(0,5)^4}{4!}$$

Im Intervall $0 < \xi < 0,5$ sind alle Werte e^{ξ} kleiner als $e^{0,5}$. Folglich
gilt

$$R_3\,(0,5) \le \frac{e^{0,5}(0,5)^4}{24} \approx 0,0043$$

Der Fehler, der durch das Abbrechen der Reihe nach dem dritten
Glied gemacht wird, ist für den Wert $x = 0,5$ kleiner als $0,0043$

7.5   Allgemeine Taylorreihenentwicklung

Entwicklung der Funktion $f\,(x)$ an einer beliebigen Stelle

Häufig ist es zweckmäßig, die Funktion an einer Stelle x_0 zu entwickeln, die von 0
verschieden ist.

Die Beweisführung könnten wir analog zum Beweisgang in 7.1 durchführen. Wir
werden hier jedoch einen eleganteren Weg gehen. Grundgedanke: Mit Hilfe der Substitution $u = x - x_0$ führen wir eine neue Hilfsvariable ein. Diese Hilfsvariable u
hat an der Stelle $x = x_0$ den Wert 0. Damit können wir die Funktion an der Stelle
$u = 0$ nach u entwickeln. Zum Schluß wird wieder u durch x ausgedrückt.
Durchführung: Es sei die Funktion $f\,(x)$ an der Stelle x_0 zu
entwickeln. Wir führen die Hilfsvariable u ein gemäß $u = x - x_0$.
Nach x aufgelöst: $x = u + x_0$.
Dann setzen wir in $f\,(x)$ für x den Ausdruck $u + x_0$ ein.

$$f\,(x) = f\,(u + x_0)$$

Wir fassen jetzt $f\,(u + x_0)$ als Funktion von u auf. Damit ist u
die Variable, nach der entwickelt werden kann. Wir entwickeln
an der Stelle $u = 0$ nach u:

$$f\,(x) = f\,(u + x_0) = f\,(0 + x_0) + \frac{f'(0 + x_0)}{1!}\,u + \frac{f''(0 + x_0)}{2!}\,u^2 + \dots$$

$$+ \frac{f^{(n)}(0 + x_o)}{n!}\,u^n + \dots$$

Damit haben wir eine Potenzreihe mit Potenzen von u. Es bleibt nun noch die Aufgabe, u wieder durch x auszudrücken. Wir ersetzen u durch $(x-x_0)$ und erhalten dann:

Allgemeine Taylorreihenentwicklung

$$f(x) = f(x_0) + \frac{f'(x_0)}{1!}(x - x_0) + \ldots + \frac{f^{(n)}(x_n)}{n!}(x - x_0)^n + \ldots \qquad (7.5)$$

Die Identität des Funktionswertes und aller Ableitungen zwischen Funktion und Reihe gilt nun für die Stelle x_0.[6]

Beispiel: e^x sei an der Stelle $x_0 = 2$ zu entwickeln. Dann gilt:

$$e^x = e^2 + \frac{e^2}{1!}(x - 2) + \frac{e^2}{2!}(x - 2)^2 + \ldots$$

7.6 Nutzen der Taylorreihenentwicklung

Eine wichtige Anwendung ist in der Vorbemerkung bereits erwähnt. Die numerischen Werte der trigonometrischen Funktionen, der Exponentialfunktionen, der Logarithmen und vieler hier nicht diskutierter Funktionen lassen sich nur mit Hilfe der Reihenentwicklung berechnen. Die in den Tafelwerken angegebenen Werte sind erstmalig alle mühselig mit Papier und Bleistift berechnet worden. Heute berechnet jeder Taschenrechner die Reihe und gibt die Funktionswerte an. Mit Hilfe der Restglieder wird der Fehler abgeschätzt und die Zahl der Reihenglieder ermittelt, die jeweils berücksichtigt werden müssen.

7.6.1 Polynome als Näherungsfunktionen

Eine besondere Bedeutung hat die Reihenentwicklung in Physik und Technik für Näherungsrechnungen. Die Reihen konvergieren um so rascher, je kleiner die Werte von x sind, die berücksichtigt werden müssen. Dies bedeutet, daß besonders in der Umgebung des Punktes, an dem die Reihe entwickelt wird, die Konvergenz gut ist. So braucht in vielen Fällen nur das erste Glied berücksichtigt zu werden, ohne daß die Genauigkeit nennenswert leidet. Wenn dann die Funktion durch ein Näherungspolynom ersetzt wird, vereinfachen sich die mathematischen Ausdrücke.

---

[6]Die geometrische Bedeutung dieser Substitution ist eine Koordinatentransformation. Für die Hilfsvariable u ist der Nullpunkt des Koordinatensystems an die Stelle x_0 verschoben. Durch diese Verschiebung ist die alte Situation wiederhergestellt,daß an der Stelle entwickelt wird, an der die Abszisse Null ist. Koordinatentransformationen werden in Kapitel 16 behandelt.

1. Beispiel: Der Luftdruck p ist eine Funktion der Höhe h. Für den Zusammenhang gilt die barometrische Höhenformel:

$$p = p_0 \cdot e^{-\alpha h}$$

Gesucht sei die Luftdruckdifferenz gegenüber der Höhe 0.

$$\Delta p = p - p_0 = p_0(e^{-\alpha h} - 1)$$

Dieser Ausdruck vereinfacht sich erheblich, wenn wir das erste Näherungspolynom für die Exponentialfunktion benutzen:

$$e^{-x} = 1 - x \ldots$$

$$\Delta p = p_0(-1 + 1 - \alpha \cdot h \ldots)$$

$$\Delta p = -p_0 \cdot \alpha \cdot h$$

Zahlenbeispiel: Gesucht seien die Höhenintervalle, bei denen der Luftdruck um 1 % abnimmt.

$$\frac{\Delta p}{p_0} = \frac{1}{100}$$

Die Konstante α ist für die Erdatmosphäre: $\alpha = 0,125 \cdot 10^{-3} \frac{1}{m}$

$$h = \frac{\Delta p}{p_0} \cdot \frac{1}{\alpha} = \frac{1}{100} \cdot \frac{1}{0,125 \cdot 10^{-3}} m = 82\, m$$

2. Beispiel: Umwegproblem:
Zwischen A und B bestehen
die in der Abbildung angegebenen
zwei Straßenverbindungen.
Wie groß ist der Umweg über C gegenüber
der direkten Entfernung S?

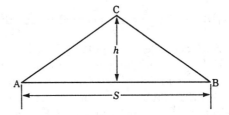

Wir drücken den Umweg U als Funktion von h aus. h ist die Höhe in dem als gleichseitig angenommenen Dreieck.

$$U = 2 \left(\sqrt{\left(\frac{S}{2}\right)^2 + h^2} - \frac{S}{2} \right) \qquad U = S \left(\sqrt{1 + \left(\frac{2h}{S}\right)^2} - 1 \right)$$

Sehr viel einfacher und handlicher wird dieser Ausdruck, wenn wir die Wurzel durch ihr Näherungspolynom ersetzen. Wir entwickeln $\sqrt{1+x}$ in eine Reihe und erhalten:

$$\sqrt{1+x} = 1 + \frac{x}{2} - \frac{x^2}{8} + \frac{x^3}{16} \cdots$$

Wir benutzen das Näherungspolynom 1. Grades $\sqrt{1+x} \approx 1 + \frac{x}{2}$

In unserem Fall ergibt sich mit $x = \left(2\frac{h}{S}\right)^2$

$$U = S\left(1 + \frac{1}{2}\left(\frac{2h}{S}\right)^2 - 1\right) = \frac{2h^2}{S}$$

Zahlenbeispiel: Für $S = 100$ km ist der Umweg U als Funktion von h in der Abbildung rechts angegeben.

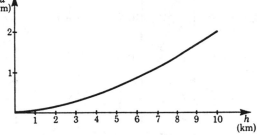

Überraschend ist der geringe Umweg für bereits beachtliche Werte von h. (für $h = 5$ km beträgt der Umweg $0,5$ km!) Innerhalb der Zeichengenauigkeit stimmen hier Näherung und exakter Wert überein.

7.6.2 Tabelle gebräuchlicher Näherungspolynome

In der 1. Spalte steht die Funktion.

Als *erste Näherung* wird das Näherungspolynom mit *einem* nicht konstanten Glied bezeichnet.

Als *zweite Näherung* wird das Näherungspolynom mit *zwei* nicht konstanten Gliedern bezeichnet. Dann sind die Wertebereiche von x angegeben, innerhalb derer ein Fehler von 1% bzw. 10% nicht überschritten wird.

| Funktion | 1. Näherungspolynom | | | 2. Näherungspolynom | | |
| | | Abweichung bis | | | Abweichung bis | |
		1% für x bis	10% für x bis		1% für x bis	10% für x bis
$\sin x$	x	0.24	0.74	$x - \dfrac{x^3}{3!}$	1.00	1.66
$\cos x$	$1 - \dfrac{x^2}{2}$	0.66	1.05	$1 - \dfrac{x^2}{2!} + \dfrac{x^4}{4!}$	1.18	1.44
$\tan x$	x	0.17	0.53	$x + \dfrac{x^3}{3}$	0.52	0.91
e^x	$1 + x$	0.14	0.53	$1 + x + \dfrac{x^2}{2}$	0.43	1.10
$\ln(1+x)$ $x > -1$	x	0.02	0.20	$x - \dfrac{x^2}{2}$	0.17	0.58
$\sqrt{1+x}$ $\lvert x \rvert < 1$	$1 + \dfrac{x}{2}$	0.32	1.42	$1 + \dfrac{x}{2} - \dfrac{x^2}{8}$	0.66	1.74
$\dfrac{1}{\sqrt{1+x}}$ $\lvert x \rvert < 1$	$1 - \dfrac{x}{2}$	0.16	0.55	$1 - \dfrac{x}{2} + \dfrac{3}{8}x^2$	0.32	0.73
$\dfrac{1}{1-x}$ $\lvert x \rvert < 1$	$1 + x$	0.10	0.31	$1 + x + x^2$	0.21	0.46
$\dfrac{1}{1-x^2}$ $\lvert x \rvert < 1$	$1 + x^2$	0.31	0.56	$1 + x^2 + x^4$	0.46	0.68

7.6.3   Integration über Potenzreihenentwicklung

Oft bereitet die Integration komplizierter Funktionen Schwierigkeiten. Läßt sich die Funktion in eine Reihe entwickeln, kann man dann diese innerhalb des Konvergenzbereiches gliedweise integrieren. Auf diese Weise lassen sich manchmal praktische Probleme elegant lösen.

Beispiel: Die Funktion $y = e^{-x^2}$ ist die Gaußsche Glockenkurve. Sie ist symmetrisch zur y-Achse. In der Statistik und Fehlerrechnung wird mit einer Funktion dieses Typs die Streuung von Meßwerten um einen Mittelwert beschrieben.

Wir ersetzen x durch die Variable t und fragen nach dem Integral

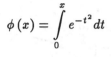

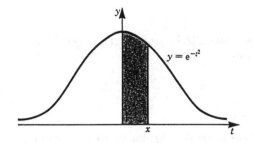

Geometrische Bedeutung des Integrals: Flächeninhalt unter der Kurve zwischen $t = 0$ und $t = x$. Für das Integral können wir keine geschlossene Lösung angeben. Hier hilft die Potenzreihenentwicklung: Zunächst suchen wir die Potenzreihe für e^{-t^2}.

Dafür gehen wir von der bekannten Reihe für e^2 aus und substituieren in ihr x durch $(-t^2)$:

$$e^x = 1 + x + \frac{x^2}{2!} + \frac{x^3}{3!} + \frac{x^4}{4!} + \dots$$

$$e^{-t^2} = 1 - t^2 + \frac{t^4}{2!} - \frac{t^6}{3!} + \frac{t^8}{4!} - \dots$$

Wir setzen diese Reihe in das Integral ein:

$$\phi(x) = \int_0^x \left(1 - t^2 + \frac{t^4}{2!} - \frac{t^6}{3!} + \frac{t^8}{4!} - \dots\right) dt$$

Jetzt können wir gliedweise integrieren! Setzen wir noch die Grenzen ein, erhalten wir als Ergebnis der etwas mühsamen aber elementaren Rechnung:

$$\phi(x) = \int\limits_0^x e^{-t^2} dt = x - \frac{x^3}{3} + \frac{x^5}{5 \cdot 2!} - \frac{x^7}{7 \cdot 3!} + \frac{x^9}{9 \cdot 4!} \cdots$$

Für $x \to \infty$ hat das Integral einen Grenzwert. Er sei ohne Beweis mitgeteilt.

$$\int\limits_0^\infty e^{-t^2} dt = \frac{\sqrt{\pi}}{2}$$

Die gesamte Fläche unter der Glockenkurve ist dann

$$\int\limits_{-\infty}^\infty e^{-t^2} dt = \sqrt{\pi}$$

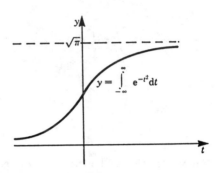

Man kann die Glockenkurve so normieren, daß die Fläche unter der Kurve gleich 1 ist. Das ist dann der Fall für

$$\int\limits_{-\infty}^\infty \frac{e^{-t^2}}{\sqrt{\pi}} dt = 1$$

7.7 Übungsaufgaben

7.1 Entwickeln Sie die folgenden Funktionen an der Stelle $x_0 = 0$ in eine Taylorreihe. Geben Sie jeweils die ersten vier Glieder dieser Reihen an:

a) $f(x) = \sqrt{1-x}$ b) $f(t) = \sin(\omega t + \pi)$ c) $f(x) = \ln\left[(1+x)^5\right]$

7.2 Bestimmen Sie den Konvergenzradius folgender Taylorreihen:

a) $f(x) = \sin x = \sum\limits_{n=0}^{\infty} \frac{(-1)^n}{(2n+1)!} x^{2n+1}$ b) $f(x) = \frac{1}{1-3x} = \sum\limits_{n=0}^{\infty} 3^n x^n$

7.3 Skizzieren Sie in der Umgebung des Punktes $x_0 = 0$ die Funktion $f(x)$ und den Graphen der Näherungspolynome $p_1(x), p_2(x)$ und $p_3(x)$.

    a) $y = \tan x$ b) $y = \frac{x}{4-x}$

7.4 A Entwickeln Sie die folgenden Funktionen im Punkte $x_0 = \pi$

     a) $y = \sin x$ b) $y = \cos x$

   B   Entwickeln Sie die Funktion $f(x)$ im Punkte $x_0 = 1$

    $f(x) = \ln x$

7.5.1 A Berechnen Sie den – im 1. Quadranten liegenden – Schnittpunkt der Funktionen $(e^x - 1)$ und $2 \sin x$. Nähern Sie beide Funktionen durch ein Näherungspolynom $p_3(x)$ 3. Grades an.

7.5.1 B Im Intervall $[0, 0,15]$ soll die Funktion $f(x)$ durch einen Näherungsausdruck ersetzt werden. Der Fehler soll höchstens 1 % betragen. Stellen Sie anhand der Tabelle fest, wie eine geeignete Näherung aussieht.

    a) $f(x) = \ln(1+x)$ b) $f(x) = \frac{1}{\sqrt{1+x}}$

7.5.1 C Gegeben sind die Funktionen $f(x)$. Berechnen Sie jeweils mit einer Näherung (s. Tabelle) den Wert $f\left(\frac{1}{4}\right)$. Der berechnete Wert braucht nur bis auf 10 % genau zu sein.

    a) $f(x) = e^x$ b) $f(x) = \ln(1+x)$ c) $f(x) = \sqrt{1+x}$

7.5.2   Die Taylorreihe $f(x) = \sum\limits_{n=0}^{\infty} a_n x^n$ sei gegeben. Geben Sie eine Reihen-

entwicklung für das Integral $\int f(x)\, dx$ an, indem Sie die Reihe

$\sum\limits_{n=0}^{\infty} a_n x^n$ gliedweise integrieren, und zwar für die Funktionen

a) $f(x) = \frac{1}{1+x} = \sum\limits_{n=0}^{\infty} (-1)^n x^n = 1 - x + x^2 - x^3 + x^4 - \ldots; |x| < 1$
(geometrische Reihe)

b) $f(x) = \cos x = \sum\limits_{n=0}^{\infty} (-1)^n \frac{x^{2n}}{(2n)!} = 1 - \frac{x^2}{2!} + \frac{x^4}{4!} - \frac{x^6}{6!} + \ldots$

Lösungen

7.1   a) $f(x) = \sqrt{1-x} = 1 - \frac{1}{2}x - \frac{1}{2^2}\frac{x^2}{2!} - \frac{3}{2^3}\frac{x^3}{3!} - \ldots$

b) $f(t) = \sin(\omega t + \pi) = -\omega t + \frac{\omega^3 t^3}{3!} - \frac{\omega^5 t^5}{5!} + \frac{\omega^7 t^7}{7!} - \ldots$

Zwischenergebnisse:

$$f'(t) \quad = \quad \omega \cos(\omega t + \pi); \qquad f'(0) \quad = \quad -\omega$$
$$f''(t) \quad = \quad -\omega^2 \sin(\omega t + \pi); \qquad f''(0) \quad = \quad 0$$
$$f'''(t) \quad = \quad -\omega^3 \cos(\omega t + \pi); \qquad f'''(0) \quad = \quad \omega^3$$
$$f^4(t) \quad = \quad \omega^4 \sin(\omega t + \pi); \qquad f^4(0) \quad = \quad 0$$
$$f^5(t) \quad = \quad \omega^5(\cos(\omega t + \pi) \qquad f^5(0) \quad = \quad -\omega^5$$

$$f(x) = \ln\left[(1+x)^5\right] = 5x - \frac{5}{2}x^2 + \frac{5}{3}x^3 - \frac{5}{4}x^4 + \ldots$$

Zwischenergebnisse:

$$f'(x) \quad = \quad \frac{d}{dx}(5\ln(1+x)) = \frac{5}{1+x} \quad f'(0) \quad = \quad 5$$
$$f''(x) \quad = \quad -5(1+x)^{-2}; \qquad f''(0) \quad = \quad -5$$
$$f'''(x) \quad = \quad 5 \cdot 2(1+x)^{-3}; \qquad f'''(0) \quad = \quad 5 \cdot 2$$
$$f^4(x) \quad = \quad -5 \cdot 3 \cdot 2(1+x)^{-4}; \qquad f^4(0) \quad = \quad -5 \cdot 3 \cdot 2$$

7.2 a) Es ist $\left|\frac{a_n}{a_{n+1}}\right| = \frac{(2n+3)!}{(2n+1)!} = (2n+2)(2n+3)$

Folglich erhält man
$$R = \lim_{n\to\infty} (2n+2)(2n+3) = \infty$$

b) $\left|\frac{a_n}{a_{n+1}}\right| = \frac{3^n}{3^{n+1}} = \frac{1}{3}$ Also ist $R = \lim \left|\frac{a_n}{a_{n+1}}\right| = \frac{1}{3}$

7.3 a) $p_1(x) = x$

$p_2(x) = 0$

$p_3(x) = x + \frac{1}{3}x^3$

Zwischenergebnisse:

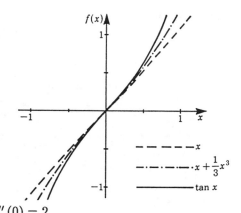

$$
\begin{aligned}
y &= \tan x \\
y' &= \frac{1}{\cos^2 x} \\
y'' &= \frac{2\sin x}{\cos^3 x} \\
y''' &= 2\frac{\cos^2 x + 3\sin^2 x}{\cos^4 x}
\end{aligned}
$$

$y'(0) = 1 \qquad y''(0) = 0 \qquad y'''(0) = 2$

b) $y = \frac{x}{4-x} = \frac{4}{4-x} - 1 = \frac{1}{1-\frac{1}{4}x} - 1$ (geometrische Reihe !)

$$p_1(x) = \frac{1}{4}x \qquad p_2(x) = \frac{1}{4}x + \frac{1}{16}x^2 \qquad p_3(x) = \frac{1}{4}x + \frac{1}{16}x^2 + \frac{1}{64}x^3$$

p_3 ist eine Parabel 3. Grades mit einem Wendepunkt an der Stelle $\left(-\frac{4}{3}, -\frac{7}{27}\right)$

7.4　A　a)　$y = \sin x = -(x - \pi) + \frac{(x-\pi)^3}{3!} - \frac{(x-\pi)^5}{5!}$

b)　$y = \cos x = -1 + \frac{1}{2!}(x - \pi)^2 - \frac{1}{4!}(x - \pi)^4 + \ldots$

B　$f(x) = \ln x = (x - 1) - \frac{(x-1)^2}{2} + \frac{(x-1)^3}{3} - \ldots$

7.5.1　A　Schnittpunkt: $(1, \frac{5}{3})$　　　　　　　Rechengang:

$$f_1(x) = e^x - 1 \approx x + \frac{x^2}{2} + \frac{x^3}{6} \qquad f_2(x) = 2\sin x \approx 2x - \frac{x^3}{3}$$

$$x + \frac{x^2}{2!} + \frac{x^3}{3!} = 2x - \frac{x^3}{3}$$

$$x^3 + x^2 - 2x = 0$$

$$x_1 = 0 \quad y_1 = 0$$

$$x_2 = 1 \quad y_2 = \frac{5}{3}$$

7.5.1　B　a)　$\ln(1 + x) \approx x - \frac{x^2}{2}$　　　　　　b)　$\frac{1}{\sqrt{1+x}} \approx 1 - \frac{x}{2}$

C　a)　$e^{0,25} \approx 1 + 0,25 = 1,25$

b)　$\ln 1,25 \approx \frac{1}{4} - \frac{1}{2}\left(\frac{1}{4}\right)^2 = \frac{7}{32} = 0,219$

c)　$\sqrt{1,25} \approx 1 + \frac{1}{2} \cdot \frac{1}{4} = \frac{9}{8} = 1,125$

7.5.2　a)　$\int \frac{dx}{1+x} = x - \frac{x^2}{2} + \frac{x^3}{2} - \frac{x^4}{4} + \ldots = \ln(1 + x) + c$　　Rechengang:

$$\int \frac{dx}{1+x} = \int(1 - x + x^2 - x^3 + x^4 - \ldots)\,dx$$

$$= x - \frac{x^2}{2} + \frac{x^3}{3} - \frac{x^4}{4} + \frac{x^5}{5} - \ldots = \ln(1 + x)$$

b)　$\int \cos x\,dx = x - \frac{x^3}{3!} + \frac{x^5}{5!} - \frac{x^7}{7!} + \ldots = \sin x + c$　　Rechengang:

$$\int \cos x\,dx = \int\left(1 - \frac{x^2}{2!} + \frac{x^4}{4!} - \frac{x^6}{6!} + \ldots\right)dx = x - \frac{x^3}{3!} + \frac{x^5}{5!} - \frac{x^7}{7!} + \ldots$$

$$= \sin x + c$$

8 Komplexe Zahlen

8.1 Definition und Eigenschaften der komplexen Zahlen

8.1.1 Die imaginäre Zahl

Das Quadrat positiver wie negativer reeller Zahlen ist immer eine *positive* reelle Zahl. Zum Beispiel ist $3^2 = (-3)^2 = 9$. Die Wurzel aus einer positiven Zahl ist daher eine positive oder negative Zahl.

Wir führen jetzt einen neuen Zahlentyp ein, dessen Quadrat immer eine *negative* reelle Zahl gibt: die „imaginäre Zahl". Wir charakterisieren die imaginäre Zahl durch die „*imaginäre Einheit*":

Definition: Die Zahl i ist die *Einheit der imaginären Zahlen.* Sie hat die Eigenschaft: $$i^2 = -1$$ i entspricht der 1 bei den reellen Zahlen.

Eine beliebige *imaginäre Zahl* setzt sich dann aus der imaginären Einheit und einer beliebigen reellen Zahl y zusammen: $y \cdot i$ ist die allgemeine Form einer imaginären Zahl.

Eine Wurzel aus einer negativen Zahl läßt sich im Bereich der reellen Zahlen bekanntlich nicht ziehen. Wir können eine Wurzel aus einer negativen Zahl aber immer zerlegen, zum Beispiel:

$$\sqrt{-5} = \sqrt{5(-1)} = \sqrt{5}\sqrt{-1}$$

Aus $i^2 = -1$ folgt $\sqrt{-1}$, und wir können schreiben:

$$\sqrt{-5} = \sqrt{5} \cdot i$$

Die Wurzel aus einer negativen Zahl ist eine imaginäre Zahl.

Ferner können wir mit $i^2 = -1$ höhere Potenzen von i vereinfachen:

Beispiel: $\quad i^3 = i^2 \cdot i = -i$

$$i^4 = i^2 \cdot i^2 = +1$$

8.1.2 Komplexe Zahlen

Eine Summe z aus einer reellen Zahl x und einer imaginären Zahl iy nennen wir eine *komplexe Zahl*:[1]

---

[1] komplex = zusammengesetzt

Definition: Komplexe Zahl

$$z = x + iy$$

x heißt *Realteil* von z. Abgekürzt: $Re(z)$
y heißt *Imaginärteil* von z. Abgekürzt: $Im(z)$

Der Imaginärteil ist also eine reelle Zahl – obwohl der Name das Gegenteil suggeriert.
Die imaginäre Zahl entsteht durch das Produkt $i\,y$. Ersetzen wir bei einer komplexen
Zahl i durch $-i$, dann erhalten wir eine andere komplexe Zahl.

$$z^* = x - i\,y$$

z^* heißt die *zu z konjugiert komplexe Zahl*.

Eine komplexe Zahl ist nur dann gleich Null, wenn Real- *und* Imaginärteil gleichzeitig Null sind.

8.1.3   Anwendungsgebiete

Die vielleicht augenfälligste Eigenschaft der imaginären Zahl ist, daß man die Wurzel
aus einer negativen Zahl, „ziehen kann", d.h. daß man einen Ausdruck herausbe-
kommt, mit dem man rechnen kann. Diese Eigenschaft hat zur Folge, daß man nun
Gleichungen beliebigen Grades mit komplexen Zahl lösen kann. Mit reellen Zahlen
ist ja schon die Gleichung 2. Grades nicht immer lösbar.

$$x^2 + px + q = 0$$

Die Lösung war: $$x_1 = -\frac{p}{2} + \sqrt{\left(\frac{p}{2}\right)^2 - q}$$

$$x_2 = -\frac{p}{2} - \sqrt{\left(\frac{p}{2}\right)^2 - q}$$

Sobald der Radikand negativ wird, erhalten wir als Lösung eine komplexe Zahl.

In Physik und Technik sind komplexe Zahlen bei der Lösung von Differentialgleichungen wichtig, wo sie die Lösungsprozedur wesentlich vereinfachen. Wir werden
im nächsten Kapitel darauf zurückkommen.

8.1.4   Rechenregeln für komplexe Zahlen

Bei der Aufstellung der Rechenregeln lassen wir uns von der folgenden Überlegung
leiten:
Aus der komplexen Zahl $x+iy$ wird die reelle Zahl x, sobald der Imaginärteil y gleich
Null ist. In diesem Spezialfall gehen also komplexe Zahlen in reelle über. In diesem
Falle müssen auch die Rechenregeln für komplexe Zahlen in die Rechenregeln für
reelle Zahlen übergehen. Diese Forderung wird erfüllt, wenn wir die Rechenregeln
der Algebra auf komplexe Zahlen übertragen und beachten, daß $i^2 = i \cdot i = -1$

Summe und Differenz zweier komplexer Zahlen:

Regel:	Man erhält die *Summe* zweier komplexer Zahlen, indem man die Real- und Imaginärteile für sich addiert. Man erhält die *Differenz*, indem man Realteile und Imaginärteile für sich subtrahiert.

Gegeben seien   Beispiel

$$z_1 = x_1 + iy_1 \qquad\qquad z_1 = 6 + 7i$$

$$z_2 = x_2 + iy_2 \qquad\qquad z_2 = 3 + 4i$$

Summe:

$$z_1 + z_2 = (x + iy_1) + (x_2 + iy_2) \qquad z_1 + z_2 = 6 + 7i + 3 + 4i$$
$$= (x_1 + x_2) + i(y_1 + y_2) \qquad\qquad = 9 + 11i$$

Wir haben als Summe eine neue komplexe Zahl bekommen.

Differenz:

$$z_1 - z_2 = (x_1 - x_2) + i(y_1 - y_2) \qquad\qquad z_1 - z_2 = 3 + 3i$$

Produkt komplexer Zahlen.

Regel:	Das *Produkt* zweier komplexer Zahlen $z_1 z_2$ gewinnt man durch Ausmultiplizieren nach den Regeln der Algebra.

Beispiel

$$z_1 z_2 = (x_1 + iy_1) \cdot (x_2 + iy_2) \qquad z_1 z_2 = (6 + 7i) \cdot (3 + 4i)$$
$$= x_1 x_2 + ix_1 y_2 + iy_2 x_2 - y_1 y_2 \qquad\quad = 18 + 24i + 21i - 28$$
$$= x_1 x_2 - y_1 y_2 + i(x_1 y_2 + x_2 y_2) \qquad\quad = -10 + 45i$$

Division komplexer Zahlen

Regel:	Der *Quotient* zweier *komplexer Zahlen* wird gebildet, indem zunächst mit der konjugiert komplexen Zahl des Nenners erweitert wird. Danach können Zähler und Nenner ausmultipliziert werden.

Durch diese Erweiterung erreichen wir, daß der Nenner reell wird und nur noch der Zähler komplex bleibt.

Beispiel

$$
\begin{aligned}
\frac{z_1}{z_2} &= \frac{x_1 + iy_1}{x_2 + iy_2} \\[2mm]
&= \frac{(x_1 + iy_1) \cdot (x_2 - iy_2)}{(x_2 + iy_2) \cdot (x_2 - iy_2)} \\[2mm]
&= \frac{x_1 x_2 y_1 y_2 + i(y_1 x_2 - x_1 y_2)}{x_2^2 + y_2^2}
\end{aligned}
$$

$$
\begin{aligned}
\frac{z_1}{z_2} &= \frac{6 + 7i}{3 + 4i} \\[2mm]
&= \frac{(6 + 7i) \cdot (3 - 4i)}{(3 + 4i) \cdot (3 - 4i)} \\[2mm]
&= \frac{46}{25} - \frac{3}{25}i
\end{aligned}
$$

8.2   Komplexe Zahlen in der Gauß'schen Zahlenebene

8.2.1   Die Gauß'sche Zahlenebene

Gegeben sei eine komplexe Zahl $z = x + iy$. Wir können den Realteil x und den Imaginärteil y in ein Koordinatensystem einzeichnen, ähnlich wie wir das früher mit den Komponenten eines Vektors getan haben; siehe Abbildung rechts.

Wir erhalten so einen Punkt $P(z)$ in der (x, y)-Ebene, der der komplexen Zahl z entspricht.

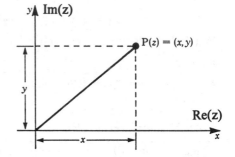

Diese (x, y)-Ebene nennen wir die *Gaußsche Zahlenebene*. Zu jeder komplexen Zahl z gibt es einen Punkt $P(z)$ in der Gaußschen Zahlenebene.

Wir haben uns auf diese Weise ein geometrisches Bild einer komplexen Zahl hergestellt.

Beispiel: Wo liegt der Punkt P(z), der $z = 4 - 2i$ entspricht?

Die Antwort gibt die nebenstehende Skizze.

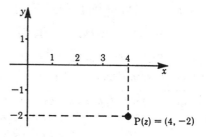

Die Addition und Subtraktion von komplexen Zahlen in der komplexen Zahlenebene entspricht der Addition und Subtraktion von Vektoren. Das nebenstehende Diagramm zeigt die Addition $z_3 = z_1 + z_2$.

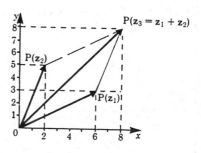

8.2.2 Komplexe Zahlen in der Schreibweise mit Winkelfunktionen

Statt durch x und y können wir den Punkt $P(z)$ auch durch seinen Abstand r vom Ursprung und durch den Winkel α festlegen. x und y sind die kartesischen Koordinaten, r und α die ebenen Polarkoordinaten.[2]

Nach der Abbildung rechts gelten folgende Beziehungen.[3]
Sie heißen Transformationsgleichungen:

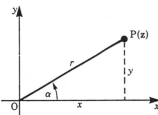

$$x = r \cos \alpha$$

$$y = r \sin \alpha$$

Diese Beziehung setzen wir ein in $z = x + iy$

$$z = r(\cos \alpha + i \cdot \sin \alpha)$$

Jede komplexe Zahl können wir also durch Winkelfunktionen ausdrücken. Die zu z konjugiert komplexe Zahl $z^* = x - iy$ heißt dann in unserer neuen Schreibweise

$$z^* = r(\cos \alpha - i \cdot \sin \alpha)$$

Sind uns r und α bekannt, so können wir aus den obigen Transformationsgleichungen x und y ausrechnen. Wir wollen jetzt umgekehrt bei bekanntem x und y die Größen r und α ausrechnen, d.h. wir müssen uns r bzw. α als Funktionen von x und y beschaffen. Nach der Abbildung oben gilt:

$$r^2 = x^2 + y^2$$

$$r = +\sqrt{x^2 + y^2}$$

r heißt *Betrag* der komplexen Zahl z. Man schreibt $|z| = r$. Weiterhin ist

$$\tan \alpha = \frac{y}{x} \text{ oder auch } \cot \alpha = \frac{x}{y}$$

$$\alpha = \arctan \frac{y}{x}$$

Hat man $\tan \alpha$, dann kann man α in einer Tangenstabelle nachsehen.
α heißt *Argument* der komplexen Zahl.

Der Winkel α durchläuft die Werte von 0 bis 2π. Die Tangensfunktion ist aber periodisch mit der Periode π, liefert also zwei Werte für α im Bereich 0 bis 2π.

---

[2] Polarkoordinaten werden in Kapitel 16 ausführlich dargestellt
[3] Diese Beziehungen entsprechen den Transformationsgleichungen für Polarkoordinaten. Siehe auch Kapitel 12.

Durch das Vorzeichen des Realteiles x und des Imaginärteiles y ist eindeutig der Quadrant bestimmt, in dem die komplexe Zahl liegt. Daher ist das α zu nehmen, das diesem Quadranten entspricht.

Es gibt eine weitere Methode, zwischen den beiden α zu entscheiden. Man muß den α-Wert nehmen, der mit den folgenden Transformationsgleichungen verträglich ist:

$$x = r \cos \alpha, \qquad y = r \sin \alpha$$

Beispiel: z sei in der Form $z = x + iy$ gegeben. Es sei $z = 1 - i$. Wir wollen z in der Form $z = r(\cos \alpha + i \sin \alpha)$ schreiben; wir müssen also r und α bestimmen:

$$r = \sqrt{1^2 + (-1)^2} = \sqrt{2}$$

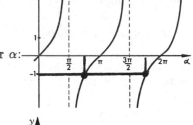

$$\tan \alpha = -1$$

Im Intervall 0 bis 2π erhalten wir zwei Werte für α:

$$\alpha_1 = \frac{3\pi}{4} \qquad \text{und} \quad \alpha_1 = \frac{7\pi}{4}$$

Um zu entscheiden, welcher α-Wert zutrifft, berechnen wir x und y mit Hilfe der Transformationsgleichungen für beide α

$$x = r \cos \alpha$$

$$y = r \sin \alpha$$

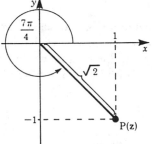

α	x	y
$\frac{3\pi}{4}$	-1	$+1$
$\frac{7\pi}{4}$	$+1$	-1

Wir vergleichen mit der gegebenen Form $z = 1 - i$. Das führt zu $\alpha = \frac{7\pi}{4}$.

$$z = \sqrt{2}\left(\cos\left(\frac{7\pi}{4}\right) + i \sin\left(\frac{7\pi}{4}\right)\right)$$

8.3 Die Exponentialform einer komplexen Zahl

8.3.1 Eulersche Formel

Man kann eine komplexe Zahl z auch folgendermaßen schreiben:

$$z = re^{i\alpha}$$

Wir wollen nun zeigen, daß diese Schreibweise der folgenden Form gleichwertig ist, die *Eulersche Formel* genannt wird:

$$z = r\left(\cos\alpha + i\sin\alpha\right)$$

Mit anderen Worten, wir wollen beweisen, daß die folgende Gleichung richtig ist:

$$r \cdot e^{i\alpha} = r\left(\cos\alpha + i\sin\alpha\right)$$

Wir kürzen durch r und erhalten

$$e^{i\alpha} = \cos\alpha + i\sin\alpha$$

Wir wissen bereits, daß wir e^x als Potenzreihe schreiben können:

$$e^x = 1 + x + \frac{x^2}{2!} + \frac{x^3}{3!} + \frac{x^4}{4!} + \frac{x^5}{5!} + \dots$$

Daran ändert sich nichts, wenn wir statt x die imaginäre Zahl $i\alpha$ einsetzen.

$$e^{i\alpha} = 1 + i\alpha - \frac{\alpha^2}{2!} - i\frac{\alpha^3}{3!} + \frac{\alpha^4}{4!} + i\frac{\alpha^5}{5!} \pm \dots$$

Zum Vergleich schreiben wir die Taylorreihen auf für $\cos\alpha$ und $i \cdot \sin\alpha$:

$$\cos\alpha = 1 - \frac{\alpha^2}{2!} + \frac{\alpha^4}{4!} \pm \dots$$

$$i\sin\alpha = i\alpha - i\frac{\alpha^3}{3!} + i\frac{\alpha^5}{5!} \pm \dots$$

Also ist wie behauptet:

$$\cos\alpha + i\sin\alpha = 1 + i\alpha - \frac{\alpha^2}{2!} - i\frac{\alpha^3}{3!} + \frac{\alpha^4}{4!} + i\frac{\alpha^5}{5!} \pm \dots = e^{i\alpha}$$

Satz: *Eulersche Formel*

$$e^{i\alpha} = \cos\alpha + i\sin\alpha$$

8.3.2   Umkehrformeln zur Eulerschen Formel

Das Konjugiert-Komplexe zu $e^{i\alpha}$ erhalten wir dadurch, daß wir i durch $-i$ ersetzen.
Unser Ziel sei es jetzt, $\cos\alpha$ und $\sin\alpha$ aus $e^{i\alpha}$ und $e^{-i\alpha}$ zu berechnen. Dazu wenden
wir einen Trick an: Die Eulersche Formel und ihr Konjugiert-Komplexes heißen

$$e^{i\alpha} = \cos\alpha + i\sin\alpha$$
$$e^{-i\alpha} = \cos\alpha - i\sin\alpha$$

Addieren wir beide Gleichungen, so erhalten wir

$$\cos\alpha = \frac{1}{2}\left(e^{i\alpha} + e^{-i\alpha}\right)$$

Subtrahieren wir beide Gleichungen, so erhalten wir

$$\sin\alpha = \frac{1}{2i}\left(e^{i\alpha} - e^{-i\alpha}\right)$$

8.3.3   Komplexe Zahlen als Exponenten

Aufgabe: Gegeben sei eine komplexe Zahl $z = x + iy$. Diese komplexe Zahl z kann
Exponent sein. Gefragt ist nun nach Betrag und Argument der Größe

$$w = e^z$$

Schreiben wir den Ausdruck um:

$$w = e^z = e^{x+iy} = e^x \cdot e^{iy}$$

Wir vergleichen mit der Exponentialform einer komplexen Zahl:

$$w = r \cdot e^{i\alpha}$$

Dann bedeutet $r = e^x$ und $i\alpha = iy$.
Der Realteil x bestimmt mit $e^x = r$ den Betrag von w; der Imaginärteil $y = \alpha$ gibt
das Argument an.

Ist z gegeben, lassen sich also r und α bestimmen.

1. Beispiel:

$$z = 2 + i\frac{\pi}{2}$$
$$w = e^z = e^2 \cdot e^{i\frac{\pi}{2}}$$
$$r = e^2$$
$$\alpha = \frac{\pi}{2}$$
$$w = e^2 \left(\cos\frac{\pi}{2} + i\sin\frac{\pi}{2}\right) = e^2 i$$

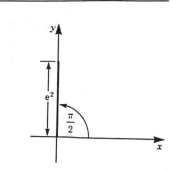

2. Beispiel:

$$z = -2 + i\frac{3\pi}{4}$$
$$r = e^{-2}$$
$$\alpha = \frac{3\pi}{4}$$
$$w = e^{-2}\left(\cos\frac{3\pi}{4} + i\sin\frac{3\pi}{4}\right)$$
$$w = e^{-2}\left(\frac{-1}{\sqrt{2}} + i\frac{1}{\sqrt{2}}\right)$$

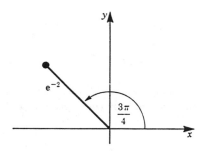

Es sei z die Funktion eines Parameters t. Im einfachsten Fall betrachten wir eine lineare Funktion der Form $z(t) = at + ibt$. t kann eine physikalische Bedeutung haben. Ist t die Zeit, so wachsen Realteil und Imaginärteil von t linear mit der Zeit an.

Wir setzen $z(t)$ ein in den folgenden Ausdruck

$$w = e^z$$

Wir erhalten eine komplexe Funktion w von t:

$$w(t) = e^{at + ibt}$$

Unter Benutzung der Eulerschen Formel erhalten wir

$$w(t) = e^{at}(\cos bt + i\sin bt)$$

Bei der komplexen Funktion $w(t)$ können wir Realteil und Imaginärteil getrennt betrachten und jeweils für sich graphisch als Funktion von t darstellen.

Der Realteil von $w(t)$ ist: $e^{at}\cos bt$. Das ist das Produkt einer Exponentialfunktion mit einer trigonometrischen Funktion mit der Periode

$$p = \frac{2\pi}{b}$$

Wir nehmen a als positiv an. Dann beschreibt der
Ausdruck

$$w = e^{at} \cdot \cos bt$$

eine Schwingung, deren Amplitude exponentiell
mit t anwächst (oder, wie man auch sagt, eine *an-
gefachte* Schwingung).

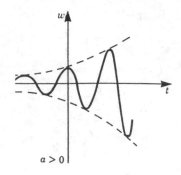

Der Ausdruck

$$e^{-at} \cdot \cos bt$$

stellt eine Schwingung dar, deren Amplitude mit t
exponentiell abfällt (eine *gedämpfte* Schwingung).

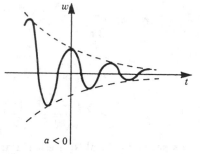

Der Imaginärteil von $w(t)$ ist $e^{at} \cdot \sin bt$. Auch dies ist ein Produkt einer Exponentialfunktion mit einer trigonometrischen Funktion. Er ist also ebenfalls die Darstellung
einer angefachten oder gedämpften Schwingung.

Die den Schwingungsproblemen entsprechenden mathematischen Beziehungen werden oft besonders einfach, wenn sie unter Benutzung komplexer Zahlen formuliert
werden. Es ist dann üblich, von reellen physikalischen Größen auszugehen, die Rechnung mit komplexen Zahlen durchzuführen und schließlich beim Ergebnis Realteil
und Imaginärteil getrennt zu betrachten und zu interpretieren.

8.3.4 Multiplikation und Division komplexer Zahlen

Wir wollen die beiden komplexen Zahlen miteinander multiplizieren.

$$z_1 = r_1 e^{i\alpha_1} \qquad z_2 = r_2 e^{i\alpha_2}$$

Da für die komplexen Zahlen analoge Rechengesetze gelten wie für die reellen, können wir das Produkt $e^{i\alpha_1} e^{i\alpha_2}$ nach den Regeln der Potenzrechnung schreiben als $e^{i(\alpha_1 + \alpha_2)}$ und erhalten:

$$z_1 z_2 = r_1 r_2 e^{i(\alpha_1 + \alpha_2)}$$

> Regel: Bei einer *Multiplikation* zweier komplexen Zahlen werden die Beträge multipliziert und die Winkel addiert.
>
> $$z_1 Z_2 = r_1 r_2 \cdot e^{i(\alpha_1 + \alpha_2)}$$

Die Abbildung zeigt geometrisch die Multiplikation komplexer Zahlen. Die Beträge sind multipliziert, die Winkel addiert.

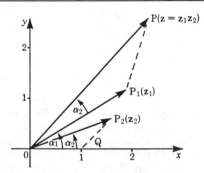

Mit der gleichen Überlegung erhält man den Quotienten zweier komplexer Zahlen.

> Regel: Bei einer *Division* komplexer Zahlen werden die Beträge dividiert und die Winkel subtrahiert.
>
> $$\frac{z_1}{z_2} = \frac{r_1}{r_2} \cdot e^{i(\alpha_1 - \alpha_2)}$$

Die Abbildung zeigt geometrisch die Division komplexer Zahlen. Der neue Betrag ergibt sich als Quotient, der neue Winkel als Differenz.

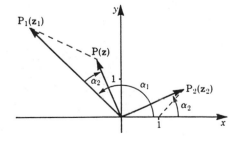

8.3.5   Potenzieren und Wurzelziehen komplexer Zahlen

Von der komplexen Zahl z bilden wir die Potenz z^n und erhalten:

$$z^n = (re^{i\alpha})^n = r^n e^{in\alpha}$$

Regel: Man *potenziert* eine komplexe Zahl, indem man den Betrag potenziert und den Winkel mit dem Exponenten multipliziert.

$$z^n = r^n \cdot e^{in\alpha}$$

In der Abbildung sind die Punkte, die z
und z^2 entsprechen, in die Gaußsche Zahlenebene eingezeichnet.
Wir haben im Beispiel $r = 2$ und $\alpha = 0,6$
angenommen.

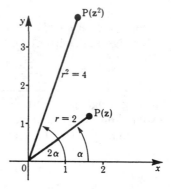

Aus der komplexen Zahl z kann die n-te Wurzel gezogen werden. Die Formel unten
läßt sich verifizieren, indem man die n-te Potenz bildet.

Regel: Man *zieht die Wurzel* einer komplexen Zahl indem man die Wurzel
aus dem *Betrag* zieht und den Winkel durch den *Wurzelexponenten*
dividiert.

$$\sqrt[n]{z} = \sqrt[n]{r} \cdot e^{i\frac{\alpha}{n}}$$

8.3.6 Periodizität von $r \cdot e^{i\alpha}$

Eine überraschende Tatsache ist noch zu erwähnen: eine komplexe Zahl

$$z = r \cdot e^{i\alpha} \quad \text{ist identisch mit} \quad z = r \cdot e^{i(\alpha+2\pi)}$$

Betrachten wir die Figur, dann sehen wir, daß wir immer wieder zum Punkt $P(z)$ kommen, egal, ob wir den Winkel α oder $\alpha + 2\pi$ antragen.
Ebenso können wir auch die Winkel
$\alpha + 4\pi$, $\alpha + 6\pi$, $\alpha - 2\pi$, $\alpha - 4\pi$ etc. antragen.
Allgemein gilt also

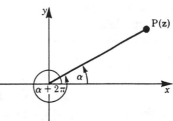

$$r \cdot e^{i\alpha} = r \cdot e^{i(\alpha+2k\pi)}, \qquad k = \pm 1, \pm 2, \pm 3, \dots$$

Beispiel: In Abschnitt 8.2.2 hatten wir $z = 1 - i$ auf die Form $z = r(\cos\alpha + i\sin\alpha)$ umgerechnet. Wir wollen jetzt z auf die Form $z = r \cdot e^{i\alpha}$ bringen. Dazu müssen wir wieder r und α ausrechnen. Das Ergebnis dieser Rechnung können wir aus dem Beispiel in 8.2.2 übernehmen:

$$r = \sqrt{2} \qquad \alpha = +\frac{7\pi}{4}$$

Wir erhalten also

$$z = \sqrt{2}e^{+i\frac{7\pi}{4}}$$

Wenn wir berücksichtigen, daß wir im Argument gerade Vielfache von 2π addieren oder subtrahieren dürfen:

$$z = 1 - i = \sqrt{2}e^{+i\left(\frac{7\pi}{4}+2k\pi\right)} \qquad k = \pm 1, \pm 2, \pm 3, \dots$$

Definitionen und Formeln

Bezeichnung	mathematische Formulierung
Imaginäre Einheit i Imaginäre Zahl	$i = \sqrt{-1}$ $\quad = iy \quad (y$ reell$)$
Komplexe Zahl z Konjugiert komplexe Zahl $z*$	$z = x + iy \quad (x, y$ reell$)$ $x = $ Realteil $= Re(z)$ $y = $ Imaginärteil $= Im(z)$ $z* = x - iy$
Gauß'sche Zahlen ebene	wird von den Punkten $P = (x, y)$ gebildet
Komplexe Zahl in Schreibweise mit Winkelfunktion	$z = r\,(\cos \alpha + i \sin \alpha)$
Transformations- gleichungen $(x, y) \leftrightarrow (r, \alpha))$	$x = r \cos \alpha$ $y = r \sin \alpha$ $r = \sqrt{x^2 + y^2} \; \tan \alpha = \arctan \frac{y}{x}$ $\tan \alpha = \frac{y}{x}$
Komplexe Zahl in Exponential- schreibweise	$z = r \cdot e^{i\alpha}$
Eulersche Formel Umkehrformeln	$e^{i\alpha} = \cos \alpha + i \sin \alpha$ $\left. \begin{array}{lcl} \cos \alpha &=& \frac{1}{2}\left(e^{i\alpha} + e^{-i\alpha}\right) \\ \sin \alpha &=& \frac{1}{2i}\left(e^{i\alpha} - e^{-i\alpha}\right) \end{array} \right\}$
Periodizität der komplexen Zahlen	$z = r \cdot e^{i\alpha} = r \cdot e^{i(\alpha + 2k\pi)}$ $k = \pm 1, \pm 2, \pm 3, \ldots$

8.4 Übungsaufgaben

8.1 A Formen Sie um mit Hilfe von $\sqrt{-1} = i$

   a) $\sqrt{4-7}$ b) $\sqrt{-144}$ c) $\frac{\sqrt{5}}{\sqrt{-4}}$ d) $\sqrt{4(-25)}$

   B Berechnen Sie:

   a) i^8 b) i^{15} c) i^{45} d) $(-i)^3$

   C Bestimmen Sie den Imaginärteil $I(z)$ von z:

   a) $z = 3 + 7i$ b) $z = 15i - 4$

   D Bestimmen Sie die zu z konjugierte Zahl z^* für:

   a) $z = 5 + 2i$ b) $z = \frac{1}{2} - \sqrt{3}\,i$

   E Berechnen Sie die (komplexen) Lösungen folgender quadratischer Gleichungen:

   a) $x^2 + 4x + 13 = 0$ b) $x^2 + \frac{3}{2}x + \frac{25}{16} = 0$

   F Berechnen Sie die Summe $z_1 + z_2$:

   a) $z_1 = 3 - 2i$ b) $z_1 = \frac{3}{4} + \frac{3}{4}i$
   $z_2 = 7 + 5i$ $z_2 = \frac{3}{4} - \frac{3}{4}i$

   G Berechnen Sie $w = z_1 - z_2 + z_3^*$:

   a) $z_1 = 5 - 2i$ b) $z_1 = 4 - 3,5i$
   $z_2 = 2 - 3i$ $z_2 = 3 + 2 \cdot i$
   $z_3 = -4 + 6i$ $z_3 = 7,5i$

   H Berechnen Sie das Produkt $w = z_1 \cdot z_2$:

   a) $z_1 = 1 + i$ b) $z_1 = 3 - 2i$
   $z_2 = 1 - i$ $z_2 = 5 + 4i$

8.2 A Zeichnen Sie jeweils die Punkte z_i und z_i^* in die Gaußsche Zahlenebene ein.

   a) $z_1 = -1 - i$ b) $z_2 = 3 + 2i$
   c) $z_3 = 5 + 3i$ d) $z_4 = \frac{3}{2}i$
   e) $z_5 = -3 + \frac{1}{2}i$ f) $z_6 = \sqrt{2}$

B   Bestimmen Sie anhand der
    Zeichnung jeweils Realteil und
    Imaginärteil der Punkte
    $z_1, z_2, \ldots, z_6$:

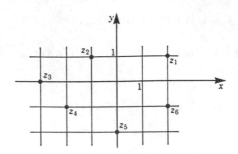

C   Bringen Sie die komplexe Zahl $z = r(\cos\alpha + i\sin\alpha)$ auf die Form $z = x + iy$:

    a) $z = 5(\cos\frac{\pi}{3} - i\sin\frac{\pi}{3})$ b) $z = 2(\cos\frac{\pi}{2} + i\sin\frac{\pi}{2})$

D   Drücken Sie die Zahl $z = x + iy$ jeweils durch r und α aus :

    a) $z = i - 1$ b) $z = -(1 + i)$

8.3   A   Berechnen Sie mit Hilfe der Eulerschen Formel :

    a) $e^{i\frac{\pi}{2}}$ b) $e^{i\frac{\pi}{3}}$

B   Gegeben seien die Werte für $e^{i\alpha}$ und $e^{-i\alpha}$. Berechnen Sie anhand dieser
    Werte α, $\cos\alpha$ und $\sin\alpha$.

    a) $\begin{aligned} e^{i\alpha} &= 1 \\ e^{-i\alpha} &= 1 \end{aligned}$ b) $\begin{aligned} e^{i\alpha} &= -1 \\ e^{-i\alpha} &= -1 \end{aligned}$

    c) $\begin{aligned} e^{i\alpha} &= -i \\ e^{-i\alpha} &= i \end{aligned}$ d) $\begin{aligned} e^{i\alpha} &= \frac{1}{2}\sqrt{3} + \frac{i}{2} \\ e^{-i\alpha} &= \frac{1}{2}\sqrt{3} - \frac{i}{2} \end{aligned}$

C   Gegeben ist die komplexe Zahl $z = x + iy$. Dann ist $w = e^z$ eine neue
    komplexe Zahl. Sie soll auf die Form $w = re^{i\alpha}$ gebracht werden.

    a) $z = 3 + 2i$ b) $z = 2 - \frac{i}{2}$

D   Gegeben ist die komplexe Zahl z. Bringen Sie die komplexe Zahl $w = e^z$
    auf die Form $w = u + iv$.

    a) $z = \frac{1}{2} + \pi i$ b) $z = \frac{3}{2} - i\pi$

    c) $z = -1 - i\frac{3}{2}\pi$ d) $z = 3 - i$

E z sei eine lineare Funktion des Parameters t. $z(t) = at + ibt$; $0 \leq t \leq \infty$.

    1. Wie lautet der Realteil $Re(w(t))$ von $w(t) = e^{z(t)}$?

    2. Wie groß ist die Periode P von $Re(w(t))$

    3. Welche Amplitude hat die Funktion $w(t)$ zur Zeit $t = 2$?

    a) $z(t) = -t + i2\pi t$ b) $z(t) = 2t - i\frac{3}{2}t$

F   Berechnen Sie das Produkt $z_1 \cdot z_2$:

   a) $z_1 = 2e^{i\frac{\pi}{2}}$ b) $z_1 = \frac{1}{2}e^{i\frac{\pi}{4}}$

        $z_2 = \frac{1}{2}e^{i\frac{\pi}{2}}$ $z_2 = \frac{3}{2}e^{-i\frac{3}{4}\pi}$

G   Berechnen Sie für die Zahlenpaare z_1; z_2 der obigen Aufgabe jeweils den
    Quotienten z_1^*: z_2 .

H   a)   Gegeben $z = 2e^{i\frac{\pi}{5}}$;   berechnen Sie z^5

    b)   Gegeben $z = \frac{1}{2}e^{i\frac{\pi}{4}}$;   berechnen Sie z^3

I   a)   Gegeben $z = 32e^{i10\pi}$;   berechnen Sie $z^{\frac{1}{5}}$

    b)   Gegeben $z = \frac{1}{16}e^{i6\pi}$;   berechnen Sie $z^{\frac{1}{4}}$

       a) $z = 3e^{i7\pi}$ b) $z = \frac{1}{2}e^{i\frac{14}{3}\pi}$

Lösungen

8.1   A   a) $i\sqrt{3}$ b) $12i$ c) $\frac{\sqrt{5}}{2i}$ d) $10i$

      B   a) 1 b) $-i$ c) i d) i

      C   a) 7 b) 15

      D   a) $z^* = 5 - 2i$ b) $z^* = \frac{1}{2} + \sqrt{3}\,i$

      E   a) $z_1 = -2 + 3i$ b) $z_1 = -\frac{3}{4} + i$

              $z_2 = -2 - 3i$ $z_2 = -\frac{3}{4} - i$

      F   a) $10 + 3i$ b) $\frac{3}{2}$

      G   a) $w = -1 - 5i$ b) $w = 1 - 13i$

      H   a) $w = 2$ b) $w = 23 + 2i$

8.2 A

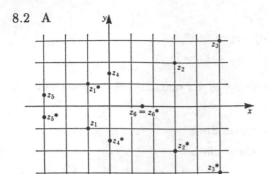

$$B \quad z_1 = 2 + i \quad z_2 = i - 1$$
$$z_3 = -3 \quad z_4 = -2 - i$$
$$z_5 = -2i \quad z_6 = 2 - i$$

C a) $z = \frac{5}{2} - \frac{5i}{2}\sqrt{3}$ b) $z = 2i$

D a) $z = \sqrt{2}\left(\cos\frac{3\pi}{4} + i\sin\frac{3\pi}{4}\right)$ b) $z = \sqrt{2}\left(\cos\frac{5\pi}{4} + i\sin\frac{5\pi}{4}\right)$

8.3 A a) $e^{i\frac{\pi}{2}} = \cos\frac{\pi}{2} + i\sin\frac{\pi}{2} = i$ b) $\frac{1}{2} + \frac{i}{2}\sqrt{3}$

B a) $\cos\alpha = 1; \quad \alpha = 0$ b) $\cos\alpha = -1; \quad \alpha = \pi$
       $\sin\alpha = 0$ $\sin\alpha = 0$

   c) $\cos\alpha = 0; \quad \alpha = -\frac{\pi}{2}$ d) $\cos\alpha = \frac{1}{2}\sqrt{3}; \quad \alpha = \frac{\pi}{6}$
       $\sin\alpha = -1$ $\sin\alpha = \frac{1}{2}$

C a) $r = e^3 \quad \alpha = 2$ b) $r = e^2 \quad \alpha = -\frac{1}{2}$

D a) $w = e^z = -\sqrt{e}$ b) $w = -\sqrt{e^3}$

                                                     $(r = \sqrt{e^3}; \alpha = -\pi)$

   c) $w = \frac{1}{e}i$ d) $w = e^3(\cos 1 - i\sin 1)$

       $(r = \frac{1}{e}; \alpha = \frac{\pi}{2})$ $\approx e^3 \cdot 0,54 - e^3 \cdot 0,84i$

E a) 1) $Re\,(w\,(t)) = e^{-t}\cos 2\pi t$ 2) Periode $= 1$
       3) Amplitude $= e^{-2} \cdot 1 = \frac{1}{e^2} \approx 0,135$

   b) 1) $Re\,(w\,(t)) = e^{2t}\cos(-\frac{3}{2}t) = e^{2t}\cos(\frac{3}{2}t)$ 2) Periode $= \frac{4}{3}\pi$
       3) Amplitude $= e^4\cos 3 \approx e^4(-0,99) \approx -54,0$

F a) $e^{i\pi} = -1$ b) $\frac{3}{4}e^{-i\frac{\pi}{2}} = -\frac{3}{4}i$

G a) $z_1^* : z_2 = 4e^{-i\pi} = -4$ b) $\frac{1}{3}e^{i\frac{\pi}{2}} = \frac{i}{3}$

H a) $z^5 = 32e^{i\pi} = -32$ b) $z^3 = \frac{1}{8}e^{i\frac{3}{4}\pi}$

I a) $z^{\frac{1}{5}} = 2e^{i2\pi} = 2$ b) $z^{\frac{1}{4}} = \frac{1}{2}e^{i\frac{3}{2}\pi} = -\frac{i}{2}$

9 Differentialgleichungen

9.1 Begriff der Differentialgleichung, Einteilung der Differentialgleichungen

9.1.1 Begriff der Differentialgleichung, Separation der Variablen

Ein großer Teil der Zusammenhänge in Physik und Technik ist in Form von Gleichungen formuliert, in denen Ableitungen von Größen vorkommen.

Beispiel: Grundgesetz der Mechanik, zweites Newtonsches Axiom:
Kraft = Masse × Beschleunigung

Die Beschleunigung ist die zweite Ableitung des Ortes $\vec{x}$ nach der Zeit, und das Gesetz läßt sich damit schreiben

$$\vec{F} = m \cdot \ddot{\vec{x}}(t)$$

Die Kraft $\vec{F}$ kann eine Funktion des Ortes x sein, sie kann konstant sein oder sie kann von anderen Parametern des Systems abhängen. Gesucht ist der Ort als Funktion der Zeit. Man nennt eine Gleichung, die eine oder mehrere Ableitungen einer gesuchten Funktion enthält, eine *Differentialgleichung*. Betrachten wir ein konkretes und gut bekanntes Beispiel:

Die Bewegung eines frei fallenden Körpers der Masse m wird beschrieben durch die Differentialgleichung

$$m\ddot{x} = -mg$$
$$\ddot{x} = -g$$

Dabei ist g die Fallbeschleunigung

$$g = 9{,}81 \tfrac{m}{sec^2}$$

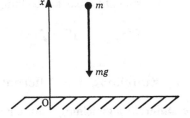

Gesucht ist die Funktion $x(t)$, die durch die Differentialgleichung $\ddot{x} = -g$ bestimmt wird. In späteren Abschnitten werden wir lernen, wie solche Aufgaben systematisch gelöst werden. In diesem einfachen Fall können wir die Aufgabe bereits jetzt lösen:

$$\ddot{x} = \frac{d}{dt}(\dot{x}) = -g$$

Wir formen so um, daß die Variablen getrennt werden.

$$d(\dot{x}) = -g\,dt$$

Auf beiden Seiten dieser Gleichung stehen jetzt Ausdrücke, die für sich integriert werden können:

$$\int d(\dot{x}) = -\int g\, dt$$
$$\dot{x} = -g \cdot t + C_1$$

Das Verfahren wird noch einmal angewandt

$$\dot{x} = \frac{dx}{dt} = -gt + C_1$$
$$dx = (-gt + C)\, dt$$

Beide Seiten können wieder für sich integriert werden:

$$\int dx = -\int gt\, dt + \int C_1 dt$$

Die endgültige Lösung ist:

$$x = -\frac{g}{2}t^2 + C_1 t + C_2$$

Das Verfahren heißt *Separation der Variablen* oder *Trennung der Variablen*. Man kann das Verfahren anwenden, wenn die ursprüngliche Differentialgleichung so umgeformt werden kann, daß auf jeder Seite der Gleichung nur Terme einer Variablen stehen, die für sich integriert werden können. Dieses Verfahren kann angewandt werden für alle Differentialgleichungen der Form

$$y' = f(x) \qquad y'' = f(x)$$

9.1.2 Einteilung der Differentialgleichungen

Eine Differentialgleichung kann eine oder mehrere Ableitungen der gesuchten Funktion $y(x)$ enthalten, sowie die Funktion $y(x)$ selbst und auch die unabhängige Variable x.

Beispiele:
$$y'' + x^2 y' + y^2 + \sin x = 0$$
$$y'' + x = 0$$
$$e^x y' - 3x = 0$$

Zunächst definieren wir einige Begriffe, mit denen verschiedene Typen von Differentialgleichungen eingeteilt werden.

Ordnung einer Differentialgleichung

Definition: Tritt in einer Differentialgleichung die n-te Ableitung der gesuchten Funktion als höchste Ableitung auf, dann nennt man sie Differentialgleichung *n-ter Ordnung*.

Beispiel: Die Differentialgleichung $y' + ax = 0$ hat die Ordnung 1.

Die Differentialgleichung $y'' + 7y = 0$ hat die Ordnung 2.

Lineare Differentialgleichung

Definition:	In einer *linearen Differentialgleichung* treten die Funktion y und ihre Ableitungen y', y'' ... nur in der ersten Potenz und nicht als Produkte auf.

Beispiele: *Lineare* Differentialgleichungen: $y'' + 7y + \sin x = 0$ $5y' = xy$

Nichtlineare Differentialgleichungen

$y'' + y^2 = 0$ Hier tritt y in der zweiten Potenz auf.

$(y'')^2 = x^2 y$ Hier tritt y'' in der zweiten Potenz auf.

$y'y = 0$ Hier liegt ein Produkt $y\,y'$ vor.

Lineare Differentialgleichung mit konstanten Koeffizienten

Wenn die Funktionsterme einer linearen Differentialgleichung konstante Koeffizienten enthalten, sprechen wir von einer linearen Differentialgleichung mit konstanten Koeffizienten.

Definition:	Die folgende Differentialgleichung heißt *Lineare Differentialgleichung 2. Ordnung mit konstanten Koeffizienten.* $$a_2 y'' + a_1 y' + a_0 y = f(x)$$ Dabei seien $a_2 \neq 0$ und a_2, a_1, a_0 beliebige reelle Konstanten.

Homogene und inhomogene Differentialgleichungen

Gegeben sei die lineare Differentialgleichung 2. Ordnung mit konstanten Koeffizienten:

$$a_2 y'' + a_1 y' + a_0 y = f(x)$$

Jetzt unterscheiden wir zwei Fälle: $f(x) = 0$ und $f(x) \neq 0$.

Sie heißen homogene und inhomogene Differentialgleichung.

1. Fall: *Homogene Differentialgleichung:*

Für alle x aus dem Definitionsbereich von $f(x)$ gilt: $f(x) = 0$.

$$a_2 y'' + a_1 y' + a_0 y = 0$$

2. Fall: *Inhomogene Differentialgleichung:* Es gilt $f(x) \neq 0$

$$a_2 y'' + a_1 y' + a_0 y = f(x)$$

Beispiele: Eine homogene Differentialgleichung ist:

$$my'' + \gamma y' + ky = 0 \quad (m, \gamma, k \text{ reelle Zahlen})$$

Eine inhomogene Differentialgleichung ist:

$$my'' + \gamma y' + ky = \sin(\omega x)$$

Es wurde bereits gesagt, daß eine Differentialgleichung zur Berechnung einer Funktion dient. Jede Funktion, welche eine gegebene Differentialgleichung erfüllt, wird eine *Lösung* dieser Differentialgleichung genannt. Beim Aufsuchen der Lösung einer Differentialgleichung kommen wir in eine prinzipielle Schwierigkeit, die wir uns an einem Beispiel klarmachen wollen.

Gegeben sei $y'' = -g$. Durch Einsetzen in die Differentialgleichung kann leicht gezeigt werden, daß die folgenden vier Funktionen Lösungen der gleichen Differentialgleichung sind:

$$y_1 = -\frac{g}{2}x^2 + c_1 x + c_2$$

$$y_2 = -\frac{g}{2}x^2 + c_1 x$$

$$y_3 = -\frac{g}{2}x^2 + c_2$$

$$\text{und} \quad y_4 = -\frac{g}{2}x^2$$

Die Lösungen y_2, y_3 und y_4 sind offensichtlich Spezialfälle der Lösung y_1. Sie entstehen aus y_1 durch Nullsetzen der Konstanten c_1 bzw. c_2.

Mit diesen Überlegungen haben wir uns klargemacht, daß die Funktion y_1 eine Lösung der Differentialgleichung ist, und zwar gleichgültig, welche Werte c_1 und c_2 annehmen. Dies bedeutet, daß die Lösung einer Differentialgleichung nicht eindeutig bestimmt ist. In den Lösungen treten frei wählbare Konstanten auf, die wir *Integrationskonstanten* nennen. Die Lösung einer Differentialgleichung, bei der die Integrationskonstanten noch nicht bestimmte, feste Werte besitzen, nennen wir *allgemeine Lösung*.

Für die Zahl der Integrationskonstanten gilt der folgende Satz, auf dessen Beweis wir verzichten.

Satz 9.1:   Die *allgemeine* Lösung einer Differentialgleichung 1. Ordnung enthält genau eine unbestimmte Integrationskonstante.
Die *allgemeine* Lösung einer Differentialgleichung 2. Ordnung enthält genau zwei unbestimmte Integrationskonstanten, die man unabhängig voneinander wählen kann.

Eine anschauliche Hilfe gibt die Vorstellung, daß eine Differentialgleichung 1. Ordnung durch eine Integration gelöst wird und deshalb eine Integrationskonstante enthält. Bei einer Differentialgleichung 2. Ordnung müssen wir zweimal integrieren und die Lösung enthält deshalb zwei Integrationskonstanten.

Eine *spezielle* Lösung einer Differentialgleichung erhalten wir aus der allgemeinen Lösung dadurch, daß wir einer oder mehreren Integrationskonstanten spezielle Werte geben. Die spezielle Lösung heißt auch *partikuläre* Lösung. Bei der partikulären Lösung ist also mindestens über eine der freien Integrationskonstanten verfügt.

Im obigen Beispiel sind die zweite, die dritte und die vierte Lösung spezielle oder partikuläre Fälle der ersten Lösung. ($c_1 = 0$; $c_2 = 0$; $c_1 = c_2 = 0$).

In der *allgemeinen* Lösung, sind alle anderen Lösungen als Spezialfälle enthalten.

Das Problem, aus der allgemeinen Lösung eine spezielle Lösung zu bestimmen, ist nur lösbar, wenn *zusätzliche* Angaben zur Verfügung stehen. Diese zusätzlichen Angaben heißen *Randbedingungen*. Das Problem ist ähnlich der Lösung einer Integrationsaufgabe. Auch dort gibt es die allgemeine Lösung „unbestimmtes Integral" und die spezielle Lösung „bestimmtes Integral". Das bestimmte Integral kann man nur berechnen, wenn als zusätzliche Angaben die Integrationsgrenzen bekannt sind.

Für die Anwendungen besteht das Problem darin, die Integrationskonstanten der allgemeinen Lösungen den gegebenen *physikalischen oder technischen Randbedingungen* anzupassen, um eine spezielle Lösung zu erhalten, die dann das gegebene Problem löst.

9.2 Die allgemeine Lösung der linearen Differentialgleichung 1. und 2. Ordnung

Wir betrachten die lineare Differentialgleichung 2. Ordnung mit konstanten Koeffizienten

$$a_2 y'' + a_1 y' + a_0 y = f(x)$$

Der Spezialfall mit $a_2 = 0$ ist eine Differentialgleichung 1. Ordnung

$$a_1 y' + a_0 y = f(x)$$

Wir werden Lösungsverfahren hier zunächst für lineare Differentialgleichungen 2. Ordnung herleiten. Der Hauptgrund ist, daß sehr viele Differentialgleichungen in Physik und Technik von der 2. Ordnung sind. Dabei beginnen wir mit dem Fall der homogenen Differentialgleichung.

9.2.1 Lösung homogener linearer Differentialgleichungen, der Exponentialansatz

In diesem Abschnitt werden wir ein Lösungsverfahren herleiten, dessen Anwendung bei *homogenen* linearen Differentialgleichung. 1. und 2. Ordnung mit konstanten Koeffizienten immer zur allgemeinen Lösung führt.

A. Homogene Differentialgleichung 2. Ordnung:
Gesucht wird die allgemeine Lösung der Differentialgleichung

$$a_2 y'' + a_1 y' + a_0 y = 0$$

Das Verfahren des Exponentialansatzes wird uns bei Differentialgleichungen 2. Ordnung zwei *verschiedene* spezielle Lösungen der homogenen Differentialgleichung liefern.

Unter verschiedenen Lösungen verstehen wir zwei Lösungen y_1 und y_2, die sich *nicht* für alle x-Werte aus dem interessierenden Intervall in der Form $y_1 = c y_2$ darstellen lassen (c ist eine Konstante). Die beiden Lösungen sollen also nicht durch Multiplikation mit einem konstanten Faktor auseinander hervorgehen. Zwei verschiedene Lösungen mit diesen Eigenschaften werden als *linear unabhängig* bezeichnet.

Bevor wir den Exponentialansatz praktisch anwenden, betrachten wir noch einen Satz, der uns beim Auffinden der allgemeinen Lösung nützlich sein wird.

Satz 9.2   Wir betrachten die homogene lineare Differentialgleichung

$$a_2 y'' + a_1 y' + a_0 y = 0$$

Sie habe zwei verschiedene Lösungen y_1 und y_2.

Dann ist auch der folgende Ausdruck eine Lösung der Differentialgleichng, wobei C_1 und C_2 beliebige reelle oder komplexe Zahlen sein können.

$$y = C_1 y_1 + C_2 y_2$$

Dieser Ausdruck ist die *allgemeine Lösung* der Differentialgleichung.

Beweis: y_1 und y_2 sind Lösungen der Differentialgleichung

$$a_2 y_1'' + a_1 y_1' + a_0 y_1 = 0$$
$$a_2 y_2'' + a_1 y_2' + a_0 y_2 = 0$$

Wir setzen $y = C_1 y_1 + C_2 y_2$ in die Differentialgleichung ein:

$$a_2 (C_1 y_1 + C_2 y_2)'' + a_1 (C_1 y_1 + C_2 y_2)' + a_0 (C_1 y_1 + C_2 y_2) = 0$$

Umordnen der Terme ergibt:

$$C_1 (a_2 y_1'' + a_1 y_1' + a_0 y_1) + C_2 (a_2 y_2'' + a_1 y_2' + a_0 y_2) = 0$$

Beide Klammern sind identisch Null. Damit ist bewiesen, daß $y = C_1 y_1 + C_2 y_2$ eine Lösung der Differentialgleichung ist. Da diese Lösung zwei unbestimmte Konstanten enthält, ist sie auch die allgemeine Lösung.

Wenn wir also zwei verschiedene Lösungen y_1 und y_2 der homogenen linearen Differentialgleichung ermittelt haben, brauchen wir nur noch den Ausdruck $y = C_1 y_1 + C_2 y_2$ zu bilden und haben damit die allgemeine Lösung gefunden.

Nach diesen allgemeinen Bemerkungen können wir uns dem Exponentialansatz zuwenden. Dieser besteht darin, daß wir als Lösung einer homogenen linearen Differentialgleichung mit konstanten Koeffizienten folgende Funktion ansetzen: $y = e^{rx}$

Dann werden die Ableitungen gebildet und in die Differentialgleichung eingesetzt. Damit erhalten wir die Möglichkeit, den unbekannten Faktor r im Exponenten so zu bestimmen, daß die Differentialgleichung tatsächlich erfüllt wird.

Allgemeines Verfahren   *Beispiel*
Gegeben sei

$$a_2 y'' + a_1 y' + a_0 y = 0 \qquad\qquad\qquad y'' + 3y' + 2y = 0$$

Einsetzen von $y = e^{rx}$ ergibt

$$a_2 r^2 e^{rx} + a_1 r e^{rx} + a_0 e^{rx} = 0 \qquad\qquad r^2 e^{rx} + 3r e^{rx} + 2 e^{rx} = 0$$

Ausklammern von e^{rx}:

$$e^{rx}(a_2 r^2 + a_1 r + a_0) = 0 \qquad\qquad\qquad e^{rx}(r^2 + 3r + 2) = 0$$

e^{rx} ist für jeden endlichen Wert von x verschieden von Null, also muß die Klammer gleich Null sein. Damit erhalten wir eine Bestimmungsgleichung für r:

$$a_2 r^2 + a_1 r + a_0 = 0 \qquad\qquad\qquad r^2 + 3r + 2 = 0$$

Diese quadratische Gleichung wird *charakteristische Gleichung* genannt.

Ihre Lösungen sind:

$$r_{1,2} = -\frac{a_1}{2a_2} \pm \sqrt{\frac{a_1^2}{4a_2^2} - \frac{a_0}{a_2}} \qquad\qquad r_{1,2} = -\frac{3}{2} \pm \frac{1}{2}$$

Wenn r_1 und r_2 verschieden sind, erhalten wir zwei Lösungen $\qquad\qquad r_1 = -1, \quad r_2 = -2$
$y_1 = e^{r_1 x}$ und $y_2 = e^{r_2 x}$ $\qquad\qquad\qquad y_1 = e^{-x}, \quad y_2 = {}^{-2x}$

Die allgemeine Lösung der
Differentialgleichung ist
$y = C_1 e^{r_1 x} + C_2 e^{r_2 x}$ $\qquad\qquad\qquad\qquad y = C_1 e^{-x} + C_2 e^{-2x}$

Je nach der Größen der Konstanten a_2, a_1, a_0 erhalten wir verschiedene Lösungstypen des charakteristischen Polynoms $r^2 a_2 + r a_1 + a_0 = 0$ Damit ergeben sich stark voneinander abweichende Lösungen der Differentialgleichungen.

Diskussion der allgemeinen Lösung
Wir gehen von der oben dargestellten Lösung aus:

$$y = C_1 e^{r_1 x} + C_2 e^{r_2 x} \qquad \text{mit} \qquad r_{1,2} = -\frac{a_1}{2a_2} \pm \sqrt{\frac{a_1^2}{4a_2^2} - \frac{a_0}{a_2}}$$

Je nach dem Wert des Wurzelausdrucks erhalten wir drei unterschiedliche Fälle. Diese werden im Folgenden diskutiert. Die Anwendung auf physikalische Beispiele erfolgt dann später in Abschnitt 9.4.2.

1. Fall: Der Radikand $\left(\dfrac{a_1^2}{4a_2^2} - \dfrac{a_0}{a_2}\right)$ ist positiv.

Dann sind r_1 und r_2 reell und unterschiedlich wegen:

$$r_1 = -\frac{a_1}{2a_2} + \sqrt{\frac{a_1^2}{4a_2^2} - \frac{a_0}{a_2}} \qquad r_2 = -\frac{a_1}{2a_1} - \sqrt{\frac{a_1^2}{4a_2^2} - \frac{a_0}{a_2}}$$

Beispiel: $2y'' + 7y' + 3y = 0$
            Charakteristische Gleichung:

$$2r^2 + 7r + 3 = 0$$

Lösungen der charakteristischen Gleichung:

$$r_1 = -\tfrac{1}{2}; \quad r_2 = -3$$

Allgemeine Lösung der Differentialgleichung:

$$y = C_1 e^{-\frac{x}{2}} + C_2 e^{-3x}$$

2. Fall: Der Radikand $\left(\dfrac{a_1^2}{4a_2^2} - \dfrac{a_0}{a_2}\right)$ ist negativ.

Dann sind r_1 und r_2 komplexe Zahlen. Sie sind konjugiert komplex zueinander.

$$r_1 = -\frac{a_1}{2a_2} + i\sqrt{\frac{a_0}{a_2} - \frac{a_1^2}{4a_2^2}} \qquad r_2 = -\frac{a_1}{2a_2} - i\sqrt{\frac{a_0}{a_2} - \frac{a_1^2}{4a_2^2}}$$

Bei Anwendungen interessiert man sich besonders für reelle Lösungen, denn nur diese haben eine reale anschauliche Bedeutung. Wir versuchen jetzt, aus den komplexen Lösungen eine reelle zu gewinnen.

Zur Vereinfachung schreiben wir:

$$r_1 = a + ib$$
$$r_2 = a - ib \qquad \text{mit}$$

$$a = -\tfrac{a_1}{2a_2} \qquad\qquad b = \sqrt{\tfrac{a_0}{a_2} - \tfrac{a_1^2}{4a_2^2}}$$

Dies setzen wir ein und erhalten dann die allgemeine Lösung:

$$y = C_1 e^{(a+ib)x} + C_2 e^{(a-ib)x} = e^{ax}(C_1 e^{ibx} + C_2 e^{-ibx})$$

Mit Hilfe der Euler'schen Gleichungen[1] ersetzen wir die komplexe Exponentialfunktion durch cos- und sin-Funktionen:

$$\begin{aligned} y &= e^{ax}\left[C_1(\cos bx + i\sin bx) + C_2(\cos bx - i\sin bx)\right] \\ &= e^{ax}\left[(C_1 + C_2)\cos bx + (C_1 - C_2)i\sin bx\right] \end{aligned}$$

[1] Eulersche Gleichungen: $e^{ix} = \cos x + i\sin x$ und $e^{-ix} = \cos x - i\sin x$

Mit $A = C_1 + C_2$ und $B = C_1 - C_2$ führen wir zwei neue unbestimmte Konstanten ein und schreiben damit die allgemeine Lösung

$$y = e^{ax} [A \cos bx + iB \sin bx]$$

Der folgende Satz hilft uns, aus dieser komplexen Lösungsfunktion eine reellwertige Lösung anzugeben.

Satz 9.2: Die Lösung der Differentialgleichung $a_2 y'' + a_1 y' + a_0 y = 0$ sei eine komplexe Funktion y der reellen Veränderlichen x:

$$y = y_1(x) + iy_2(x);$$

Die Funktionen y_1 und y_2 seien verschieden.

Dann sind Realteil y_1 und Imaginärteil y_2 spezielle Lösungen. Die allgemeine reellwertige Lösung der Differentialgleichung ist gegeben durch

$$y = C_1 y_1 + C_2 y_2.$$

Beweis: Nach Voraussetzung gilt:

$$a_2(y_1 + iy_2)'' + a_1(y_1 + iy_2)' + a_0(y_1 + iy_2) = 0$$

Umordnen nach reellen und imaginären Größen liefert

$$a_2 y_1'' + a_1 y_1' + a_0 y_1 + i(a_2 y_2'' + a_1 y_2' + a_0 y_2) = 0$$

Eine komplexe Zahl ist genau dann Null, wenn Realteil und Imaginärteil gleichzeitig Null sind:

$$a_2 y_1'' + a_1 y_1' + a_0 y_1 = 0 \qquad a_2 y_2'' + a_1 y_2' + a_0 y_2 = 0$$

Daraus folgt, daß sowohl y_1 als auch y_2 Lösungen der Differentialgleichung sind. Die allgemeine Lösung können wir nach Satz 9.2 schreiben als

$$y = C_1 y_1 + C_2 y_2$$

Die Anwendung dieses Satzes ermöglicht es, die allgemeine Lösung als reellwertige Funktion anzugeben.

Ist also $y = y_1(x) + iy_2(x)$ eine Lösung, dann ist $y = C_1 y_1 + C_2 y_2$ die allgemeine reellwertige Lösung, wobei C_1 und C_2 beliebige Konstanten sind.

Das bedeutet auf unseren Fall bezogen, daß zu der komplexen Lösung

$$y = e^{ax} [A \cos bx + iB \sin bx]$$

die folgende allgemeine reellwertige Lösung gehört

$$y = e^{ax} [A \cos bx + B \sin bx]$$

Fassen wir unsere Überlegungen zusammen: Die charakteristische Gleichung habe die beiden konjugiert komplexen Lösungen

$$r_1 = a + ib \quad \text{und} \quad r_2 = a - ib$$

Dann lautet die zugehörige reellwertige allgemeine Lösung

$$y = e^{ax} [A \cos bx + B \sin bx] \quad \text{mit} \quad a = -\frac{a_1}{2a_2} \quad \text{und} \quad b = \sqrt{\frac{a_0}{a_2} - \frac{a_1^2}{4a_2^2}}$$

Beispiel: $y'' + 4y' + 13y = 0$

　　　Charakteristische Gleichung: $r^2 + 4r + 13 = 0$

　　　Lösungen der charakteristischen Gleichung:

　　　$r_1 = -2 + 3i$

　　　$r_2 = -2 - 3i$

　　　Allgemeine Lösung der Differentialgleichung:

$$y = e^{-2x}(C_1 \cos 3x + C_2 \sin 3x)$$

3. Fall: Der Radikand $\left(\dfrac{a_1^2}{4a_2^2} - \dfrac{a_0}{a_2} \right)$ ist gleich Null.

Dann erhalten wir eine Doppelwurzel:

$$r_1 = r_2 = -\frac{a_1}{2a_2}$$

Hier liefert uns die Methode des Exponentialansatzes nur eine Lösung $y_1 = e^{r_1 x}$. Denn $y_2 = e^{r_2 x}$ und $y_1 = e^{r_1 x}$ sind gleich wegen $r_1 = r_2$. Um die allgemeine Lösung zu erhalten, benötigen wir noch eine zweite Lösung. Diese kann mit Hilfe des Verfahrens der *Variation der Konstanten* ermittelt werden. Das Verfahren wird in Abschnitt 9.3.1 systematisch abgeleitet. Hier wenden wir das einfachere Verifizierungsprinzip an:

Wir geben hier eine zweite von y_1 verschiedene Lösung an und verifizieren, daß sie die Differentialgleichung löst:

$$y_2 = C_2 x e^{r_1 x}$$

Verifikation, daß y_2 Lösung der Differentialgleichung $a_2 y'' + a_1 y' + a_0 y = 0$ ist:

$$y_2' = C_2 e^{r_1 x} + C_2 r_1 x e^{r_1 x} \quad \text{und} \quad y_2'' = C_2 r_1^2 x e^{r_1 x} + 2C_2 r_1 e^{r_1 x}$$

Dies eingesetzt in die Differentialgleichung ergibt

$$a_2(C_2 r_1^2 x e^{r_1 x} + 2C_2 r_1 e^{r_1 x}) + a_1(C_2 e^{r_1 x} + C_2 r_1 x e^{r_1 x}) + a_0 C_2 x e^{r_1 x} = 0$$

Diese Gleichung formen wir um in die Gestalt

$$C_2 e^{r_1 x} \left[x(a_2 r_1^2 + a_1 r_1 + a_0) + 2 r_1 a_2 + a_1 \right] = 0$$

Die runde Klammer ist Null, da r_1 Lösung der charakteristischen Gleichung ist. Setzen wir in die restlichen Terme $r_1 = -\frac{a_1}{2a_2}$ ein, verschwinden auch die übrigen Terme in der eckigen Klammer. Damit haben wir bewiesen, daß y_2 eine Lösung ist.

Die allgemeine Lösung hat damit die Form

$$y = C_1 e^{r_1 x} + C_2 x e^{r_1 x}$$

Beispiel: $y'' - 4y' + 4y = 0$

Charakteristische Gleichung:

$r^2 - 4r + 4 = 0$

Lösungen der charakteristischen Gleichung:

$r_1 = r_2 = +2$

Allgemeine Lösung der Differentialgleichung:

$y = C_1 e^{+2x} + C_2 x e^{+2x}$

Zusammenfassung

Das Lösungsschema für die homogene lineare Differentialgleichung 2. Ordnung mit konstanten Koeffizienten können wir nun wie folgt angeben:

Gegeben $a_2 y'' + a_1 y' + a_0 y = 0$

1. Schritt: Aufstellen der charakteristischen Gleichung:

y'' wird in der Differentialgleichung ersetzt durch r^2

y' wird in der Differentialgleichung ersetzt durch r

y wird in der Differentialgleichung ersetzt durch 1

2. Schritt: Berechnen der Lösungen r_1 und r_2.

3. Schritt: Bestimmen der allgemeinen Lösung nach den drei möglichen Fällen

---

Fall 1: r_1 und r_2 sind reell, $r_1 \neq r_2$

$$y = C_1 e^{r_1 x} + C_2 e^{r_2 x} \quad \text{mit} \quad r_{1,2} = -\frac{a_1}{2a_2} \pm \sqrt{\frac{a_1^2}{4a_2^2} - \frac{a_0}{a_2}}$$

Fall 2: r_1, und r_2 sind konjugiert komplex ($r_1 = a + ib$, $r_2 = a - ib$)

$$y = e^{ax}(C_1 \cos bx + C_2 \sin bx) \quad \text{mit} \quad a = -\frac{a_1}{2a_2} \quad b = \sqrt{\frac{a_0}{a_2} - \frac{a_1^2}{4a_2^2}}$$

Fall 3: r_1 und r_2 sind gleich;

$$y = C_1 e^{r_1 x} + C_2 x e^{r_1 x} \quad \text{mit} \quad r_1 = -\frac{a_1}{2a_2}$$

B. Homogene Differentialgleichung 1. Ordnung

Wir betrachten nun kurz die homogenen linearen Differentialgleichung 1. Ordnung mit konstanten Koeffizienten. Dies sind Gleichungen des Typs $a_1 y' + a_0 y = 0$.

Die charakteristische Gleichung $a_1 r + a_0 = 0$ hat genau eine Lösung:

$$r_1 = -\frac{a_0}{a_1}$$

Es gibt damit nur *eine* spezielle Lösung, nämlich

$$y = e^{r_1 x}$$

Die allgemeine Lösung enthält nur *eine* Integrationskonstante und lautet:

$$y(x) = C e^{r_1 x}$$

Solche Differentialgleichungen kommen bei Wachstums- und Zerfallsprozessen vor, bei denen die Wachstumsgeschwindigkeit bzw. die Zerfallsgeschwindigkeit dem jeweiligen Bestand proportional ist. Beispiele sind das Wachstum von Virenkulturen oder der radioaktive Zerfall.

Beispiel: Die Differentialgleichung $y' = 3y$ führt auf die charakteristische Gleichung

$$r - 3 = 0.$$

Die allgemeine Lösung der Differentialgleichung $y' = 3y$ ist somit

$$y(x) = C e^{3x}.$$

Im diesem Abschnitt haben wir gelernt, die allgemeine Lösung einer homogenen linearen Differentialgleichung 1. und 2. Ordnung mit konstanten Koeffizienten zu bestimmen. Dies ist mit Hilfe des Exponentialansatzes möglich und führt immer zum Ziel.

Jetzt wenden wir uns dem Problem zu, die allgemeine Lösung der *inhomogenen* linearen Differentialgleichung mit konstanten Koeffizienten zu bestimmen.

9.2.2   Allgemeine Lösung der inhomogenen linearen Differentialgleichung 2. Ordnung mit konstanten Koeffizienten

Die allgemeine Lösung der inhomogenen linearen Differentialgleichung ist die Summe aus der allgemeinen Lösung der homogenen Differentialgleichung und einer speziellen Lösung der inhomogenen Differentialgleichung.

Satz 9.3: Gegeben sei eine inhomogene Differentialgleichung 2. Ordnung.

$$a_2 y'' + a_1 y' + a_0 y = f(x)$$

Die *homogene* Differentialgleichung 2. Ordnung ist dann:

$$a_2 y'' + a_1 y' + a_0 y = 0$$

y_h sei eine allgemeine Lösung der homogenen Differentialgleichung.

y_{inh} sei eine spezielle Lösung der inhomogenen Differentialgleichung.

Die allgemeine Lösung der Differentialgleichung 2. Ordnung ist gegeben durch

$$y = y_h + y_{inh}$$

Beweis: Wir zeigen zuerst, daß $y = y_h + y_{inh}$ eine Lösung der folgenden Ausgangsgleichung ist.

$a_2 y'' + a_1 y' + a_0 y = f(x)$
Für die homogene Differentialgleichung gilt:

$$a_2 y_h'' + a_1 y_h' + a_0 y_h = 0 \qquad (1)$$

Für die inhomogene Differentialgleichung gilt:

$$a_2 y_{inh}'' + a_1 y_{inh}' + a_0 y_{inh} = f(x). \qquad (2)$$

Wir setzen $y = y_h + y_{inh}$ in die inhomogene Differentialgleichung ein:

$$a_2(y_h'' + y_{inh}'') + a_1(y_h' + y_{inh}') + a_0(y_h + y_{inh}) = f(x)$$

Umordnen gibt

$$(a_2 y_h'' + a_1 y_h' + a_0 y_h) + (a_2 y_{inh}'' + a_1 y_{inh}' + a_0 y_{inh}) = f(x)$$

Die erste Klammer ist gleich Null. Der Rest ist identisch mit Gleichung (2). Damit folgt, daß $y = y_h + y_{inh}$ eine Lösung der inhomogenen Differentialgleichung ist. Weiterhin war vorausgesetzt, daß y_h die allgemeine Lösung der homogenen Differentialgleichung ist. Dann enthält y_h nach Satz 9.1 zwei Integrationskonstanten, und damit hat auch $y = y_h + y_{inh}$ zwei Integrationskonstanten.

Nach Satz 9.3 kann die Bestimmung der allgemeinen Lösung der inhomogenen Differentialgleichung $a_2 y'' + a_1 y' + a_0 y = f(x)$ nach den drei folgenden Schritten erfolgen:

1. Schritt: Suchen der allgemeinen Lösung y_h der homogenen Differentialgleichung

2. Schritt: Suchen einer speziellen Lösung y_{inh} der inhomogenen Differentialgleichung

3. Schritt: Zusammensetzung beider Lösungen zur allgemeinen Lösung y der inhomogenen Differentialgleichung $y = y_h + y_{inh}$

Die Lösung der homogenen Differentialgleichung gewinnen wir durch den Exponentialansatz. Die Lösung der inhomogenen Differentialgleichung, die uns noch fehlt, können wir ebenfalls durch ein Verfahren gewinnen, das immer zum Ziel führt. Es ist das Verfahren der *Variation der Konstanten*. Dieses Verfahren wird in Abschnitt

9.3.2 beschrieben. Leider ist das Verfahren recht umständlich und aufwendig. Deshalb gehen Physiker und Techniker in der Regel einen anderen Weg: sie wenden Lösungsansätze an, die in bestimmten Fällen zum Erfolg führen. Dafür seien einige Beispiele gegeben. Wir gehen aus von der inhomogenen Differentialgleichung

$$a_2 y'' + a_1 y' + a_0 y = f(x)$$

Wir suchen die Lösung der inhomogenen Differentialgleichung für bestimmte Fälle der Funktion $f(x)$. Falls $f(x)$ eine Summe verschiedener Funktionen ist, muß eine Lösung für jede Funktion gefunden werden. Die allgemeine Lösung der inhomogenen Differentialgleichung ist dann die Summe der einzelnen Lösungen.

1. Fall: $f(x)$ ist eine *Konstante* $f(x) = C$

In diesem Fall ist $y_{inh} = \dfrac{C}{a_0}$

Weil $y'' = y' = 0$ läßt sich diese Lösung leicht verifizieren.

Beispiel:

$$y'' + y = 5 \qquad y_{inh} = 5$$

2. Fall: $f(x)$ ist ein *Polynom* der Form $f(x) = a + bx + cx^2$

In diesem Fall führt folgender Ansatz zum Ziel:

$$y = A + Bx + Cx^2$$

Der Lösungsansatz muß alle Potenzen bis zur höchsten Potenz im Polynom $f(x)$ enthalten, auch wenn einige niedrigere Potenzen in $f(x)$ nicht auftreten.

Beispiel:

$$y'' - 3y' + 2y = 3 - 2x^2$$

Die höchste Potenz in $f(x)$ ist die zweite. Daher setzen wir als Lösung an

$$
\begin{aligned}
y_{inh} &= A + Bx + Cx^2 \\
y_{inh}' &= B + 2Cx \\
y_{inh}'' &= 2C
\end{aligned}
$$

Eingesetzt in die Differentialgleichung erhalten wir:

$$2C - 3(B + 2Cx) + 2(A + Bx + Cx^2) = 3 - 2x^2$$

Jede Potenz muß für sich die Gleichung erfüllen. Daher erhalten wir durch Koeffizientenvergleich

$$
\begin{aligned}
2Cx^2 &= -2x^2 & C &= -1 \\
(-6C + 2B)x &= 0 & B &= -3 \\
(2C - 3B + 2A) &= 3 & A &= -2
\end{aligned}
$$

Die Lösung der inhomogenen Differentialgleichung ist also

$$y_{inh} = -2 - 3x - x^2$$

3. Fall: $f(x)$ ist eine *Exponentialfunktion*: $f(x) = A \cdot e^{\lambda x}$
Da die Ableitungen einer Exponentialfunktion wieder Exponentialfunktionen ergeben, setzen wir an

$$y_{inh} = C\, e^{\lambda x}$$

Die Ableitungen können direkt in die Differentialgleichung eingesetzt werden:

$$(a_2 \lambda^2 + a_1 \lambda + a_0) C \cdot e^{\lambda x} = A\, e^{\lambda x}$$

Daraus erhalten wir

$$C = \frac{A}{a_2 \lambda^2 + a_1 \lambda + a_0}$$

Hinweis: Das Verfahren ist nicht anwendbar, falls λ eine Lösung der charakteristischen Gleichung der homogenen Differentialgleichung ist. Dann verschwindet der Nenner. In diesem Fall setzen wir an

$$y_{inh} = Ax \cdot e^{\lambda x}$$

Beispiel 1: $y'' - 4y' + 3y = 5 \cdot e^{2x}$
Wir setzen an

$$
\begin{aligned}
y_{inh} &= C \cdot e^{2x} \\
y'_{inh} &= 2C e^{2x} \\
y''_{inh} &= 4C \cdot e^{2x}
\end{aligned}
$$

Eingesetzt in die Differentialgleichung erhalten wir

$$4C \cdot e^{2x} - 8Ce^{2x} + 3C \cdot e^{2x} = 5 \cdot e^{2x}$$
$$C = -5$$
$$y_{inh} = -5e^{2x}$$

Die Lösung der homogenen Differentialgleichung ist, wie man leicht selbst finden kann[2]

$$y = C_1 \cdot e^{3x} + C_2 \cdot e^x$$

Damit ist die allgemeine Lösung der inhomogenen Differentialgleichung

$$y = y_h + y_{inh} = C_1 e^{3x} + C_2 e^x - 5e^{2x}$$

Beispiel 2: $y'' - 4y' + 3y = 5 \cdot e^{3x}$

Die homogene Differentialgleichung ist unverändert. Aus dem ersten Beispiel wissen wir, daß 3 eine Lösung der charakteristischen Gleichung dieser homogenen Differentialgleichung ist. Man kann schnell selbst verifizieren, daß der Ansatz $y_{inh} = C \cdot e^{3x}$ nicht zum Erfolg führt. Daher setzen wir an, wie im Hinweis angegeben:

$$y_{inh} = C \cdot xe^{3x}$$
$$y'_{inh} = C \cdot e^{3x} + 3C \cdot x \cdot e^{3x}$$
$$y''_{inh} = 6C \cdot e^{3x} + 9C \cdot x \cdot e^{3x}$$

Eingesetzt in die Differentialgleichung erhalten wir

$$C \cdot e^{3x} [6 + 9x - 4 - 12x + 3x] = 5 \cdot e^{3x}$$
$$C \cdot 2 = 5$$
$$C = \frac{5}{2}$$

$$y_{inh} = \frac{5}{2} x \cdot e^{3x}$$

Die allgemeine Lösung der inhomogenen Differentialgleichung ist also

$$y = y_{inh} + y_h = C_1 \cdot e^{3x} + C_2 \cdot e^x + \frac{5}{2} x \cdot e^{3x}$$

4. Fall: $f(x)$ ist eine *Trigonometrische Funktion*. $f(x) = C_1 \sin ax + C_2 \cos ax$. In diesem Fall setzen wir als Lösung an

$$y_{inh} = A \sin ax + B \cos ax$$

---

[2]Die charakteristische Gleichung ist $r^2 + 4r + 3 = 0$
$r_1 = 3$ $r_2 = 1$

Ein gleichwertiger Ansatz ist

$$y_{inh} = C \cos(ax + b)$$

Als Anwendungsbeispiel wird dieser Fall, es ist der getriebene harmonische Oszillator, in Abschnitt 9.5.2 durchgerechnet.

5. Fall: *Seperation der Variablen*

Diese Methode ist anwendbar für Differentialgleichungen der Form

$$a_n y^{(n)} = f(x)$$

Hier stehen auf beiden Seiten integrierbare Terme. Die Variablen sind separiert und wir können beide Seiten für sich integrieren. Das sei demonstriert für den Fall $a_2 y'' = f(x)$

$$y' = \int y'' dx = \int f(x)\, dx = g(x) + C_1$$

$$y = \int y' dx = \int (g(x) + C_1)\, dx$$

Beispiel: $y'' = A$

     1. Integration: $y' = \int A dx = Ax + c_1$

     2. Integration: $y = \int (Ax + C_1)\, dx$

           $= \frac{A}{2} x^2 + C_1 x + C_2$

9.3 Variation der Konstanten

9.3.1 Variation der Konstanten für den Fall einer Doppelwurzel

In Abschnitt 9.2.1 hatten wir den Fall erwähnt, daß die charakteristische Gleichung eine Doppelwurzel hat. In diesem Fall mußten wir eine zweite Lösung suchen.

Die homogene lineare Differentialgleichung war: $a_2 y'' + a_1 y' + a_0 y = 0$. Die charakteristische Gleichung $a_2 r^2 + a_1 r + a_0 = 0$ hatte die Doppelwurzel

$$r_1 = r_2 = -\frac{a_1}{2a_2} = r$$

Die zugehörige Lösung war mit C als Konstante

$$y_1 = C\, e^{r \cdot x}$$

Eine zu y_1 verschiedene Lösung y_2 suchen wir jetzt mit einem Ansatz, bei dem wir die Integrationskonstante durch eine Funktion ersetzen.

$$y_2 = g(x)e^{r_1 x}$$

$g(x)$ sei eine Funktion von x, die so zu bestimmen ist, daß y_2 eine Lösung der Differentialgleichung ist. Wir differenzieren y_2 zweimal.

$$y_2' = g'e^{rx} + gr\, e^{rx}$$

$$y_2'' = g''e^{rx} + 2r\, g'e^{rx} + r^2 g e^{rx}$$

Einsetzen von y_2'', y_2', y_2 in die Differentialgleichung und Ausklammern von e^{rx}:

$$e^{rx}\left[a_2 g'' + (2a_2 r + a_1)g' + \underbrace{(a_2 r^2 + a_1 r + a_0)}_{=0}g\right] = 0$$

e^{rx} ist ungleich Null, wir können also die Gleichung durch e^{rx} dividieren. r ist Wurzel der charakteristischen Gleichung, und damit ist der Koeffizient von g gleich Null.

Auch der Koeffizient von g' verschwindet, denn es ist $r = -\frac{a_1}{2a_2}$. Damit bleibt übrig $a_2 g'' = 0$ oder $g'' = 0$. Diese Differentialgleichung besitzt die beiden Lösungen:

(1) $g(x) = C_1$ (C_1 beliebige Integrationskonstante)
(2) $g(x) = xC_2$ (C_2 beliebige Integrationskonstante)

Die Lösung (1) liefert das bereits durch den Exponentialansatz bekannte Ergebnis $y_1 = C_1 e^{rx}$.
Die Lösung (2) liefert $y_2 = C_2 x e^{rx}$.

Die zweite Lösung der homogenen Differentialgleichung ist damit

$$y_2 = xe^{r_1 x}$$

Die allgemeine Lösung im Falle einer Doppelwurzel $r_1 = r_2 = -\frac{a_1}{2a_2} = r$ lautet somit:

$$y = C_1 e^{rx} + C_2 x e^{rx} = e^{rx}(C_1 + C_2 x)$$

Der Ansatz, eine Integrationskonstante durch eine zunächst unbestimmte Funktion zu ersetzen und diese Funktion zu bestimmen, hat in diesem Fall zum Erfolg geführt.

9.3.2   Bestimmung einer speziellen Lösung der inhomogenen Differential-gleichung

Wir betrachten die inhomogene lineare Differentialgleichung 2. Ordnung mit konstanten Koeffizienten

$$a_2 y'' + a_1 y' + a_0 y = f(x)$$

Die zwei unabhängigen Lösungen der zugehörigen homogenen Differentialgleichung seien y_1 und y_2.

Als spezielle Lösung der inhomogenen Differentialgleichung setzen wir die folgende Funktion an:

$$u(x) = v_1(x) \cdot y_1 + v_2(x) \cdot y_2$$

Diese Funktion enthält zwei unbestimmte Funktionen v_1 und v_2.

Dann bestimmen wir die Funktionen v_1 und v_2 derart, daß u die inhomogene Differentialgleichung erfüllt.

Zur Berechnung der beiden unbekannten Funktionen v_1 und v_2 benötigen wir zwei Gleichungen. Eine Gleichung ist durch die Forderung gegeben, daß $u(x)$ die inhomogene Differentialgleichung erfüllt. Da wir nicht die allgemeine Lösung der inhomogenen Differentialgleichung suchen, sondern nur eine spezielle, können wir die zweite Gleichung beliebig wählen; sie darf nur der ersten nicht widersprechen. Zur Vereinfachung der folgenden Rechnung wählen wir als zweite Gleichung

$$v_1' y_1 + v_2' y_2 = 0 \qquad\qquad (*)$$

Wir differenzieren u zweimal:

$$
\begin{aligned}
u' &= v_1' y_1 + v_1 y_1' + v_2' y_2 + v_2 y_2' \\
&= v_1 y_1' + v_2 y_2' \qquad \text{Nebenbedingung } (*) \text{ beachten!} \\
u'' &= v_1 y_1'' + v_2 y_2'' + v_1' y_1' + v_2' y_2'
\end{aligned}
$$

Wir setzen u'', u' und u in die inhomogene Differentialgleichung ein und erhalten nach Umordnung

$$v_1 \left[a_2 y_1'' + a_1 y_1' + a_0 y_1 \right] + v_2 \left[a_2 y_2'' + a_1 y_2' + a_0 y_2 \right] + a_2 (v_1' y_1' + v_2' y_2') = f(x)$$

Da y_1 und y_2 Lösungen der homogenen Differentialgleichung $a_2 y'' + a_1 y' + a_0 y = 0$ sind, verschwinden die Klammern und es bleibt die Gleichung

$$(v_1' y_1' + v_2' y_2') = \frac{f(x)}{a_2}$$

Zusammen mit der Nebenbedingung $v_1{'}y_1 + v_2{'}y_2 = 0$ erhalten wir das Gleichungssystem

$$v_1{'}y_1{'} + v_2{'}y_2{'} = \frac{f(x)}{a_2} \qquad v_1{'}y_1 + v_2{'}y_2 = 0$$

Aus diesem Gleichungssystem können wir $v{'}$ und v_2 als Funktionen von x berechnen (y_1 und y_2 und damit $y_1{'}$ und $y_2{'}$ sind bekannte Funktionen von x.)

Haben wir $v_1{'}$ und $v_2{'}$ als Funktionen von x bestimmt, können wir durch einfache Integration v_1 und v_2 berechnen. Damit ist

$$u = v_1 y_1 + v_2 y_2$$

als spezielle Lösung der inhomogenen Differentialgleichung bestimmt. Der Leser wird sicher bei der Ableitung gemerkt haben, daß dieser Weg recht aufwendig ist. Daher ist es ratsam, zuerst zu prüfen, ob einer der in Abschnitt 9.2.2 behandelten Sonderfälle vorliegt.

9.4 Randwertprobleme

9.4.1 Randwertprobleme bei Differentialgleichungen 1. Ordnung

Wir betrachten die Differentialgleichung $a_1 y{'} + a_0 y = 0$

Die charakteristische Gleichung $a_1 r + a_0 = 0$ hat die Lösung

$$r = -\frac{a_0}{a_1}$$

Die allgemeine Lösung dieser Differentialgleichung ist $y = C e^{rx}$. Da C alle beliebigen Zahlenwerte annehmen kann, gibt es unendlich viele Lösungsfunktionen.

Bei den Anwendungen kommt es häufig vor, daß man einen bestimmten Punkt der Lösungsfunktion oder ihre Steigung in einem bestimmten Punkt kennt. Oder man sucht eine Lösung, die eine bestimmte Eigenschaft erfüllt. Z.B. Der Körper soll zur Zeit $t = 0$ im Punkt P sein, oder der Körper soll beim Durchlaufen des Koordinatenursprungs die Geschwindigkeit v_0 haben.

Durch Vorgabe solcher Bedingungen, *Randbedingungen* oder auch *Anfangsbedingungen* genannt, wird die beliebige Konstante C eindeutig festgelegt. Aus der allgemeinen Lösung wird eine spezielle, die eine bestimmte vorgegebene Bedingung erfüllt.

Nach Satz 9.2 enthält die Lösung einer Differentialgleichung 1. Ordnung genau eine unbestimmte Konstante. Durch *eine* Randbedingung ist diese Konstante festgelegt.

Beispiel: Bestimme eine Lösung der Differentialgleichung $y'+3y=0$, die durch folgenden Punkt geht:

$x = 0$

$y = 2$

Allgemeine Lösung der Differentialgleichung $y' + 3y = 0$:

$y = Ce^{-3x}$

Randbedingung: $y = 2 = Ce^0 = C$

Also: $C = 2$

Lösung, die die Randbedingung $y(0) = 2$ erfüllt: $y = 2e^{-3x}$

9.4.2 Randwertprobleme bei Differentialgleichungen 2. Ordnung

Die allgemeine Differentialgleichung 2. Ordnung enthält genau zwei beliebige Integrationskonstanten. Wir benötigen demnach zwei Bedingungen, um diesen Konstanten feste Werte zuzuordnen. Bestimmen wir die Werte der Integrationskonstanten durch zwei Bedingungen, dann geht die allgemeine Lösung über in eine spezielle Lösung, die die geforderten Nebenbedingungen erfüllt. Die Randbedingungen können in der Form gestellt werden, daß die Lösungsfunktion $y(x)$ durch zwei Punkte in der x-y-Ebene geht.

$y(x_1) = C_1 \qquad C_1, C_2$ bestimmte Zahlen

$y(x_2) = C_2$

Die Randbedingungen können auch festlegen, daß die Lösungsfunktion $y(x)$ durch einen Punkt geht und in einem anderen Punkt eine bestimmte Steigung hat.

$y(x_1) = C_1 \qquad C_1, C_2$ bestimmte Zahlen

$y'(x_2) = C_2$

Beispiel: Freier Fall
Ein Stein wird senkrecht in einen Brunnenschacht geworfen. Die Höhe des Steines beträgt beim Abwurf h_0. Seine Anfangsgeschwindigkeit sei v_0. Wir legen eine Koordinatenachse in die Fallinie des Steines mit dem Nullpunkt in Höhe der Brunnenkante. Dem Abwurf ordnen wir den Zeitpunkt $t_0 = 0$ zu.

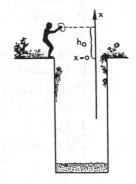

Die Newton'sche Bewegungsgleichung lautet:

$$m\ddot{x}(t) = -mg \quad \text{oder} \quad \ddot{x}(t) = -g$$

Prinzipiell können wir diese Differentialgleichung nach der in Abschnitt 9.2.1 beschriebenen Methode lösen, indem wir eine spezielle Lösung der inhomogenen Differentialgleichung und die allgemeine Lösung der homogenen Differentialgleichung suchen und dabei den Exponentialansatz verwenden.

Differentialgleichungen vom Typ $y'' = f(x)$ löst man allerdings einfacher durch *Separation der Variablen* und zweimaliges Integrieren, wie es bereits gezeigt wurde.

$$\ddot{x} = -g$$

1. Integration: $\dot{x} = -g\,t + C_1$

2. Integration: $x(t) = -\frac{g}{2}t^2 + C_1 t + C_2$

Die Randbedingungen sind:

$$x(0) = h_0 \qquad \dot{x}(0) = v_0$$

Die erste Randbedingung setzen wir in die Lösung ein:

$$x(0) = h_0 = -\frac{g \cdot 0^2}{2} + C_1 \cdot 0 + C_2 \quad \text{also} \quad C_2 = h_0$$

Die zweite Randbedingung setzen wir ein in die Lösung für $\dot{x}$:

$$\dot{x}(0) = v_0 = -g \cdot 0 + C_1 \quad \text{also} \quad v_0 = C_1$$

Damit erhalten wir als Lösung mit den angegebenen Randbedingungen

$$x(t) = -\frac{g}{2}t^2 + v_0 t + h_0$$

Hier sei noch bemerkt, daß nicht jedes Paar von Randbedingungen von der Lösungsfunktion erfüllbar ist.

Beispiel: Die allgemeine Lösung der Differentialgleichung $y'' + y = 0$ ist

$y = C_1 \sin x + C_2 \cos x$

Die Funktion y soll durch die Punkte $y(0) = 0$ und $y(\pi) = 1$ hindurchgehen.

Erste Bedingung: $y(0) = 0$:
$0 = C_1 \sin 0 + C_2 \cos 0$

Daraus folgt: $C_2 = 0$

Zweite Bedingung: $y(\pi) = 1$:
$1 \neq C_1 \sin \pi = 0$

Die zweite Bedingung ist nicht mehr erfüllbar, nachdem wir C_2 so bestimmt haben, daß die erste Bedingung erfüllt ist.
Es gibt hier also *keine* Lösung.

9.5 Anwendungen

9.5.1 Der radioaktive Zerfall

$N(t)$ gebe die Zahl der zur Zeit t vorhandenen radioaktiven Atome an. Man macht nun die Annahme, daß die pro Zeiteinheit zerfallenden Atome proportional zu der Anzahl der noch nicht zerfallenen Atome ist.

$$\frac{dN(t)}{dt} \sim N(t)$$

Führen wir einen Proportionalitätsfaktor λ ein und schreiben ein Minuszeichen, weil $N(t)$ eine abnehmende Funktion ist und deshalb $\frac{dN}{dt} < 0$ ist, dann lautet die Differentialgleichung für den radioaktiven Zerfall

$$\frac{dN(t)}{dt} = -\lambda N(t) \quad (\lambda > 0) \quad \text{oder} \quad N'(t) + \lambda N(t) = 0$$

Dies ist eine homogene lineare Differentialgleichung 1. Ordnung mit konstanten Koeffizienten. Der Exponentialansatz führt hier zum Ziel.[3]

Ansatz: $N(t) = Ce^{rt}$

Charakteristische Gleichung:

$r + \lambda = 0$

Lösung der charakteristischen Gleichung:

$r = -\lambda$

Allgemeine Lösung der Differentialgleichung:

$N(t) = Ce^{-\lambda t}$

Die Konstante C kann durch Angabe eines Anfangswertes bestimmt werden. Sei z.B. N_0 die Anzahl der radioaktiven Atome zur Zeit $t = 0$. Dann gilt:

$$N(t = 0) = N_0 \quad \text{oder auch} \quad N(t = 0) = Ce^{-\lambda \cdot 0} = C = N_0$$

Die Integrationskonstante hat in unserem Beispiel also die Bedeutung der Anzahl radioaktiver Atome zur Zeit $t = 0$.

9.5.2 Der harmonische ungedämpfte Oszillator

Der freie, ungedämpfte harmonische Oszillator
Eine Masse m hänge an einer Feder. Die Feder werde um eine Strecke x gedehnt. Dann wirkt eine Kraft F, die die Masse zurück zur Ruhelage treibt.

---

[3] Wir wenden hier das in 9.2.1 entwickelte Verfahren an.

Bei kleinen Auslenkungen gilt für die rücktreibende Kraft das Hookesche Gesetz:

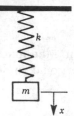

$$F = -Dx, \qquad D > 0$$

D wird als Federkonstante bezeichnet.

Die Newton'sche Bewegungsgleichung lautet dann

$$m\ddot{x} = -Dx$$

oder

$$\ddot{x} = -\omega_0^2 x \qquad \text{mit} \quad \omega_0^2 = \frac{D}{m}$$

Dies ist eine homogene lineare Differentialgleichung. Wir lösen sie mit dem Exponentialansatz: $x = Ce^{rt}$

Charakteristische Gleichung: $r^2 + \omega_0^2 = 0$

Lösungen der charakteristischen Gleichung:

$$r_1 = i\omega_0 \qquad r_2 = -i\omega_0$$

Das ergibt die komplexe Lösungsfunktion

$$x = Ae^{i\omega_0 t} + Be^{-i\omega_0 t}$$

Daraus können wir, wie in Abschnitt 9.2 gezeigt, eine allgemeine reellwertige Lösung gewinnen:

$$x = C_1 \cos \omega_0 t + C_2 \sin \omega_0 t$$

ω_0 wird Eigenfrequenz des Oszillators genannt. Diese Lösung kann nun an beliebige Anfangswerte (Randbedingungen) angepaßt werden.

Beispiel: Gegeben seien die Anfangswerte einer Schwingung.

$x(0) = 0$ (Ort zur Zeit $t = 0$)

$\dot{x}(0) = v_0$ (Geschwindigkeit zur Zeit $t = 0$)

Gesucht: C_1 und C_2 und damit die spezielle Lösung.

1. Bedingung: $x(0) = 0 = C_1 \cos 0 + C_2 \sin 0 = C_1$ also $C_1 = 0$

2. Bedingung: $\dot{x}(0) = v_0 = -C_1 \omega_0 \sin 0 + C_2 \omega_0 \cos 0 = C_2 \omega_0$

Also: $C_2 = \frac{v_0}{\omega_0}$

Die gesuchte spezielle Lösung ist:

$x(t) = \frac{v_0}{\omega_0} \sin \omega_0 t$

Die allgemeine Lösung ist eine Superposition zweier trigonometrischer Funktionen mit gleicher Frequenz. Wir können diese Lösung nach Kapitel 3 umformen und in die folgende Form bringen:

$$x(t) = C \cdot \cos(\omega_0 t + \alpha)$$

Die Konstanten C_1, C_2, C und α sind hierbei verknüpft durch:

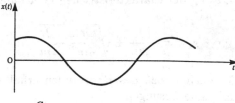

$$C_1 \quad = \quad C\cos\alpha$$

$$C_2 \quad = \quad -C\sin\alpha$$

$$C \quad = \quad \sqrt{C_1^2 + C_2^2}$$

$$\sin\alpha \quad = \quad \frac{-C_2}{\sqrt{C_1^2+C_2^2}} \qquad \alpha = \arcsin\frac{-C_2}{\sqrt{C_1^2+C_2^2}}$$

$$\cos\alpha \quad = \quad \frac{C_1}{\sqrt{C_1^2+C_2^2}} \qquad \alpha = \arccos\frac{C_1}{\sqrt{C_1^2+C_2^2}}$$

Auch die folgende Lösungsform kann an beliebige Anfangswerte (Randbedingungen) angepaßt werden.

$$x\,(t) = C \cdot \cos(\omega_0 t + \alpha)$$

Jetzt müssen aus den Anfangswerten C und α bestimmt werden.

Beispiel: Gegeben sei wie im letzten Beispiel

$$x\,(0) = 0$$
$$\dot{x}\,(0) = v_0$$

1. Bedingung: $x\,(0) = 0 = C \cdot \cos(+\alpha)$ Das gibt: $\alpha = \frac{\pi}{2}$

2. Bedingung: $\dot{x}\,(0) = v_0 = C \cdot \omega_0 \sin\left(\alpha = \frac{\pi}{2}\right) = C \cdot \omega_0$

Das gibt: $C = \frac{v_0}{\omega}$

Lösung: $x\,(t) = \frac{v_0}{\omega_0} \cdot \cos\left(\omega t + \frac{\pi}{2}\right) = \frac{v_0}{\omega_0} \cdot \sin(\omega t)$

Dies ist identisch mit der Lösung im letzten Beispiel.

Der gedämpfte harmonische Oszillator

Der zuerst betrachtete harmonische Oszillator ist ein Idealfall. In der Natur treten stets Reibungskräfte auf, die die Bewegung hemmen. Von der Erfahrung ausgehend macht man den Ansatz, daß die Luftreibung F_R proportional der Geschwindigkeit $\dot{x}$ ist:

$$F_R = -R\dot{x} \qquad R \text{ wird als Reibungskonstante bezeichnet.}$$

Die Newton'sche Bewegungsgleichung lautet jetzt:

$$m\ddot{x} = -R\dot{x} - Dx$$

Ansatz: $x\,(t) = e^{rt}$

Die charakteristische Gleichung dieser Differentialgleichung ist:

$$mr^2 + Rr + D = 0$$

Lösung der charakteristischen Gleichung:

$$r_{1,2} = -\frac{R}{2m} \pm \sqrt{\frac{R^2}{4m^2} - \frac{D}{m}}$$

Je nach Größe des Radikanden erhalten wir analog den Formeln (9-1) bis (9-3) folgende Lösungen:

1. Fall $\quad \frac{R^2}{4m^2} > \frac{D}{m}$, d.h. r_1 und r_2 sind reell.

Die allgemeine Lösung ist:

$$x\,(t) = e^{-\frac{R}{2m}t}\left[C_1 e^{\sqrt{\frac{R^2}{4m^2} - \frac{D}{m}}\,t} + C_2 e^{-\sqrt{\frac{R^2}{4m^2} - \frac{D}{m}}\,t}\right]$$

Das ist eine exponentiell abfallende Kurve. In der Klammer steht nämlich eine steigende und eine fallende Funktion. Die steigende wächst jedoch langsamer als der vor der Klammer stehende Term fällt, da nach Voraussetzung

$$\frac{R}{2m} > \sqrt{\frac{R^2}{4m^2} - \frac{D}{m}}$$

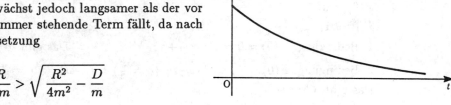

2. Fall $\quad \frac{R^2}{4m^2} < \frac{D}{m}$, r_1 und r_2 sind konjugiert komplex.

Allgemeine Lösung[4]:

$$\begin{aligned}
x\,(t) &= e^{-\frac{R}{2m}t}\left[c_1 \cos\sqrt{\frac{D}{m} - \frac{R^2}{4m^2}} \cdot t + c_2 \sin\sqrt{\frac{D}{m} - \frac{R^2}{4m^2}} \cdot t\right] \\
&= e^{-\frac{R}{2m}t}C\cos\left(\sqrt{\frac{D}{m} - \frac{R^2}{4m^2}} \cdot t - \alpha\right)
\end{aligned}$$

---

[4]Bei der letzten Umformung wurde die Beziehung $C\cos(x - \alpha) = C\cos x \cos\alpha + C\sin x \sin\alpha = C_1 \cos x + C_2 \sin x$ benutzt, wobei gilt: $C_1 = C\cos\alpha$ und $C_2 = C\sin\alpha$.

Diese Funktion stellt eine Schwingung dar, deren Amplitude exponentiell abfällt.

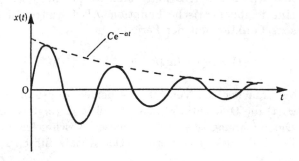

3. Fall $\frac{R^2}{4m^2} = \frac{D}{m}$, r_1 und r_2 sind gleich $r_1 = r_2 = -\frac{R}{2m}$

Allgemeine Lösung:

$$x\,(t) = (C_1 + C_2 t)e^{-\frac{R}{2m}t}$$

Dies ist eine Kurve, die wegen des exponentiell abfallenden Faktors für große t praktisch exponentiell abfällt. Dieser Fall wird in der Physik *aperiodischer Grenzfall* genannt.

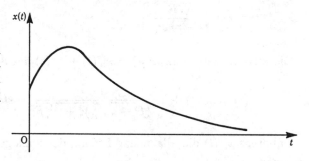

Der getriebene harmonische Oszillator
Auf einen gedämpften harmonischen Oszillator wirke eine periodische äußere Kraft. Wir betrachten hier den Fall einer Kraft, die durch eine Kosinusfunktion dargestellt werden kann.

$$F_A = F_0 \cos(\omega_A t)$$

Die Newton'sche Bewegungsgleichung lautet:

$$m\ddot{x} + R\dot{x} + D\,x = F_0 \cos(\omega_A t)$$

Nach Satz 9.3 ist die allgemeine Lösung dieser inhomogenen linearen Differentialgleichung gleich der Summe der allgemeinen Lösung der zugehörigen homogenen Differentialgleichung und einer speziellen Lösung der inhomogenen Differentialgleichung. Die allgemeine Lösung y_h der homogenen Differentialgleichung haben wir im vorangegangenen Abschnitt bestimmt.

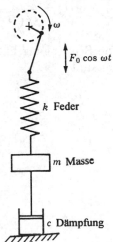

Um die spezielle Lösung der inhomogenen Differentialgleichung zu bestimmen, gehen wir den in Abschnitt 9.2.2 vorgeschlagenen Weg. Das inhomogene Glied ist eine trigonometrische Funktion. Als Lösungsansatz wählen wir eine trigonometrische Funktion mit der Periode ω_A.

$$x_s(t) = x_0 \cos(\omega_A t - \alpha)$$

Wir machen den Versuch, die beiden Konstanten x_0 und α so zu bestimmen, daß $x_s(t)$ die Differentialgleichung erfüllt. Gelingt es uns, haben wir das Problem gelöst. Die Rechnung ist am Ende dieses Abschnittes ausgeführt. Hier soll zunächst das Ergebnis diskutiert werden. Der Ansatz führt zu Bestimmungsgleichungen für x_0 und α:

$$x_0 = \frac{F_0}{\sqrt{(D - m\omega_A^2)^2 + \omega_A^2 R^2}}$$

$$\tan \alpha = \frac{\omega_A R}{D - m\omega_A^2}$$

Die allgemeine Lösung $x(t) = x_h(t) + x_s(t)$ hat damit die Gestalt:

$$x(t) = x_h(t) + \frac{F_0}{\sqrt{(D - m\omega_A^2)^2 + \omega_A^2 R^2}} \cos(\omega_A t - \alpha)$$

Dabei ist $x_h(t)$ die allgemeine Lösung der homogenen Differentialgleichung.

$x_h(t)$ ist für $D > 0$ eine exponentiell abklingende Funktion, die nach genügend langer Zeit praktisch verschwindet. Die Masse schwingt dann nur noch nach der folgenden Funktion

$$x(t) = \frac{F_0}{\sqrt{(D - m\omega_A^2)^2 + \omega_A^2 R^2}} \cos(\omega_A t - \alpha)$$

Die Schwingung hat die Frequenz ω_A. Diese Schwingung wird *stationäre Lösung* genannt.

In der folgenden Abbildung sind die Funktionen $x_h(t)$, $x_s(t)$ und $x_h(t) + x_s(t)$ skizziert. Das Entstehen der stationären Lösung aus $x_h(t) + x_s(t)$ nach genügend langer Zeit ist deutlich zu sehen.

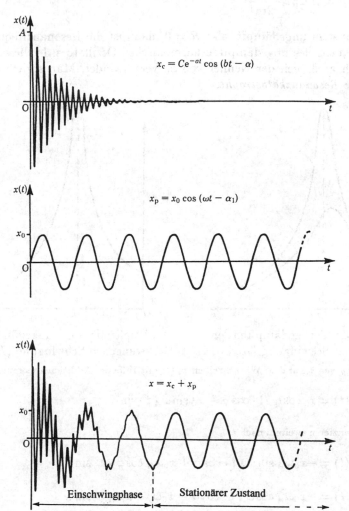

Wir wollen noch einige Bemerkungen über die Amplitude x_0 machen.

Die Amplitude x_0 hängt von der Kreisfrequenz ω_A der auf die Masse wirkenden äußeren Kraft ab. Durch Verändern von ω_A können wir den Maximalwert von x_0 einstellen. Diejenige Frequenz ω_A, bei der x_0 maximal wird, nennen wir *Resonanzfrequenz*. Wir können sie berechnen aus der Bedingung

$$\frac{dx_0}{d\omega_A} = 0 \quad \text{(Das ist eine Extremwertaufgabe)}.$$

Die Rechnung liefert

$$\omega_{AR} = \sqrt{\omega_0^2 - \frac{R^2}{2m^2}}$$

Ist das System ungedämpft, also $R = 0$, dann ist die Resonanzfrequenz gleich der Eigenfrequenz des ungedämpften harmonischen Oszillators. In diesem Fall wird x_0 unendlich groß, weil der Nenner von x_0 verschwindet. Man spricht in diesem Fall von einer *Resonanzkatastrophe*.

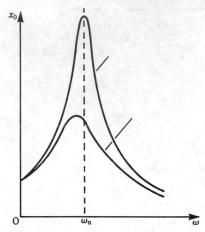

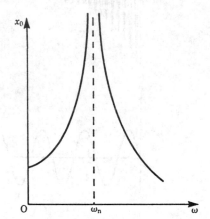

Amplitude der gedämpften er-   Amplitude der ungedämpften er-
zwungenen Schwingung ($R \neq 0$)   zwungenen Schwingung ($R = 0$)

Berechnung von x_0 und α: Wir schreiben $x_s(t)$ mit Hilfe der Additionstheoreme in der Form

$$x_s(t) = x_0 \cos \omega_A t \cdot \cos \alpha + x_0 \sin \omega_A t \cdot \sin \alpha$$

Wir differenzieren zweimal nach t:

$$\dot{x}_s(t) = -x_0 \omega_A \sin \omega_A t \cdot \cos \alpha + x_0 \omega_A \cos \omega_A t \cdot \sin \alpha$$

$$\ddot{x}_s(t) = -x_0 \omega_A^2 \cos \omega_A t \cdot \cos \alpha - x_0 \omega_A^2 \sin \omega_A t \cdot \sin \alpha$$

Wir setzen $\dot{x}_s$ und $\ddot{x}_s$ ein in die Differentialgleichung $m\ddot{x} + R\dot{x} + Dx = F_0 \cos \omega_A t$ und ordnen die Terme nach Faktoren von $\cos \omega_A t$ und $\sin \omega_A t$ um:

$$(-mx_0 \omega_A^2 \cos \alpha + Rx_0 \omega_A \sin \alpha + Dx_0 \cos \alpha - F_0) \cos \omega_A t$$

$$+ (-mx_0 \omega_A^2 \sin \alpha - Rx_0 \omega_A \cos \alpha + Dx_0 \sin \alpha) \sin \omega_A t = 0$$

Diese Gleichung ist für jeden Zeitpunkt nur dann gleich Null, wenn die beiden Klammern verschwinden. Wir haben damit die beiden Gleichungen für x_0 und α:

$$R\omega_A x_0 \sin\alpha + (D - m\omega_A^2)x_0 \cos\alpha = F_0$$

$$(D - m\omega_A^2)\, x_0 \sin\alpha - R\omega_A x_0 \cos\alpha = 0$$

Lösen wir die zweite Gleichung nach $x_0 \cos\alpha$ auf und setzen sie in die erste Gleichung ein, erhalten wir für $x_0 \sin\alpha$:

$$x_0 \sin\alpha = \frac{\omega_A R F_0}{(D - m\omega_A^2)^2 + \omega_A^2 R^2}$$

Entsprechend lösen wir nach $x_0 \cos\alpha$ auf:

$$x_0 \cos\alpha = \frac{F_0(D - m\omega_A^2)}{(D - m\omega_A^2)^2 + \omega_A^2 R^2}$$

Dividieren wir beide Gleichungen durcheinander, erhalten wir

$$\frac{x_0 \sin\alpha}{x_0 \cos\alpha} = \tan\alpha = \frac{\omega_A R}{D - m\omega_A^2}$$

Quadrieren wir die Gleichungen und addieren sie, können wir x_0^2 berechnen:

$$x_0^2 \sin^2\alpha + x_0^2 \cos^2\alpha = x_0^2$$

$$x_0^2 = \frac{F_0^2\left[\omega_A^2 r^2 + (D - m\omega_A^2)^2\right]}{\left[(D - m\omega_A^2)^2 + \omega_A^2 R^2\right]^2} = \frac{F_0^2}{(D - m\omega_A^2)^2 + \omega_A^2 R^2}$$

Damit ist die Amplitude x_0

$$x_0 = \frac{F_0}{\sqrt{(D - m\omega_A^2)^2 + \omega_A^2 R^2}}$$

9.6 Übungsaufgaben

9.1 A Welche der folgenden Differentialgleichungen gehören zur Klasse der
        linearen Differentialgleichung 1. oder 2. Ordnung mit konstanten
        Koeffizienten?

   a) $y' + x^2 y = 2x$ b) $5y'' - 2y' - 4x = 3y$

   c) $y^{(4)} + 2y'' + 3y' = 0$ d) $\sin x \cdot y'' - y = 0$

   e) $y'' - x^5 = 2$ f) $2y'' - y' + \frac{3}{2}y = 0$

   B Bestimmen Sie Typ (homogen – inhomogen) und Ordnung der
      folgenden Differentialgleichung.

   a) $y'' + ax = 0$ b) $\frac{5}{4}y'' + \frac{2}{3}y' = \frac{1}{2}y$

   c) $2y' = 3y$ d) $\frac{3}{10}y'' + \frac{2}{5}y' + \frac{1}{6}y - \sin x = 0$

9.2 A Lösen Sie die Differentialgleichungen mit Hilfe des Exponentialan-
        satzes. Geben Sie stets die allgemeine Lösung an. Bei komplexen
        Lösungen auch die reellwertige Lösung an.

   a) $2y'' - 12y' + 10y = 0$ b) $4y'' - 12y' + 9y = 0$

   c) $y'' + 2y' + 5y = 0$ d) $y'' - \frac{1}{2}y' + \frac{5}{8}y = 0$

   e) $\frac{1}{4}y'' + \frac{1}{2}y' - 2y = 0$ f) $5y'' - 2y' + y = 0$

   B Geben Sie die allgemeine Lösung der Differentialgleichungen
      1. Ordnung an:

   a) $2y' + 8y = 0$ b) $\frac{1}{5}y' = 6y$ c) $3y' = 6y$

   C Lösen Sie folgende Differentialgleichungen.

   a) $s''(t) = 2t$ b) $\ddot{x}(t) = -\omega^2 \cos \omega t$

   D Suchen Sie die speziellen Lösungen der inhomogenen Differential-
      gleichungen.

   a) $y'' + y' + y = 2x + 3$ b) $y'' + 4y' + 2y = 2x + 3$

   E Geben Sie die allgemeine Lösung der inhomogenen Differential-
      gleichungen an.

   a) $7y'' - 4y' - 3y = 6$ b) $y'' - 10y' + 9y = 9x$

9.3 Eine spezielle Lösung $u(x)$ der gegebenen inhomogenen Differentialgleichung sei bekannt. Überprüfen Sie, daß $u(x)$ eine Lösung der Differentialgleichung ist und geben Sie die allgemeine Lösung der Differentialgleichung an.
$$\tfrac{1}{2}y'' - 3y' + \tfrac{5}{2}y = \tfrac{3}{4}x^2 - 1; \qquad u(x) = \tfrac{3}{10}x^2 + \tfrac{18}{25}x + \tfrac{43}{125}$$

9.4 A Geben Sie die Lösung der folgenden Differentialgleichungen an:

a) $\tfrac{1}{2}y' + 2y = 0;$ \qquad Randbedingung: $y(0) = 3$

b) $\tfrac{4}{7}y' - \tfrac{6}{5}y = 0;$ \qquad Randbedingung: $y(10) = 1$

B Die Differentialgleichung $\tfrac{1}{3}y' - \tfrac{2}{3}y' = 0$ hat die allgemeine Lösung $y(x) = Ce^{2x}$. Bestimmen Sie die Konstante C für die folgenden Randbedingungen:

a) $y(0) = 0$ \qquad b) $y(0) = -2$

c) $y(-1) = 1$ \qquad d) $y'(-1) = 2e^{-2}$

C Geben Sie die Lösung der Differentialgleichung $y'' + 4y = 0$ für die folgenden Randbedingungen an:

a) $y(0) = 0$ \qquad\qquad b) $y\left(\tfrac{\pi}{2}\right) = -1$

$y\left(\tfrac{\pi}{4}\right) = -1$ \qquad\qquad $y'\left(\tfrac{\pi}{2}\right) = -1$

c) $y(0) = 0$ \qquad\qquad d) $y\left(\tfrac{\pi}{4}\right) = a$

$y'(0) = 1$ \qquad\qquad $y''(0) = b$

D Berechnen Sie die Lösung der Differentialgleichung:
$$y'' + y = 2y'$$

Randbedingung: \qquad $y(0) = 1$ \qquad $y(1) = 0$

Lösungen

9.1 A Lineare Differentialgleichung. 1. oder 2. Ordnung mit konstanten Koeffizienten sind: b), \qquad e), \qquad f)

B a) : inhomogen 2. Ordnung \quad b) : \qquad homogen 2. Ordnung

c) : \qquad homogen 1. Ordnung \quad d) : \qquad inhomogen 2. Ordnung

9.2 A a) $y = C_1 e^{5x} + C_2 e^x$

Rechengang:

Ansatz: $y = e^{rx}$

Charakteristisches Polynom: $2r^2 - 12r + 10 = 0$

Wurzeln: $r_1 = 5;$ $r_2 = 1$

Allgemeine Lösung: $y = C_1 e^{r_1 x} + C_2 e^{r_2 x} = C_1 e^{5x} + C_2 e^x$

b) $y = C_1 e^{\frac{3}{2}x} + C_2 x e^{\frac{3}{2}x} = e^{\frac{3}{2}x}(C_1 + C_2 x)$

Charakteristisches Polynom: $4r^2 - 12r + 9 = 0$

Doppelwurzel: $r_{1,2} = \frac{3}{2}$

c) Komplexe Lösung: $y = e^{-x}(C_1 \cos 2x + iC_2 \sin 2x)$

reellwert. Lösung: $y = e^{-x}(C_1 \cos 2x + C_2 \sin 2x)$

Charakteristisches Polynom: $r^2 + 2r + 5 = 0$

Wurzeln: $r_1 = -1 + 2i;$ $r_2 = -1 - 2i$

Komplexe Lösung: $y = e^{-x}(C_1 e^{i2x} + C_2 e^{-i2x})$

$= e^{-x}(C_1 \cos 2x + iC_2 \sin 2x)$

reellwertige Lösung: $y = e^{-x}(C_1 \cos 2x + C_2 \sin 2x)$

d) Komplexe Lösung: $y = e^{\frac{1}{4}x}(C_1 \cos \frac{3}{4}x + i C_2 \sin \frac{3}{4}x)$

reellwertige Lösung: $y = e^{\frac{1}{4}x}(C_1 \cos \frac{3}{4}x + C_2 \sin \frac{3}{4}x)$

e) $y = C_1 e^{2x} + C_2 e^{-4x}$

f) Komplexe Lösung: $y = e^{\frac{1}{5}x}(C_1 \cos \frac{2}{5}x + i C_2 \sin \frac{2}{5}x)$

reellwertige Lösung: $y = e^{\frac{1}{5}x}(C_1 \cos \frac{2}{5}x + C_2 \sin \frac{2}{5}x)$

B a) $y(x) = Ce^{-4x}$ b) $y(x) = C \cdot e^{30x}$ c) $y(x) = Ce^{2x}$

C Zweimaliges Integrieren liefert:

a) $s(t) = \frac{1}{3}t^3 + C_1 t + C_2$ b) $x(t) = \cos \omega t + C_1 t + C_2$

D Spezielle Lösungen: a) $y_{sp} = 2x + 1$ b) $y_{sp} = x - \frac{1}{2}$

E   a) $y = C_1 e^x + C_2 e^{-\frac{3}{7}x} - 2$

Spezielle Lösung der inhomogenen Differentialgleichung: $y_{inh} = -2$

Allgemeine Lösung der homogenen Differentialgleichung:

$y_{hom} = C_1 e^x + C_2 e^{-\frac{3}{7}x}$

Allgemeine Lösung der inhomogenen Differentialgleichung:

$y = C_1 e^x + C_2 e^{-\frac{3}{7}x} - 2$

E   b) $y = C_1 e^{9x} + C_2 e^x + x + \frac{10}{9}$

y_{inh} (speziell) $= x + \frac{10}{9}$

y_{hom} (allgem.) $= C_1 e^{9x} + C_2 e^x$

y_{inh} (allgem.) $= C_1 e^{9x} + C_2 e^x + x + \frac{10}{9}$

9.3 $y(x) = C_1 e^{5x} + C_2 e^x + \frac{3}{10} x^2 + \frac{18}{25} x + \frac{43}{125}$

Allgemeine Lösung der homogenen Differentialgleichung:

$y(x) = C_1 e^{5x} + C_2 e^x$

Allgemeine Lösung der inhomogenen Differentialgleichung:

$y(x) = C_1 e^{5x} + C_2 e^x + \frac{3}{10} x^2 + \frac{18}{25} x + \frac{43}{125}$

9.4   A   a) $y = 3 e^{-4x}$

Allgemeine Lösung: $y = C e^{-4x}$

Randbedingung: $y(0) = C e^0 = C = 3 \; C = 3$

b) $y = e^{-21} e^{\frac{21}{10}x}$

B   a) $C = 0;$ $y(x) = 0$ b) $C = -2\,;$ $y(x) = -2e^{2x}$

c) $C = e^2\,;$ $y(x) = e^2 e^{2x}$ d) $C = 1\,;$ $y(x) = e^{2x}$

C   Die allgemeine Lösung der Differentialgleichung $y'' + 4y = 0$ lautet

$y(x) = C_1 \cos 2x + C_2 \sin 2x$

a) $y(x) = \sin 2x;$ $C_1 = 0;$ $C_2 = 1$

b) $y(x) = \cos 2x - \frac{1}{2}\sin 2x;$ $C_1 = 1;$ $C_2 = -\frac{1}{2}$

c) $y(x) = \frac{1}{2}\sin 2x;$ $C_1 = 0;$ $C_2 = \frac{1}{2}$

d) $y(x) = -\frac{b}{4}\cos 2x + a\sin 2x$ $C_1 = -\frac{b}{4};$ $C_2 = a$

D $y = e^x - x e^x,$ $C_1 = 1;$ $C_2 = -1$

10 Wahrscheinlichkeitsrechnung

10.1 Einleitung

Die Begriffe und Methoden der Wahrscheinlichkeitsrechnung haben in den letzten Jahrzehnten eine weite Anwendung in Physik und Technik und in den Sozialwissenschaften gefunden. Sie bilden die Grundlage für das Verständnis des größten Teils der modernen Physik. Zwei bedeutende Gebiete seien hier genannt: die statistische Mechanik und die Quantenmechanik.

Die statistische Mechanik beschreibt physikalische Systeme wie Gase, Festkörper und Flüssigkeiten, die aus vielen Elementen wie Atomen oder Molekülen bestehen. Diejenigen Eigenschaften, die sich auf das einzelne Element des Systems (auf das Einzelatom oder -molekül) beziehen, heißen *mikroskopische Eigenschaften*. Mikroskopische Eigenschaften sind der Bewegungszustand, Ort, kinetische und potentielle Energie eines einzelnen Atoms oder Moleküls. Diejenigen Eigenschaften, die sich auf das Gesamtsystem beziehen, werden *makroskopische Eigenschaften* genannt. Makroskopische Eigenschaften sind z.B. Druck, Volumen, Temperatur, Grad der Magnetisierung, elektrische Leitfähigkeit, usw.

Die statistische Mechanik führt die makroskopischen Eigenschaften des Gesamtsystems auf die mikroskopischen Eigenschaften der Elemente des Systems zurück. So wird der Druck eines Gases auf die im einzelnen ganz unterschiedlichen Bewegungszustände der einzelnen Moleküle zurückgeführt. Die statistische Mechanik nützt vor allem aus, daß das Gesamtsystem aus einer unvorstellbar großen Zahl von Elementen aufgebaut ist (ein Liter Luft enthält etwa 10^{23} Gasmoleküle).

Die Quantenmechanik beschreibt physikalische Objekte wie Atome, Atomkerne, Moleküle etc. Statistik muß hier getrieben werden, weil über viele Eigenschaften dieser Objekte nur Wahrscheinlichkeitsaussagen gemacht werden können.

Für die quantitative Behandlung von physikalischen Systemen mit großen Teilchenzahlen benötigen wir neue mathematische Methoden. Die Wahrscheinlichkeitsrechnung hat sich dafür als brauchbare mathematische Disziplin herausgestellt.

Ein weiterer Anwendungsbereich der Wahrscheinlichkeitsrechnung ist die Fehlerrechnung. Alle physikalischen Messungen sind prinzipiell mit einem Meßfehler behaftet. Daher muß bei jeder Aussage, die aus einem Experiment abgeleitet wird, sorgfältig der Fehler abgeschätzt werden. Denn dadurch ist der Gültigkeitsbereich der Aussage bestimmt. In der Fehlerrechnung – Kapitel 12 – wird von den Streuungen der Meßergebnisse auf die Genauigkeit der Messung geschlossen.

10.2 Wahrscheinlichkeitsbegriff

10.2.1 Ereignis, Ergebnis, Zufallsexperiment

Der Begriff der Wahrscheinlichkeit in der Mathematik ist aus dem umgangssprachlichen Begriff „wahrscheinlich" abgeleitet. Ist der Himmel von dunklen Wolken überzogen, sagt man: „Wahrscheinlich wird es heute regnen." Wer „wahrscheinlich" sagt, drückt damit aus, daß er nicht sicher ist, ob ein Ereignis eintritt oder nicht. Ziel der Wahrscheinlichkeitsrechnung ist es, den Grad der Unsicherheit oder Sicherheit auf ein quantitatives Maß zurückzuführen. Der Wahrscheinlichkeitsbegriff kann aus der Analyse von Glücksspielen abgeleitet werden:

Ein Würfel werde geworfen. Dieser Vorgang ist beliebig oft reproduzierbar. Einen beliebig oft reproduzierbaren Vorgang nennen wir *Experiment*. Dieses Experiment kann 6 verschiedene *Ausgänge* haben. Die möglichen Ausgänge sind die Augenzahlen 1, 2, 3, 4, 5, 6. Der Ausgang dieses Experimentes ist nicht mit Sicherheit voraussagbar. Ein derartiges Experiment heißt *Zufallsexperiment*.

Die paarweise verschiedenen Ausgänge des Zufallsexperiments werden *Elementarereignisse* genannt. Die Menge aller Elementarereignisse wird *Ereignisraum*[1] R genannt.

Beispiel: Der Ereignisraum beim Würfelwurf besteht aus der Menge der Elementarereignisse „Augenzahl 1", „Augenzahl 2", ...„Augenzahl 6".

$$R = \{1, 2, 3, 4, 5, 6\}$$

Ein *Ereignis* ist definiert als eine Teilmenge des Ereignisraumes. Ein Ereignis kann sein:

a) ein Elementarereignis

b) eine Zusammenfassung von Elementen des Ereignisraumes (Zusammenfassung von mehreren Elementarereignissen)

Wir können bei einem Würfelwurf danach fragen, ob die Augenzahl gerade oder ungerade ist. Die zwei Ereignisse werden jeweils durch drei Ausgänge des Experiments realisiert.

Teilmenge für das Ereignis „Augenzahl gerade": { 2, 4, 6 }
Teilmenge für das Ereignis „Augenzahl ungerade": { 1, 3, 5 }

---

[1] Die genaue Definition des Ereignisraumes lautet: Der Ereignisraum R eines Zufallsexperiments besteht aus der Menge der Ausgänge $A_1, A_2, \ldots, A_n$ mit den Eigenschaften:

1. Jedes Element $A_i \in R$ stellt einen möglichen Ausgang des Experiments dar;

2. jedem Ausgang des Zufallsexperiments ist genau ein Element aus R zugeordnet.

Die Wahl des Ereignisraumes ist nicht eindeutig. Je nach Fragestellung können wir verschiedene Ereignisräume erhalten.

Es werden zwei Münzen geworfen. Der Ereignisraum besteht aus den vier Elementarereignissen: (Kopf, Kopf); (Kopf, Zahl); (Zahl, Kopf); (Zahl, Zahl).

$$R_1 = \{KK, KZ, ZK, ZZ\}$$

Fragen wir danach, wie oft „Kopf" bei dem Doppelwurf von Münzen auftritt, so hat unser Experiment drei mögliche Ausgänge:

0 Kopf, 1 × Kopf, 2 × Kopf.

Aus diesen Ausgängen bilden wir den neuen Ereignisraum

$$R_2 = \{0, 1K, 2K\}$$

Die beiden Ereignisräume R_1 und R_2 unterscheiden sich dadurch voneinander, daß sich jedes Ereignis des Ereignisraumes R_2 als eine Teilmenge des Raumes R_1 darstellen läßt, aber nicht umgekehrt. So gilt

$$
\begin{aligned}
0 K\ddot{o}pfe &= \{ZZ\} \\
1 Kopf &= \{KZ, ZK\} \\
2 K\ddot{o}pfe &= \{KK\}
\end{aligned}
$$

Für unsere weiteren Überlegungen sind besonders solche Ereignisräume nützlich, deren Elemente so gewählt sind, daß

1. der Ereignisraum elementare Ereignisse enthält und

2. die Elementarereignisse gleich möglich sind, d.h. daß kein Ergebnis gegenüber einem anderen bevorzugt oder benachteiligt ist.

Der Vollständigkeit wegen folgt die Definition des unmöglichen Ereignisses: Ereignisse, die sich nicht als Teilmenge des Ereignisraumes darstellen lassen, sind *unmöglich*.

So sind beim Würfelwurf unmöglich die Ereignisse 0, 7, 8, 9 ...

10.2.2 Die „klassische" Definition der Wahrscheinlichkeit

Der Ereignisraum R eines Zufallsexperiments bestehe aus N gleichmöglichen Elementarereignissen. Diejenige Teilmenge, die dem Ereignis A entspricht, bestehe aus N_A Elementarereignissen.

Definition:	Als *Wahrscheinlichkeit* p_A für das Eintreten des Ereignisses A bei der Durchführung des Zufallsexperiments bezeichnet man

$$p_A = \frac{N_A}{N} = \frac{\text{Zahl der Elementarereignisse des Ereignisses A}}{\text{Gesamtzahl der Elementarereignisse}}$$

Oft findet man in der Literatur, daß die Zahl N_A die für das Ereignis A „günstigen" Fälle genannt wird.

Wir wollen uns anhand einiger Beispiele mit dieser Definition vertraut machen.

1. Beispiel: Gesucht ist die Wahrscheinlichkeit p, mit einem Würfel eine gerade Zahl zu werfen.
Es gibt 6 mögliche Elementarereignisse, also ist $N = 6$.
Es gibt 3 Elementarereignisse, die das Ereignis „gerade Zahl" realisieren: 2, 4, 6; also ist $N_A = 3$.
Damit ist

$$p = \frac{N_A}{N} = \frac{3}{6} = \frac{1}{2}$$

2. Beispiel: Wie groß ist die Wahrscheinlichkeit, aus einem Skatspiel einen Buben zu ziehen?
Man kann 32 verschiedene Karten ziehen. Also ist $N = 32$. Wir haben 32 Elementarereignisse.
Es gibt 4 Buben in einem Skatspiel. Es gibt daher 4 Möglichkeiten, das Ereignis „Bube" zu realisieren: $N_A = 4$
Die Wahrscheinlichkeit, einen Buben zu ziehen ist: $p = \frac{4}{32} = \frac{1}{8}$

Grundlage der „klassischen" Definition der Wahrscheinlichkeit ist das Axiom, daß die Elementarereignisse exakt gleichwahrscheinlich sind.

In Wahrheit sind jedoch alle Experimente mit *realen* Würfeln, Skatspielen und ähnlichen Anordnungen nur Annäherungen an dieses Axiom.

10.2.3 Die „statistische" Definition der Wahrscheinlichkeit

In einer Reihe von Fällen hat es keinen Sinn, von gleichwahrscheinlichen Elementarereignissen eines Experimentes auszugehen.

Beispiel: Ein durch langen Gebrauch total deformierter Würfel;
ein in betrügerischer Absicht präparierter Würfel mit verändertem Schwerpunkt.

Auch in solchen Fällen können wir eine Wahrscheinlichkeit für bestimmte Ereignisse des Experiments angeben.

Definition: Wir führen N Experimente unter den gleichen Bedingungen durch.
               N_i Experimente führen zu dem Ereignis A_i. *Relative Häufigkeit*
               nennt man den Ausdruck

$$h_i = \frac{N_i}{N}$$

Die relative Häufigkeit ist eine Größe, die empirisch bestimmt wird. Sie ist nicht zu
verwechseln mit der klassischen Definition der Wahrscheinlichkeit: N_i ist hier die
Zahl wirklich durchgeführter Experimente mit dem Ereignis A_i.

Verändern sich die Werte der relativen Häufigkeiten bei Vergrößerung der Zahl N der
durchgeführten Experimente praktisch nicht mehr, dann können wir für genügend
großes N die relativen Häufigkeiten als Wahrscheinlichkeiten interpretieren.

Wir nennen diese aus den relativen Häufigkeiten gewonnenen Wahrscheinlichkeiten
statistische Wahrscheinlichkeiten:

$$p_i = \frac{N_i}{N}$$

Beispiel: Die Wahrscheinlichkeit, mit einem Würfelwurf eine 1 zu erhalten,
               können wir empirisch bestimmen. Das Diagramm zeigt für einen
               durchgeführten Versuch, wie sich die relative Häufigkeit mit zuneh-
               mender Zahl der Experimente dem Wert 1/6 immer genauer annähert.

               Bei Versuchswiederholung verläuft die Kurve zunächst anders, nähert
               sich aber bei großem N ebenfalls dem Wert 1/6.

               Nähert sich die Kurve einem anderen Wert, schließen wir auf einen
               fehlerhaften oder präparierten Würfel, den wir auf diese Weise ent-
               decken können.

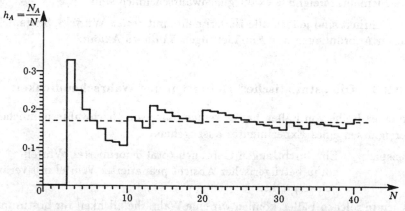

Das Konzept der statistischen Definition der Wahrscheinlichkeit bezieht sich auf
wirklich durchgeführte Messungen. Es läßt sich übertragen auf die Ergebnisse von
Messungen (aus Beobachtungen radioaktiver Zerfallsprozesse läßt sich die Wahrscheinlichkeit ableiten für den Zerfall eines Radiumatoms). Für ideale Würfel und

ähnliche Spiele fallen bei großem N praktisch beide Definitionen der Wahrscheinlichkeit zusammen. Falls nicht anders betont, benutzen wir die klassische Definition der Wahrscheinlichkeit. Das heißt, wir betrachten idealisierte Experimente. Im Kapitel „Fehlerrechnung" steht dann die Analyse der Ergebnisse realer Experimente im Vordergrund.

10.2.4 Allgemeine Eigenschaften der Wahrscheinlichkeiten

Wir beginnen mit einem Beispiel. In einem Kasten befinden sich N Kugeln. Auf N_1 Kugeln ist eine 1 aufgetragen, auf N_2 Kugeln eine 2 ... auf N_k Kugeln die Ziffer k. k ist die größte Zahl auf einer Kugel.

Nun kann man eine Kugel aus dem Kasten herausgreifen. Die herausgenommene Kugel trage die Ziffer j. Dieses Ereignis wird mit A_j bezeichnet. Die Wahrscheinlichkeit dafür ist

$$p_j = \frac{N_j}{N}$$

Wir stellen jetzt folgende Frage:
Wie groß ist die Wahrscheinlichkeit, eine Kugel mit der Ziffer i *oder* eine Kugel mit der Ziffer j herauszuziehen[2].
Es gibt N_1 Kugeln mit der Ziffer i und N_j Kugeln mit der Ziffer j.

Die Wahrscheinlichkeit, eine der Kugeln aus dieser Menge zu finden, ist also

$$P_{(A_i \text{ oder } A_j)} = \frac{N_i + N_j}{N} = \frac{N_i}{N} + \frac{N_j}{N} = p_i + p_j$$

Damit haben wir das *Additionstheorem für Wahrscheinlichkeiten* abgeleitet. Es gilt nur für disjunkte Ereignisse.[3]
Das Theorem kann auf beliebig viele Ereignisse übertragen werden.

Regel 10-1: *Additionstheorem für Wahrscheinlichkeiten* zweier disjunkter Ereignisse

$$P_{(A_i \text{ oder } A_j)} = p_i + p_j$$

Additionstheorem für beliebig viele disjunkte Ereignisse

$$P_{(A_1 \text{ oder } A_2 \text{ oder } ... \text{ oder } A_k)} = \sum_{i=1}^{k} p_i$$

---

[2] Dieses Ereignis wird durch die Teilmenge mit den $(N_i + N_j)$-Elementen, bestehend aus den Kugeln mit den aufgezeichneten Ziffern i und j; dargestellt.
Mengenalgebraisch wird dieses Ereignis als Vereinigungsmenge der Teilmengen, die zu den Ereignissen A_i und A_j gehören, bestimmt.
[3] Disjunkt = sich gegenseitig ausschließend.

Ist die Menge der k Ereignisse gleich der Menge aller möglichen Ereignisse, dann gibt die Wahrscheinlichkeit $p_{(A_1 \text{ oder } A_2 \text{ oder } \dots \text{ oder } A_k)}$ ein mit Sicherheit zu erwartendes Ereignis an. Es hat die Wahrscheinlichkeit 1.

In diesem Fall ist die sogenannte *Normierungsbedingung* automatisch erfüllt.

Regel 1-2:   *Normierungsbedingung* für Wahrscheinlichkeiten[4]

$$\sum_{i=1}^{k} p_i = 1$$

Wir kehren zu unserem Beispiel zurück: Wie groß ist die Wahrscheinlichkeit, aus dem Kasten eine Kugel mit der Ziffer m herauszuziehen, wobei $m > k$ ist? k ist die größte Ziffer einer Kugel.

In dem Kasten liegen keine Kugeln mit der Ziffer m. Also ist

$$p_m = \frac{0}{N} = 0$$

Ein Ereignis, das nicht auftreten kann, hat die Wahrscheinlichkeit 0. Es handelt sich um ein *unmögliches Ereignis*.

Beispiel: Die Zahlen 1 bis 6 auf einem Würfel werden mit einer Wahrscheinlichkeit von je 1/6 geworfen.
Die Wahrscheinlichkeit, eine 1 oder eine 2 zu würfeln, ist

$$p_{(1 \text{ oder } 2)} = \frac{1}{6} + \frac{1}{6} = \frac{1}{3}$$

Die Wahrscheinlichkeit, eine gerade Zahl zu würfeln, ist

$$p_{(\text{gerade})} = \frac{1}{6} + \frac{1}{6} + \frac{1}{6} = \frac{1}{2}$$

Die Wahrscheinlichkeit, eine der Zahlen 1 bis 6 zu erhalten, ist[5]

$$p_{(1v2v3\dots v6)} = \frac{1}{6} + \frac{1}{6} + \frac{1}{6} + \frac{1}{6} + \frac{1}{6} + \frac{1}{6} = 1$$

Die Wahrscheinlichkeit, eine Zahl über 6 zu würfeln, ist Null.

---

[4] Herleitung der Normierungsbedingung: Die Gesamtzahl der Ereignisse ist N. Daher gilt

$$\sum_{i=1}^{k} N_i = N \qquad \text{Damit erhalten wir} \qquad \sum_{i=1}^{k} p_i = \sum_{i=1}^{k} \frac{N_i}{N} = \frac{1}{N} \sum_{i=1}^{k} N_i = \frac{1}{N} \cdot N = 1$$

[5] Bei der Notierung logischer Verknüpfungen benutzt man Symbole. Das Symbol für 'oder' ist v nach dem lateinischen Wort vel = oder.

$$p_{(1 \text{ oder } 2 \text{ oder } 3)} = p_{(1v2v3)}$$

Abschließend noch eine Beziehung: Gegeben seien p_i, die Wahrscheinlichkeit für das Auftreten des Ereignisses A_i, und N die Gesamtzahl der möglichen Ereignisse.

Gesucht ist jetzt die Zahl N_i der „günstigen" Fälle.

Dann braucht man die Gleichung $p_i = \frac{N_i}{N}$ nur nach N_i aufzulösen und erhält

$$N_i = p_i \cdot N.$$

Beispiel: Ein Würfel werde 30 mal geworfen. $N = 30$. Die Wahrscheinlichkeit, eine 1 zu werfen, ist $p_1 = \frac{1}{6}$. Die Zahl N_1 der günstigen Fälle für das Ereignis „1" ist

$$N_1 = p_1 \cdot N = \frac{1}{6} \cdot 30 = 5.$$

Das bedeutet, daß auf dreißig Würfe im Durchschnitt fünfmal die 1 kommt.

10.2.5 Wahrscheinlichkeit für Verbundereignisse

In diesem Abschnitt wollen wir Wahrscheinlichkeiten für das *gleichzeitige* Auftreten zweier verschiedener Ereignisse berechnen.

Beispiel: Eine Person wirft einen Würfel *und* eine Münze. Es interessiert die Wahrscheinlichkeit, daß der Würfel eine 6 *und* die Münze gleichzeitig die Zahlseite zeigt.

Solche zusammengesetzten Ereignisse nennen wir *Verbundereignisse*.

Definition:	*Verbundwahrscheinlichkeit* ist die Wahrscheinlichkeit für das gleichzeitige Auftreten zweier (oder mehrerer) Ereignisse.

Formulieren wir nochmals unser Problem:
Gegeben seien zwei voneinander unabhängige Gruppen von Elementarereignissen: Würfelzahlen $A_1, A_2, \ldots, A_6$; Münzseiten B_1, B_2.

Gesucht ist die Wahrscheinlichkeit für das gleichzeitige Auftreten der Ereignisse A_i und B_k. In der Tabelle unten sind alle Elementarereignisse und ihre möglichen Kombinationen aufgelistet:

Münze: zwei Elementarereignisse	Würfel: 6 Elementarereignisse					
	1	2	3	4	5	6
Kopf (K)	K1	K2	K3	K4	K5	K6
Zahl (Z)	Z1	Z2	Z3	Z4	Z5	Z6
	Verbundereignisse					

Wir sehen, daß es $2 \cdot 6 = 12$ elementare Verbundereignisse gibt.

Die Gesamtzahl der elementaren Verbundereignisse ist gleich dem Produkt der Anzahl der Elementarereignisse aus der Gruppe A mit der Anzahl der Elementarereignisse aus der Gruppe B.

$$N = N_1 \cdot N_2$$

Mit Hilfe der Tabelle der Elementarereignisse können wir die Wahrscheinlichkeiten für beliebige Verbundereignisse bestimmen.

Beispiel: Wie groß ist die Wahrscheinlichkeit, daß der Würfel eine 6 und die Münze die Zahlseite zeigt?

Es gibt nur ein elementares Verbundereignis:

$$N_{6Z} = 1$$
$$N = 12$$

Daraus folgt: $p_{6z} = \frac{1}{12}$

Beispiel: Wie groß ist die Wahrscheinlichkeit, daß der Würfel eine gerade Zahl und die Münze die Kopfseite zeigt?

Hier ist die Wahrscheinlichkeit für ein Verbundereignis gesucht, das durch mehrere elementare Verbundereignisse realisiert werden kann.[6]

Elementarereignisse Gruppe A (Würfel)	:	3
Elementarereignisse Gruppe B (Münze)	:	1
Anzahl der Verbundereignisse	:	$3 \cdot 1 = 3$
Wahrscheinlichkeit $p_{(\text{gerade Zahl, Kopf})}$	$=$	$\frac{3}{12} = \frac{1}{4}$

In der Praxis ist der Spezialfall statistisch unabhängiger Ereignisse wichtig. Dafür werden wir jetzt eine Beziehung ableiten, die die Verbundwahrscheinlichkeit mit den Wahrscheinlichkeiten für das Einzelereignis verknüpft.

Definieren wir zuerst, was wir unter statistisch unabhängigen Ereignissen verstehen.

Definition: Wenn die Wahrscheinlichkeit des Auftretens eines Ereignisses aus der Gruppe $A_1, \ldots, A_n$ nicht beeinflußt wird von dem Auftreten oder Nichtauftreten eines Ereignisses aus der Gruppe $B_1, \ldots, B_m$, sagt man, die Ereignisse $A_1, \ldots, A_n$ sind *statistisch unabhängig* von den Ereignissen $B_1, \ldots, B_m$.

Beispiel: Das Auftreten einer 6 auf dem Würfel ist unabhängig davon, ob die Münze mit der Zahlseite nach oben oder unten liegt.

---

[6] Es war in 10.2.1 ein Ereignis als Zusammenfassung von Elementarereignissen definiert. Analog wird hier das Verbundereignis als Zusammenfassung elementarer Verbundereignisse aufgefaßt.

Das Verbundereignis „gerade Zahl auf dem Würfel, Kopf oben auf der Münze" setzt sich zusammen aus den Ereignissen „gerade Zahl" und „Kopf". Das Ereignis „gerade Zahl" wird durch 3 Elementarereignisse realisiert. Die Gesamtzahl der Elementarereignisse, die das Verbundereignis realisieren, ist gegeben durch das Produkt der Zahl $N_{\text{(gerade Zahl)}}$ der Elementarereignisse aus der ersten Gruppe mit der Zahl der Elementarereignisse $N_{\text{(Kopf)}}$ der zweiten Gruppe.

Also $N_{\text{(gerade Zahl, Kopf)}} = N_{\text{(gerade Zahl)}} \cdot N_{\text{(Kopf)}}$

Die gesuchte Wahrscheinlichkeit ist dann

$$
\begin{aligned}
P_{\text{(gerade Zahl, Kopf)}} &= \frac{N_{\text{(gerade Zahl)}} \cdot N_{\text{(Kopf)}}}{N_1 \cdot N_2} \\
&= \frac{N_{\text{(gerade Zahl)}}}{N_1} \cdot \frac{N_{\text{(Kopf)}}}{N_2}
\end{aligned}
$$

N_1 bzw. N_2 waren die Gesamtzahlen der Elementarereignisse der Ereignisgruppen „Würfelergebnisse" bzw. „Münzseiten".

Regel: Die *Wahrscheinlichkeit für das Verbundereignis – A_i und B_k –* ist bei statistisch unabhängigen Ereignissen A und B gleich dem Produkt der Wahrscheinlichkeiten für die Einzelereignisse.

$$P_{(A_i \text{ und } B_k)} = p_{A_i} \cdot p_{B_k}$$

$$p_i k = p_i \cdot p_k$$

Bei der Berechnung der Wahrscheinlichkeiten für Verbundereignisse prüft man am zweckmäßigsten zuerst, ob die Ereignisse voneinander unabhängig sind. Ist dies der Fall, berechnet man für die Einzelereignisse die Wahrscheinlichkeiten und erhält die Wahrscheinlichkeiten für das Verbundereignis durch Multiplikation der Einzelwahrscheinlichkeiten.

Aus der Beziehung $p_{ik} = p_i \cdot p_k$ sehen wir, daß die Wahrscheinlichkeit für das gleichzeitige Eintreten der Ereignisse A_i und B_k im allgemeinen kleiner ist als die Wahrscheinlichkeit p_i für das Ereignis A_i ($p_k \leq 1$). Dies ist anschaulich auch einleuchtend. Die Anzahl N_{ik} der Ereignisse für das gemeinsame Eintreten der Ereignisse A_i und B_k ist im allgemeinen kleiner als die Zahl N_i der Ereignisse A_i:

$$N_{ik} \leq N_i$$

In Worten: Das Ereignis A_i tritt in N_i Fällen auf. Nur in einem Teil dieser Fälle tritt gleichzeitig auch B_k auf.

Daher gilt $N_i \geq N_{ik}$

Entsprechend $N_k \geq N_{ik}$

Dementsprechend gelten für die Wahrscheinlichkeiten folgende Aussagen

$$p_i \geq p_{ik} \text{ und } p_k \geq p_{ik}$$

Beispiel: Wie groß ist die Wahrscheinlichkeit, aus einem Skatspiel einen
             Kreuz-Buben und aus einem anderen Skatspiel eine Herz-Dame zu
             ziehen?

Die Wahrscheinlichkeiten, den Buben (p_B) bzw. die Dame (p_D) zu ziehen, sind
statistisch unabhängig. Es gibt 32 Karten. Damit sind die Wahrscheinlichkeiten

$$p_B = \frac{1}{32} \text{ und } p_D = \frac{1}{32}$$

Wahrscheinlichkeit p_{BD}, 'gleichzeitig' Kreuz-Bube und Herz-Dame zu ziehen:

$$p_{BD} = p_B \cdot p_D = \left(\frac{1}{32}\right)^2 \approx 0,001 < p_B \approx 0,03$$

10.3   Abzählmethoden

Bei der Berechnung der Wahrscheinlichkeiten für ein Ereignis müssen wir wissen,
wieviele Elementarereignisse das Ereignis realisieren. Um deren Berechnung geht es
im folgenden.

10.3.1   Permutationen

Auf wieviele Arten können N unterschiedliche Elemente in eine Reihe gebracht
werden, d.h. wieviele verschiedene Anordnungen der N Elemente gibt es?

Zwei Elemente a und b können in 2 verschiedene Anordnungen gebracht werden:
    $a\,b$ $b\,a$

Für drei Elemente a, b, c gibt es sechs verschiedene Anordnungen

    $a\,b\,c$ $b\,a\,c$ $c\,a\,b$ $a\,c\,b$ $b\,c\,a$ $c\,b\,a$

Definition: Eine mögliche Anordnung von beliebigen Elementen heißt
Permutation.

Wieviele Anordnungen gibt es nun bei N verschiedenen Elementen $a_1, a_2, \ldots, a_N$?

Die folgende Überlegung führt uns zum Ziel:

Die Plätze, auf denen die N Elemente stehen können, seien von 1 bis N numeriert,
und wir nehmen an, alle N Plätze seien noch unbesetzt. Dann kann das Element a_1
auf jeden Platz gestellt werden. Das gibt
        N mögliche Anordnungen.

Für jede einzelne der N möglichen Anordnungen des Elementes a_1 kann nun das
Element a_2 auf einen der noch freien Plätze gestellt werden. Noch frei sind $(N-1)$
Plätze.

Das gibt für das Element a_2

$(N - 1)$ *mögliche Anordnungen.*

Wir erhalten für die Anordnung von Element a_1 und Element a_2 insgesamt

$N \cdot (N - 1)$ *mögliche Anordnungen.*

Bei jeder dieser $N \cdot (N - 1)$ Möglichkeiten sind noch $(N - 2)$ Plätze frei für das Element a_3. Das sind jetzt für die Elemente a_1 und a_2 und a_3 insgesamt

$N \cdot (N - 1) \cdot (N - 2)$ *mögliche Anordnungen.*

Das Verfahren führen wir fort bis zum Element a_N. Dann sind bereits $(N - 1)$ Plätze besetzt. Das Element a_N hat nur noch

eine mögliche Anordnung

Die *Gesamtzahl* aller möglichen Anordnungen der N Elemente $a_1 \ldots a_N$ ist

$$N(N - 1)(N - 2)(N - 3) \ldots \cdot 1.$$

Damit haben wir das folgende Ergebnis erhalten:

Regel: Die Anzahl N_p der Permutationen von N verschiedenen Elementen ist

$$N_p = 1 \cdot 2 \cdot 3 \cdot \ldots \cdot (N - 1) \cdot N \tag{10.1}$$

Definition: Für Ausdrücke der Art $1 \cdot 2 \cdot 3 \cdot \ldots \cdot N$ schreibt man $1 \cdot 2 \cdot \ldots \cdot N = N!$
Gelesen: *N-Fakultät.*
Zusatzdefinition: 0! wird gleich 1 gesetzt.
$$0! = 1$$

Begriff und Schreibweise sind bereits im Kapitel „Taylorreihen" eingeführt. Damit können wir die Anzahl N_p der Permutationen von N verschiedenen Dingen auch schreiben:

$$N_p = N!$$

Der Leser berechne die Anzahl der Permutationen der Zahlen 1, 2, 3, 4 und schreibe die Permutationen explizit auf.

Etwas komplizierter ist es, wenn unter den N Elementen einige gleich sind, wie etwa bei den drei Elementen A, B, B. Formal können wir 6 Permutationen bilden:

$$A B B \quad B A B \quad B B A \quad A B B \quad B A B \quad B B A$$

Allerdings sind je zwei Permutationen identisch. Es gibt nur drei voneinander verschiedene Permutationen. Die identischen Permutationen entstehen dadurch, daß gleiche Elemente permutiert werden. Interessieren wir uns für die Zahl der unterschiedlichen Permutationen, so müssen wir die Gesamtzahl durch die Permutationen gleicher Elemente teilen.

$$N_{ABB} = \frac{3!}{2!} = \frac{6}{2} = 3$$

Regel: Von N Elementen seien jeweils N_1, N_2, ... N_m untereinander gleich
          $(N_1 + N_2 + \ldots + N_m = N)$.
          Die Anzahl N_p der Permutationen ist dann

$$N_p = \frac{N!}{N_1! \, N_2! \, \ldots \, N_m!} \qquad (10.2)$$

Beweis für 2 Gruppen N_1 und N_2 gleicher Elemente:
Wir bezeichnen die Elemente mit a und b. Das Element a tritt N_1-mal auf, das Element b tritt
N_2-mal auf.

$$\underbrace{a\,a\,a\ldots a}_{N_1} \qquad \underbrace{b\,b\,b\ldots b}_{N_2} \qquad N_1 + N_2 = N$$

Wir wissen: Wären die N Elemente untereinander verschieden, so gäbe es genau $N!$ Permutationen.
Diese Permutationen kann man auch durch folgende Überlegung erhalten:

   Es gibt $N_1!$ Permutationen der N_1 Elemente a.

   Es gibt $N_2!$ Permutationen der N_2 Elemente b.

N_{ab} ist die Zahl der Permutationen, die jeweils ein Element a und b vertauschen. Dann gilt

$$N! = N_1! \cdot N_2! \cdot N_{ab} \qquad \text{oder} \qquad N_{ab} = \frac{N!}{N_1! \cdot N_2!}$$

Entsprechend führt man den Beweis für den allgemeinen Fall von m Gruppen gleicher Elemente.

10.3.2 Kombinationen

Wir gehen wieder aus von N unterschiedlichen Elementen. Daraus wählen wir K
Elemente aus. Wir suchen die Anzahl der unterschiedlichen Möglichkeiten für diese
Auswahl.

Definition: Eine Auswahl von K unterschiedlichen Elementen aus N Elemen-
              ten heißt *Kombination K-ter Klasse*.

Beispiel: Beim Zahlenlotto wird aus $N = 49$ Zahlen eine Kombination von
              $K = 6$ Zahlen ausgewählt.

Zunächst ohne Beweis wird hier folgende Formel für die Anzahl der Kombinationen
K-ter Klasse aus N Elelementen gegeben:

Regel: Es gibt $\dfrac{N!}{K!(N-K)!}$ Kombinationen K-ter Klasse.

Für den Ausdruck $\frac{N!}{K!(N-K)!}$ wird ein neues Symbol eingeführt: $\binom{N}{K} = \frac{N!}{K!(N-K)!}$

Der Ausdruck $\binom{N}{K}$ wird gelesen „N über K". Das Symbol heißt *Binominalkoeffizient*.

Definition: Binominalkoeffizient $\binom{N}{K} = \dfrac{N!}{K!(N-K)!}$

Für den Sonderfall $\binom{N}{0}$ ergibt sich wegen $0! = 1$

$$\binom{N}{0} = \frac{N!}{0!(N-0)!} = \frac{N!}{1!\,N!} = 1$$

Beispiel: Ein Verein besteht aus 20 Mitgliedern. Der Vorstand wird von 4 gleichberechtigten Personen gebildet. Wieviele Möglichkeiten gibt es, einen Vorstand zu wählen?

Es gibt $\binom{20}{4}$ Kombinationen von jeweils 4 Mitgliedern zu einem Vorstand

$$\binom{20}{4} = \frac{20!}{16!\,4!} = \frac{20 \cdot 19 \cdot 18 \cdot 17}{24} \approx 5000$$

Bisher betrachteten wir Kombinationen, die nur unterschiedliche Elemente enthielten, wie etwa eine Kombination aus den Elementen des Alphabets: noprs. Lassen wir nun zu, daß sich eines oder mehrere Elemente wiederholen, etwa nooos, dann gibt es natürlich mehr Möglichkeiten, Kombinationen aus N Elementen zu bilden.

Regel: Es gibt $\binom{N+K-1}{K}$ *Kombinationen von N Elementen zur K-ten Klasse mit Wiederholungen.*

Auf den Beweis wollen wir hier verzichten.

Bei allen bisherigen Betrachtungen von Kombinationen haben wir bei der Berechnung der Anzahl der Kombinationen die Anordnungen nicht berücksichtigt, d.h. Anordnungen der Form nooos und ooson zählten als gleich. Unterscheidet man Kombinationen mit gleichen Elementen und unterschiedlicher Anordnung, dann spricht man von *Kombinationen mit Berücksichtigung der Anordnung* oder von *Variationen*.[7]

---

[7] a) Es gibt $\frac{N!}{(N-K)!}$ Variationen zur K-ten Klasse ohne Wiederholung. Mit dieser Formel können wir jetzt auch den Ausdruck für die Zahl der Kombinationen K-ter Klasse beweisen: Man erhält sämtliche *Variationen* von n Elementen zur K-ten Klasse, indem man die *Kombinationen* zur K-ten Klasse permutiert. Da es $K!$ Permutationen gibt, erhält man $\frac{N!}{(N-K)!} \cdot \frac{1}{K!}$ Kombinationen oder in der Schreibweise mit Binominalkoeffizienten, $\binom{N}{K}$ Kombinationen K-ter Klasse. b) Es gibt N^k Variationen zur K-ten Klasse mit Wiederholung.

10.4 Übungsaufgaben

10.1 Von fünf Gerichten einer Speisekarte dürfen zwei nach freier Wahl ausgesucht werden. Geben Sie den Ereignisraum an.

10.2 Ein Skatspiel besteht aus 16 roten und 16 schwarzen Karten. Mit welcher Wahrscheinlichkeit wird eine schwarze Karte aus dem Stapel gezogen werden?

10.3 In einem Kasten befinden sich 20 Kugeln. Davon sind 16 blau und 4 grün. Berechnen Sie die Wahrscheinlichkeit für das Herausziehen einer blauen Kugel und nach Zurücklegen der gezogenen Kugel für das Herausziehen einer grünen Kugel.

10.4 Mit welcher Wahrscheinlichkeit ist beim Würfeln die Zahl der geworfenen Augen durch 3 teilbar?

10.5 Ein Experiment wird 210-mal durchgeführt. Der Ausgang A wird 7-mal gemessen.
Wie groß ist die relative Häufigkeit des Ausgangs A?

10.6 Berechnen Sie die Wahrscheinlichkeit, bei einem Wurf mit zwei Würfeln beim ersten Wurf 2 Augen und beim zweiten Wurf 5 Augen zu werfen.

10.7 Ein Spieler wirft zwei Würfel. Wie groß ist die Wahrscheinlichkeit, daß er 2 oder 3 oder 4 Augen geworfen hat?

10.8 Ein Handelsvertreter hat sechs Städte zu besuchen. Wieviele Möglichkeiten hat er, sich eine Reiseroute festzulegen, wenn er stets in der Stadt A seine Reise beginnen muß?

Lösungen

10.1 Seien A, B, C, D, E die fünf Gerichte. Der Ereignisraum besteht aus der Menge der möglichen Paare:
E = { AB, AC, AD, AE, BC, BD, BE, CD, CE, DE }

10.2 $p = \frac{1}{2}$

10.3 $p_{blau} = 0,8$ $\qquad p_{grün} = 0,2$

10.4 $p = \frac{1}{3}$

10.5 $h_A = \frac{1}{30}$

10.6 $p = \frac{1}{36} \cdot \frac{1}{9} = \frac{1}{324}$

10.7 $p = \frac{1}{36} + \frac{2}{36} + \frac{3}{36} = \frac{1}{6}$

10.8 $N_p = 5! = 120$

11 Wahrscheinlichkeitsverteilungen

11.1 Diskrete und kontinuierliche Wahrscheinlichkeitsverteilungen

11.1.1 Diskrete Wahrscheinlichkeitsverteilungen

Bei der praktischen Behandlung von statistischen Fragestellungen erwies es sich als sinnvoll, die einzelnen Ausgänge von Zufallsexperimenten durch Zahlenwerte zu charakterisieren. Ein einfaches Verfahren war dabei, die einzelnen Ausgänge durchzunumerieren. So werden die Ausgänge des Würfelwurfes durch die Augenzahlen beschrieben. Die Menge der Zahlenwerte können wir als Definitionsbereich einer Variablen auffassen, die *Zufallsvariable* genannt wird. Den Ausgängen des Zufallsexperimentes sind also Werte der Zufallsvariablen zugeordnet. Besteht dieser aus diskreten Werten, sprechen wir von einer *diskreten Zufallsvariablen*.[1]

Jedem Wert der Zufallsvariablen haben wir die Wahrscheinlichkeit des zugehörigen Ausgangs des Zufallsexperimentes zugeordnet. Symbolisch

Ausgang A_i des $\longrightarrow$ Zufallsvariable x_i $\longrightarrow$ Wahrscheinlich-
Zufallsexperiments keit p_i

Der vollständige Satz der Wahrscheinlichkeiten für jeden Wert der diskreten Zufallsvariablen des Zufallsexperiments heißt *diskrete Wahrscheinlichkeitsverteilung*.

Definition:	Eine *diskrete Wahrscheinlichkeitsverteilung* ist der vollständige Satz der Wahrscheinlichkeiten für die diskreten Werte der Zufallsvariablen eines Zufallsexperimentes.

1. Beispiel: Zwei Würfel werden geworfen. Als Zufallsvariable wählen wir die Summe der Augenzahlen.
Die Zufallsvariable x nimmt die Werte 2, 3, 4, ... , 11, 12 an. Wir suchen die Wahrscheinlichkeitsverteilung für diese Zufallsvariable.
Der Ausgang $x = 2$ kann nur realisiert werden durch eine 1 auf dem ersten Würfel und eine 1 auf dem zweiten Würfel. Die Wahrscheinlichkeit für dieses Ereignis ist

$$p_2 = \frac{1}{6} \cdot \frac{1}{6} = \frac{1}{36}$$

---

[1] Diskret bedeutet einzeln, unterscheidbar. Gegensatz: kontinuierlich.

Der Ausgang $x = 5$ kann durch 4 Ereignisse realisiert werden:

1. Würfel	2. Würfel	Summe
1	4	5
2	3	5
3	2	5
4	1	5

Die Wahrscheinlichkeitsverteilung ist unten als Tabelle und Graph dargestellt.

Zufalls-variable x	Wahrschein-lichkeit p_x
2	$\frac{1}{36}$
3	$\frac{2}{36}$
4	$\frac{3}{36}$
5	$\frac{4}{36}$
6	$\frac{5}{36}$
7	$\frac{6}{36}$
8	$\frac{5}{36}$
9	$\frac{4}{36}$
10	$\frac{3}{36}$
11	$\frac{2}{36}$
12	$\frac{1}{36}$

2. Beispiel: Aufenthalt eines Luftmoleküls

Gegeben sei ein mit Luft gefüllter Zylinder mit der Grundfläche 1, den wir in fünf Höhenbereiche eingeteilt denken.

Zwischen den Bereichen bestehen keine Trennwände. Wir betrachten ein beliebig herausgegriffenes Luftmolekül.

Unser Experiment bestehe darin, die Luft gründlich zu durchmischen und zu einem bestimmten Zeitpunkt die Höhe dieses Luftmoleküls festzustellen.

Wir fragen jetzt nach der Wahrscheinlichkeit, das Luftmolekül in einem bestimmten der fünf Bereiche anzutreffen.

Wir numerieren die nicht gleich großen Bereiche von 1 bis 5. Diese fünf Zahlen sind unsere Zufallsvariable. Die Größe der Bereiche ist in der Tabelle angegeben.

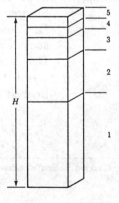

Die Aufenthaltswahrscheinlichkeit p_x ergibt sich als Verhältnis von Teilvolumen V_x

zu Gesamtvolumen V:

$$p_x = \frac{V_x}{V}$$

Zufalls-variable x	Größe der Bereiche (Volumen) V_x	Aufenthalts-wahrschein-lichkeit p_x
1	8cm^3	$\frac{1}{2}$
2	4cm^3	$\frac{1}{4}$
3	2cm^3	$\frac{1}{8}$
4	1cm^3	$\frac{1}{16}$
5	1cm^3	$\frac{1}{16}$

Tabelle und Graph zeigen diese diskrete Wahrscheinlichkeitsverteilung. In diesem Beispiel ist vorausgesetzt, daß die Aufenthaltswahrscheinlichkeit in einem Bereich proportional zur Größe des Bereiches ist.

11.1.2 Kontinuierliche Wahrscheinlichkeitsverteilungen

Die bisher betrachteten Zufallsexperimente hatten diskrete Werte der Zufallsvariablen. Im Gegensatz dazu gibt es Zufallsexperimente, deren Ergebnisse durch eine kontinuierliche Variable ausgedrückt werden müssen.

Als Beispiel diene wieder der mit Luft gefüllte Zylinder. Wir betrachten ein beliebig herausgegriffenes Luftmolekül.

Wir fragen jetzt nach der Wahrscheinlichkeit, das Molekül in einer genau bestimmten Höhe h anzutreffen.

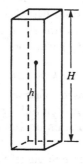

Der äußere Aufbau des Zufallsexperimentes ist gleich geblieben. Verändert hat sich die Fragestellung. Das Ergebnis ist eine Höhenangabe für das Luftmolekül. Die Höhenangabe h kann zwischen den Grenzwerten 0 und H beliebig viele Zwischenwerte annehmen.

Die Höhenangabe h ist eine *kontinuierliche* Größe. Es liegt nahe, den Ausgang des Zufallsexperimentes auch hier durch eine Zufallsvariable – die Höhenangabe h – zu beschreiben.

Wir haben damit einen neuen Typ von Zufallsexperimenten gewonnen. Die Ausgänge und die zugeordnete Zufallsvariable überdecken ein Kontinuum von Werten.

Das ist in der Physik immer dann der Fall, wenn wir, wie hier, eine Messung als Zufallsexperiment betrachten und die Meßgröße kontinuierlich veränderlich ist.

Eine ebenso wichtige wie überraschende Konsequenz bei kontinuierlichen Zufallsvariablen läßt sich aus unserem Beispiel sofort ziehen. Die Wahrscheinlichkeit, das Luftmolekül irgendwo zwischen 0 und H anzutreffen, ist 1 (Normierungsbedingung). Nun ist aber die Zahl der möglichen Höhenangaben bei beliebig feiner Unterteilung unendlich groß. Daher muß die auf eine bestimmte Höhenangabe h_0 entfallende Wahrscheinlichkeit gegen 0 gehen und verschwinden.

Bei kontinuierlichen Zufallsvariablen kann keine von Null verschiedene Wahrscheinlichkeit für einen exakt definierten Wert der Zufallsvariablen angegeben werden.

Eine von Null verschiedene Wahrscheinlichkeit für einen Ausgang des Zufallsexperiments bei einer kontinuierlichen Zufallsvariablen läßt sich statt dessen jedoch sofort angeben, wenn wir die Fragestellung verändern. Wir fragen jetzt nach der Wahrscheinlichkeit, das Luftmolekül innerhalb eines bestimmten *Höhenintervalls* anzutreffen. Damit wird nicht mehr nach der Wahrscheinlichkeit eines Wertes unter unendlich vielen Werten, sondern nach der Wahrscheinlichkeit für ein *endliches Intervall* der Zufallsvariablen gefragt.

Wie groß ist die Wahrscheinlichkeit, das Luftmolekül im Intervall h_0 bis $h_0 + \Delta h$ anzutreffen?

Die gesamte Höhe des Zylinders sei H. Die Wahrscheinlichkeit $p_{(h_0 \leq h < h_0 + \Delta h)}$ das Gasmolekül in dem Höhenintervall mit den Grenzen h_0 und $h_0 + \Delta h$ zu finden, ist der Intervallgröße Δh proportional.[2]

$$p_{(h_0 \leq h \leq h_0 + \Delta h)} \sim \Delta h$$

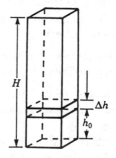

Im allgemeinen wird diese Wahrscheinlichkeit auch noch von der betrachteten Höhe h_0 abhängen. Das ist der Fall, wenn der Einfluß der Gravitation berücksichtigt wird. Wir können also allgemein mit einer zunächst unbekannten Funktion $f(h_0)$ schreiben:

$$p_{(h_0 \leq h \leq h_0 + \Delta h)} = f(h_0)\Delta h$$

$f(h_0)$ wird *Wahrscheinlichkeitsdichte* genannt. Ist die Wahrscheinlichkeitsdichte als Funktion der Höhe h bekannt, kann die Wahrscheinlichkeit für das Auffinden des Gasmoleküls im Intervall Δh für jede Höhe h_0 durch obige Beziehung angegeben werden.

Der hier neu eingeführte Begriff der Wahrscheinlichkeitsdichte muß von der Wahrscheinlichkeit bei einer diskreten Wahrscheinlichkeitsverteilung scharf unterschieden werden. Die Wahrscheinlichkeitsdichte ist keine Wahrscheinlichkeit, sondern die

---

[2]Der theoretischen Überlegung, daß bei Zufallsexperimenten mit kontinuierlichen Zufallsvariablen von Null verschiedene Wahrscheinlichkeiten nicht für einzelne Werte, sondern nur für Intervalle definiert werden können, entspricht in der physikalischen Meßpraxis, daß durch eine Messung nie der wahre Wert einer Größe exakt bestimmt wird. Vielmehr kann durch die Messung nur ermittelt werden, daß die Größe in einem durch die Genauigkeit der Messung bestimmten Intervall liegt.

Wahrscheinlichkeit pro Einheit der Zufallsvariablen. Die Wahrscheinlichkeit selbst kann nur für ein Intervall der Zufallsvariablen angegeben werden. Die Wahrscheinlichkeit für das Intervall ergibt sich als Produkt aus Wahrscheinlichkeitsdichte und Intervallgröße.[3]

Wir bestimmen die Wahrscheinlichkeitsverteilung für unser Beispiel:

1. Fall: Wir nehmen zunächst an, daß der Einfluß der Schwerkraft vernachlässigt werden kann. Dann kann die Wahrscheinlichkeitsdichte nicht von h_0 abhängen. Die Wahrscheinlichkeit, das Molekül in einem Intervall der Länge Δh zu finden, ist

$$p = \frac{\Delta h}{H} = f(h) \cdot \Delta h$$

Die Wahrscheinlichkeitsdichte ist damit $f(h) = \frac{1}{H}$. Sie ist unabhängig von h.

2. Fall: Wir berücksichtigen den Einfluß der Schwerkraft. Dieser Einfluß schlägt dann besonders augenfällig zu Buche, wenn H vergleichbar wird mit der Ausdehnung der Erdatmosphäre. Die Dichte der Luft nimmt gemäß der barometrischen Höhenformel mit der Höhe ab. In der statistischen Mechanik wird die Wahrscheinlichkeitsdichte für ein Molekül unter Einbeziehung der Gravitation abgeleitet:

$$f(h) = \left\{ \begin{array}{ll} \frac{1}{a} e^{ch} & \text{für } 0 \leq h \leq H \\ 0 & \text{sonst} \end{array} \right.$$

a ist eine Konstante, die durch die Normierungsbedingung bestimmt wird:[4]

$$a = \frac{1}{c}(1 - e^{-cH})$$

Die Wahrscheinlichkeitsdichte ist in diesem Fall eine Funktion der Höhe h. Die Konstante c bestimmt sich aus der Dichte des Gases und seiner Temperatur.

Bezeichnen wir die Wahrscheinlichkeitsdichte einer beliebigen Zufallsvariablen mit $f(x)$. Um die Wahrscheinlichkeit zu bestimmen, daß x irgend einen Wert zwischen x_1 und x_2 annimmt, müssen wir die Wahrscheinlichkeiten für alle Intervalle x aufsummieren, die zwischen x_1 und x_2 liegen, wobei wir die Intervallgröße Δx gegen

---

[3] Vorausgesetzt wird, daß die Wahrscheinlichkeitsdichte innerhalb des Intervalls als konstant betrachtet werden kann.

[4] Berechnung von a durch die Normierungsbedingung:

$$1 = \int\limits_0^H f(h)\, dh = \int\limits_0^H \frac{1}{a} e^{-ch} dh = -\frac{1}{ca}\left[e^{-cH} - 1\right]$$

Null gehen lassen. Dabei geht die Summe in ein Integral über und wir erhalten

$$p\left(x_1 \le x \le x_2\right) = \int_{x_1}^{x_2} f\left(x\right) dx$$

Wahrscheinlichkeitsverteilungen müssen die Normierungsbedingung erfüllen. Die Normierungsbedingung für diskrete Wahrscheinlichkeitsverteilungen war:

$$\sum_i p_i = 1$$

Die *Normierungsbedingung bei kontinuierlichen Wahrscheinlichkeitsverteilungen* geht dementsprechend über in die Form

$$\int_{-\infty}^{+\infty} f\left(x\right) dx = 1$$

Hierbei haben wir vorausgesetzt, daß der Definitionsbereich der Zufallsvariablen x der gesamte Bereich der reellen Zahlen ist.

11.2   Mittelwert

Arithmetischer Mittelwert
Die Ergebnisse einer Klassenarbeit seien

Note	1	2	3	4	5	6
Anzahl	4	4	6	2	1	0

Oft ist es von Interesse, den Leistungsstand der Klasse durch Angabe *einer* Zahl zu charakterisieren. Naturgemäß verlieren wir dabei eine Menge an Information. Wir verzichten auf die Angabe der Noten eines jeden Schülers. Für viele Zwecke reicht die Charakterisierung durch eine Zahl aber aus, wenn wir diese Zahl sinnvoll gewählt haben. Die am häufigsten benutzte Möglichkeit ist die Angabe des *arithmetischen Mittelwertes*.

Der arithmetische Mittelwert der Schülernoten ist definiert als die Summe aller Schülernoten dividiert durch die Schülerzahl. Er beträgt bei unserem Beispiel:

$(1+1+1+1+2+2+2+2+3+3+3+3+3+3+4+4+5)$ / $17 = \frac{43}{17} = 2,5$

Das gleiche Problem tritt auf, wenn wir eine physikalische Größe mehrmals hintereinander gemessen haben und die Meßwerte nicht völlig miteinander übereinstimmen. Das ist bei praktischen Messungen meist der Fall. Auch hier nehmen wir den arithmetischen Mittelwert als zusammenfassende Angabe.

Verallgemeinerung:

Wir führen ein Zufallsexperiment N mal durch. Die Zufallsvariable x nehme dabei die Werte $x_1, \ldots, x_N$ an.

Der *arithmetische Mittelwert* x ist dann definiert als

$$\overline{x} = \frac{1}{N} \sum_{i=1}^{N} x_i$$

Mittelwerte diskreter Zufallsvariabler: Der Definitionsbereich einer diskreten Zufallsvariablen x bestehe aus den Werten $x_1, \ldots, x_k$. Wir führen das Zufallsexperiment N mal durch (es gelte $N > k$).

Der Zufallswert x_i trete dabei mit der Häufigkeit N_i auf. Der Mittelwert läßt sich dann vereinfachend schreiben als

$$\overline{x} = \frac{1}{N} \sum_{i=1}^{k} N_i x_i$$

Kennen wir die zu einer diskreten Zufallsvariablen gehörende Wahrscheinlichkeitsverteilung, ist der Mittelwert definiert als

$$\overline{x} = \sum_{i=1}^{k} p_i x_i$$

Mittelwerte kontinuierlicher Zufallsvariabler: Eine kontinuierliche Zufallsvariable x sei zwischen x_1 und x_2 definiert. Gegeben sei weiterhin die Wahrscheinlichkeitsdichte $f(x)$. Dann ist der Mittelwert von x gegeben durch

$$\overline{x} = \int_{x_1}^{x_2} x f(x) \, dx$$

Beispiel: Die Wahrscheinlichkeitsdichte für ein Gas in einem Zylinder war gegeben durch

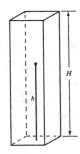

$$f(h) = \begin{cases} \dfrac{e^{-ch}}{\frac{1}{c}(1 - e^{-cH})} & \text{für } 0 \leq h \leq H \\ \\ 0 & \text{sonst} \end{cases}$$

Der Mittelwert der Zufallsvariable h = Höhe des Gasmoleküls ist[5]

$$\overline{h} = \int_0^H \frac{h e^{-ch}}{\frac{1}{c}(1 - e^{-cH})} dh \quad = \frac{c}{1 - e^{-cH}} \int_0^H h e^{-ch} dh = \frac{1}{c} - \frac{H e^{-cH}}{(1 - e^{-cH})}$$

---

[5] Hier wird partiell integriert.

Für ein Luftmolekül der Erdatmosphäre hat c den Wert $0,00018 m^{-1}$.

In der Abbildung ist die mittlere Höhe $\bar{h}$ eines Gasmoleküls über der Höhe H aufgetragen.

Für den Anfangsbereich kleiner H gilt $\bar{h} = \frac{H}{2}$, das bedeutet, der Mittelwert der Zufallsvariablen h liegt in der Mitte der Zylinderhöhe. Für den Bereich $H \rightarrow \infty$ geht $\bar{h}$ gegen den Grenzwert 5.400 m, das heißt, für beliebig große Zylinderhöhen bleibt $\bar{h}$ endlich und wird von H unabhängig.

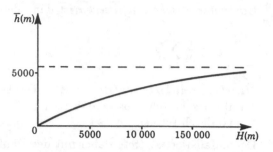

11.3   Binomialverteilung und Normalverteilung

Zehn Münzwürfe werden nacheinander ausgeführt. Die Wahrscheinlichkeit dafür, daß dabei k-mal Wappen und (1-k) mal Zahl auftritt, wird gegeben durch die *Binomialverteilung*. Sie gibt die Wahrscheinlichkeitsverteilung für ein N-mal durchgeführtes Zufallsexperiment an, das jeweils 2 mögliche Ausgänge hat. Für $N = 10$ und gleichwahrscheinliche Ausgänge sind die Wahrscheinlichkeiten als Funktion von k aufgetragen.

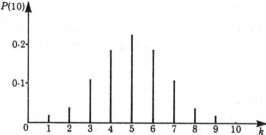

Diese Verteilung können wir experimentell auf folgende Art gewinnen. Auf einer Holzplatte werden Nägel pyramidenförmig angeordnet, so daß N Nagelreihen entstehen. Die Nagelreihen sind gegeneinander versetzt. Der jeweils obere Nagel steht mitten über je zwei Nägeln der unteren Reihe. Ein solches Nagelbrett heißt *Galton'sches Brett*.

Die Abbildungen zeigen ein Galton'sches Brett mit 4 Nagelreihen und eines mit 8 Reihen.

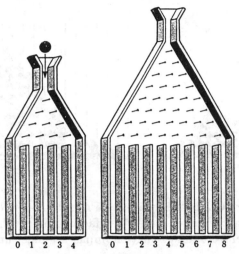

Aus einem Trichter läuft eine Kugel genau auf den obersten Nagel. Sie wird mit gleicher Wahrscheinlichkeit nach links oder rechts abgelenkt. Danach trifft sie auf einen Nagel der zweiten Reihe. Auf ihrem Weg nach unten trifft sie in jeder Reihe auf einen Nagel, und jedesmal wird sie mit gleicher Wahrscheinlichkeit nach rechts oder links abgelenkt. Unten wird die Kugel in Fächern aufgefangen. Der Weg der Kugel setzt sich bei N Nagelreihen aus N gleichwahrscheinlichen Ablenkungen nach rechts oder links zusammen. Dies entspricht genau N Experimenten mit je zwei gleichwahrscheinlichen Ausgängen – das aber ist genau das Problem der Binomialverteilung. Eine Kugel gelangt ins $k - te$ Fach, wenn sie an k Nägeln nach links und an $(n - k)$ Nägeln nach rechts abgelenkt wurde. Die Wahrscheinlichkeit $p_N(k)$ hierfür ist:[6]

$$p_N(k) = \binom{N}{N_k}\left(\frac{1}{2}\right)^k \left(\frac{1}{2}\right)^{N-k} = \binom{N}{N_k}\left(\frac{1}{2}\right)^N$$

Läßt man viele Kugeln über das Galton'sche Brett laufen, werden sie sich gemäß den Wahrscheinlichkeiten $p_N(k)$ auf die einzelnen Fächer verteilen. Die relative Zahl der Kugeln in den einzelnen Fächern nähert sich dann der Binomialverteilung.
Bei der praktischen Ausführung müssen allerdings Kugelradius und Nagelabstand geeignet gewählt werden, um die idealisierten Bedingungen zu erhalten.

---

[6]Die Ableitung ist in 11.3.2 ausgeführt.

Die Abbildungen zeigen empirisch gewonnene Häufigkeitsverteilungen für die Fälle $N = 4$, $N = 8$ und $N = 24$.

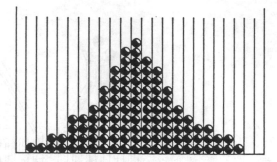

Wir erhöhen nun beim Galton'schen Brett die Anzahl N der Nagelreihen und damit der Auffangfächer, machen aber die Auffangfächer immer schmaler. Dabei werden die Treppenstufen der Verteilungsfunktion immer schmaler und niedriger.

Im Grenzfall $N \rightarrow \infty$ erhalten wir die nebenstehende kontinuierliche Funktion, die Gaußsche Glockenkurve:[7]

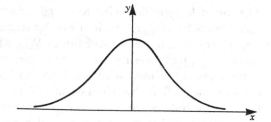

Eine solche Verteilung heißt *Normalverteilung*.

11.3.1 Eigenschaften der Normalverteilung

Der hier ohne Beweis mitgeteilte[8] analytische Ausdruck für die Normalverteilung ist

$$f(x) = \frac{1}{\sigma \cdot \sqrt{2\pi}} e^{-\frac{1}{2}\left(\frac{x}{\sigma}\right)^2}$$

Die Normalverteilung ist symmetrisch zum Koordinatenursprung. Ihr Maximum liegt bei $x = 0$ (der Leser kann dieses Extremwertproblem leicht selbständig lösen).

---

[7]Die Gaußsche Glockenkurve ist bereits im Abschnitt 7.5.3 „Integration über Potenzreihenentwicklung" erwähnt worden. Der Beweis, daß die Binomialverteilung für $N \rightarrow \infty$ in die Normalverteilung übergeht, ist recht kompliziert. (Beweis z.B.: E. Kreyszig: Statistische Methoden und ihre Anwendungen. Göttingen 1968)

[8]Siehe Kreyszig: Statistische Methoden und ihre Anwendungen. Göttingen 1968

Der Parameter σ bestimmt die spezielle Gestalt der Normalverteilung. Die Abbildung zeigt Normalverteilungen für $\sigma = 1, \sigma = 2, \sigma = 5$.

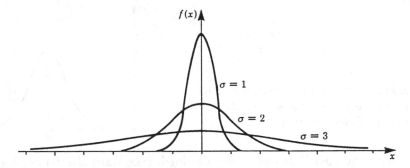

Ist σ klein, so ist die Kurve schmal und hoch bei scharf ausgeprägtem Maximum. Je größer σ, desto flacher und breiter ist der Kurvenverlauf. Dabei bleibt die Fläche unter der Kurve konstant.

Die Normalverteilung ist eine Wahrscheinlichkeitsverteilung. Sie muß der Normierungsbedingung genügen – die Summe über alle Wahrscheinlichkeiten muß 1 ergeben.

$$\int\limits_{-\infty}^{+\infty} f(x)\, dx = \int\limits_{-\infty}^{+\infty} \frac{1}{\sigma\sqrt{\pi}} e^{-\frac{1}{2}\left(\frac{x}{\sigma}\right)^2}\, dx = 1$$

Der Beweis wird im Anhang A dieses Kapitels gegeben.

Betrachten wir die Normalverteilung als Wahrscheinlichkeitsverteilung einer Zufallsvariablen x, können wir den Mittelwert dieser Zufallsvariablen berechnen. Mit dem Ausdruck für den Mittelwert kontinuierlicher Zufallsvariablen erhalten wir

$$\overline{x} = \int\limits_{-\infty}^{+\infty} x\, f(x)\, dx$$

$$\overline{x} = \int\limits_{-\infty}^{+\infty} \frac{x}{\sigma\sqrt{2\pi}} e^{-\frac{1}{2}\left(\frac{x}{\sigma}\right)^2}\, dx$$

$$\overline{x} = \left[-\frac{2\sigma}{\sigma\sqrt{2\pi}}\, e^{-\frac{1}{2}\left(\frac{x}{\sigma}\right)^2} \right]_{-\infty}^{+\infty} = 0$$

In diesem Fall hat die normalverteilte Zufallsvariable den Mittelwert 0.

Durch Parallelverschiebung um einen beliebigen Wert μ längs der x-Achse erhalten wir eine neue Normalverteilung. Sie entsteht aus der vorherigen, wenn wir x durch $(x - \mu)$ ersetzen.

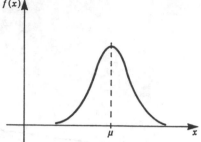

$$f\left(x\right) = \frac{1}{\sigma\sqrt{\pi}}e^{-\frac{1}{2}\left(\frac{(x-\mu)}{\sigma}\right)^2}$$

Das Maximum dieser Funktion wird bei der Parallelverschiebung ebenfalls verschoben. Es liegt jetzt bei $x = \mu$.

Der Mittelwert der Zufallsvariablen, die durch diese Normalverteilung bestimmt ist, liegt ebenfalls bei $\overline{x} = \mu$.[9]

Für den Parameter σ gilt die Beziehung[10]:

$$\sigma^2 = \int\limits_{-\infty}^{+\infty} (x - \mu)^2 f\left(x\right) dx$$

---

[9] Aus Übungsgründen kann man die Lage des Mittelwertes der neuen Normalverteilung auch direkt ermitteln:

$$\overline{x} \;\; = \;\; \int\limits_{-\infty}^{+\infty} x\, f\left(x\right) dx$$

$$\overline{x} \;\; = \;\; \int\limits_{-\infty}^{+\infty} x\frac{1}{\sigma\sqrt{2\pi}}e^{-\frac{1}{2}\left(\frac{(x-\mu)}{\sigma}\right)^2} dx$$

Mit der Substitution $z = x - \mu \qquad x = z + \mu \qquad dz = dx$ erhalten wir

$$\overline{x} \;\; = \;\; \int\limits_{-\infty}^{+\infty} (z + \mu)\frac{1}{\sigma\sqrt{2\pi}}e^{-\frac{1}{2}\left(\frac{z}{\sigma}\right)^2} dz$$

$$\overline{x} \;\; = \;\; \underbrace{\int\limits_{-\infty}^{+\infty} z\frac{1}{\sigma\sqrt{2\pi}}e^{-\frac{1}{2}\left(\frac{z}{\sigma}\right)^2} dz}_{=0} \;\; + \;\; \mu\underbrace{\int\limits_{-\infty}^{+\infty} \frac{1}{\sigma\sqrt{2\pi}}e^{-\frac{1}{2}\left(\frac{z}{\sigma}\right)^2} dz}_{=\mu\cdot 1}$$

Also gilt $\overline{x} = \mu$

[10] Der Beweis ist in 11.3.4 ausgeführt.

σ bestimmt die Breite der Normalverteilung. Bezieht man sich auf die zugeordnete Zufallsvariable, so ist diese Breite ein Maß für die Streuung der Variablen um den Mittelwert. Diese Bedeutung wird im Kapitel „Fehlerrechnung" diskutiert.

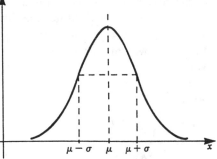

Die Normalverteilung ist symmetrisch um ihr Maximum bei $x = \mu$.[11]

11.3.2   Herleitung der Binomialverteilung

Es gibt Zufallsexperimente, die nur zwei mögliche Ausgänge haben (z.B. Münzenwurf). Diese Klasse von Experimenten ist für praktische Anwendungen besonders wichtig.

Bezeichnen wir die beiden möglichen Ausgänge des Experimentes mit A und B und seien p_A und p_B die Wahrscheinlichkeiten für das Auftreten der Ereignisse A und B. Da mit A und B bereits alle Elementarereignisse dieses Zufallsexperimentes erfaßt sind, gilt: $p_A + p_B = 1$

Wir führen jetzt das Experiment N-mal hintereinander aus. Z.B. werfen wir N-mal eine Münze.

Wir stellen uns folgende Frage: Wie groß ist die Wahrscheinlichkeit, daß von den N Experimenten N_A zu dem Ereignis A führen? Wir nennen die gesuchte Wahrscheinlichkeit $p_N(N_A)$

Bei dieser Fragestellung interessiert nicht, in welcher Reihenfolge die N_A Ereignisse A auftreten. Die beiden speziellen Ausgänge werden als gleichwertig betrachtet.

$$AABBAA \qquad \text{ist gleich} \qquad BBAAAA$$

Wir zerlegen die Beantwortung unserer Frage in drei Teilschritte.

1. Schritt: Wir berechnen die Wahrscheinlichkeit für das Auftreten eines speziellen Ausgangs mit N_A Ereignissen A und N_B Ereignissen B.

2. Schritt: Wir berechnen die Zahl der speziellen Ausgänge, die sich nur in der Anordnung, aber nicht in N unterscheiden. Das ist die aus 10.3.2 bekannte Permutation mit jeweils N_A und N_B gleichen Elementen.

---

[11]Beweis: Zu zeigen ist, daß gilt $f(\mu - a) = f(\mu + a)$ ist.
Einsetzen ergibt

$$\frac{1}{\sigma\sqrt{2\pi}}e^{-\frac{1}{2}(\frac{\mu-a-\mu}{\sigma})^2} = \frac{1}{\sigma\sqrt{2\pi}}e^{-\frac{1}{2}(\frac{\mu+a-\mu}{\sigma})^2}$$

$$\text{oder} \quad e^{-\frac{1}{2}(\frac{-a}{\sigma})^2} \quad = e^{-\frac{1}{2}(\frac{+a}{\sigma})^2}$$

Damit ist die Behauptung bewiesen.

3. Schritt: Wir berechnen aus der Wahrscheinlichkeit für einen speziellen Ausgang
          und der Zahl der gleichwertigen Ausgänge die gesuchte Wahrscheinlich-
          keit dafür, daß von N Experimenten N_A zum Ereignis A führen.

Beginnen wir mit Schritt 1:

Wir greifen uns einen speziellen Ausgang heraus. Beispielsweise denjenigen, bei dem zuerst N_A-mal das Ereignis A und danach $N_B = (N - N_A)$-mal das Ereignis B eintritt.

$$\underbrace{A\,A\,A\ldots A\,A}_{N_A\text{-mal}} \qquad \underbrace{B\,B\,B\ldots B\,B}_{(N-N_A)\text{-mal}}$$

Das Elementarereignis A hat die Wahrscheinlichkeit p_A. Die Verbundwahrscheinlichkeit für das Auftreten von N_A Ereignissen A ist

$$p_{N_A} = p_A \cdot p_A \cdot \ldots \cdot p_A = p_A^{N_A}$$

Das Elementarereignis B habe die Wahrscheinlichkeit p_B. Die Verbundwahrscheinlichkeit für das Auftreten von $N_B = N - N_A$ Ereignissen B ist

$$p_{N_B} = p_B \cdot p_B \cdot \ldots \cdot p_B = p_B^{N_B} = p_B^{(N-N_A)}$$

Die Verbundwahrscheinlichkeit $p_{N_A N_B}$ für das gleichzeitige Auftreten von N_A Ereignissen A *und* N_B Ereignissen B ist dann

$$p_{N_A N_B} = p_A^{N_A} \cdot p_B^{N_B} = p_A^{N_A} \cdot p_B^{(N-N_A)}$$

Damit haben wir die Wahrscheinlichkeit für das Auftreten eines speziellen Versuchsausganges bestimmt.

Schritt 2:

In Abschnitt 10.3.2 hatten wir die Anzahl von Permutationen von teilweise gleichen Elementen bestimmt. Wir haben N Elemente und davon N_A sowie N_B gleiche Elemente. Dann ist die Zahl der Permutationen

$$\frac{N!}{N_A! \cdot N_B!}$$

Wenn wir $\quad N_B = N - N_A \quad$ einsetzen: $\quad \frac{N!}{N_A!(N-N_A)!} = \binom{N}{N_A}$

Schritt 3:

Jede der Permutationen aus Schritt 2 hat die gleiche Auftrittswahrscheinlichkeit. Die Wahrscheinlichkeit, daß irgendeine dieser Permutationen auftritt, ist nach dem Additionstheorem für Wahrscheinlichkeiten (siehe Abschnitt 11.2.4) durch Aufsummieren der Wahrscheinlichkeiten aller dieser Permutationen gegeben.

Mit den Ergebnissen aus Schritt 1 und Schritt 2 erhalten wir das folgende Resultat: Die Wahrscheinlichkeit $p(N_A)$, daß von N Zufallsexperimenten N_A den Ausgang A haben, ist gleich

$$p_N(N_A) = \frac{N!}{N_A!(N-N_A)!} \cdot p_A^{N_A} p_B^{N-N_A} = \binom{N}{N_A} \cdot p_A^{N_A} \cdot p_B^{N-N_A}$$

Das bedeutet gleichzeitig, von den N Experimenten hat der Rest den Ausgang B.

Bei vorgegebenen N, p_A und p_B ist diese Wahrscheinlichkeit eine Funktion von N_A. Der Definitionsbereich dieser Funktion ist die Menge der natürlichen Zahlen von 0 bis N. Für jedes N_A aus dieser Menge können wir gemäß der obigen Formel die dazugehörige Wahrscheinlichkeit berechnen. Die Gesamtheit dieser Wahrscheinlichkeiten nennt man *Binomialverteilung*.[12]

Zusammenfassung:
Ein Experiment habe zwei mögliche Ausgänge A und B, die mit den Wahrscheinlichkeiten p_A und p_B eintreten. Führen wir N solcher Experimente durch, dann ist die Wahrscheinlichkeit für das Auftreten von N_A Ausgängen A durch die Binomialverteilung gegeben.

Die *Binomialverteilung* gibt die Wahrscheinlichkeit,
daß von N Experimenten N_A den Ausgang A haben:

$$p_N(N_A) = \binom{N}{N_A} \cdot p_A^{N_A} \cdot p_B^{N-N_A}$$

Die N-malige Wiederholung eines Experimentes kann ersetzt werden durch die gleichzeitige Durchführung von N gleichen Experimenten. So kann entweder eine Münze N-mal geworfen werden oder N gleiche Münzen werden einmal geworfen.

11.4   Anhang A

Berechnung des Integrals $I = \dfrac{1}{\sigma\sqrt{2\pi}} \displaystyle\int\limits_{-\infty}^{\infty} e^{-\frac{1}{2}\left(\frac{x-\mu}{\sigma}\right)^2} dx$:

Zuerst substituieren wir $\frac{1}{\sqrt{2}}\left(\frac{x-\mu}{\sigma}\right) = z$.

Für dx haben wir dann zu setzen $dx = \sqrt{2}\sigma dz$. Das Integral wird damit

$$I = \frac{1}{\sqrt{\pi}} \int\limits_{-\infty}^{\infty} e^{-z^2} dz$$

---

[12] Aus der Binomialverteilung mit $p_A - p_B = \frac{1}{2}$ läßt sich, im Grenzübergang $N \to \infty$ die Normalverteilung gewinnen.

Zur weiteren Rechnung benutzen wir einen Trick. Wir multiplizieren die beiden Ausdrücke

$$I = \frac{1}{\sqrt{\pi}} \int\limits_{-\infty}^{\infty} e^{-z^2} dz \quad \text{und} \quad I = \frac{1}{\sqrt{\pi}} \int\limits_{-\infty}^{\infty} e^{-u^2} du$$

und erhalten ein Doppelintegral (siehe Kapitel „Mehrfachintegrale")

$$I^2 = \frac{1}{\pi} \int\limits_{-\infty}^{\infty} e^{-z^2} dz \int\limits_{-\infty}^{\infty} e^{-u^2} du = \frac{1}{\pi} \int\limits_{-\infty}^{\infty} \int\limits_{-\infty}^{\infty} e^{-(z^2+u^2)} dz du$$

Wir führen jetzt ebene Polarkoordinaten ein (siehe Kapitel „Mehrfachintegrale")

$$r^2 = z^2 + u^2, \quad \begin{array}{ccc} z & = & r \cos\varphi \\ u & = & r \sin\varphi \end{array}$$

Das differentielle Flächenelement $dzdu$ geht über in $rdrd\varphi$. Über φ wird im Bereich $0 \leq \varphi \leq 2\pi$ integriert, über r wird von 0 bis ∞ integriert. Wir erhalten:

$$I^2 = \frac{1}{\pi} \int\limits_{0}^{\infty} \int\limits_{0}^{\infty} e^{-(z^2+u^2)} dz du = \frac{1}{\pi} \int\limits_{0}^{\infty} \int\limits_{0}^{2\pi} e^{-r^2} r \, dr \, d\varphi.$$

Die Integration über $d\varphi$ liefert $\int\limits_{0}^{2\pi} d\varphi = 2\pi$.

Damit ist

$$I^2 = 2 \int\limits_{0}^{\infty} r \cdot e^{-r^2} dr.$$

Das Integral $2 \int\limits_{0}^{\infty} r \cdot e^{-r^2} dr$ können wir schreiben als

$$2 \int\limits_{0}^{\infty} d(-\frac{1}{2} e^{-r^2}) = 2 \left[-\frac{1}{2} e^{r^2} \right]_{0}^{\infty} = 2 \left[0 + \frac{1}{2} \right] = 1.$$

Damit haben wir bewiesen, daß $I^2 = 1$ gilt und daher auch, daß gilt:

$$I = \frac{1}{\sigma\sqrt{2\pi}} \int\limits_{-\infty}^{\infty} e^{-\frac{1}{2}(\frac{x-\mu}{\sigma})^2} dx = 1$$

Setzen wir in diesem Integral $\mu =$ und $2\sigma = 1$, dann erhalten wir

$$\frac{1}{\sqrt{\pi}} \int\limits_{-\infty}^{\infty} e^{-x^2} dx = 1 \quad \text{oder} \quad \int\limits_{-\infty}^{\infty} e^{-x^2} dx = \sqrt{\pi}.$$

Anhang B

Berechnung des Integrals $\quad \dfrac{1}{\sigma\sqrt{2\pi}} \int\limits_{-\infty}^{\infty} (x-\mu)^2 e^{-\frac{1}{2}\left(\frac{x-\mu}{\sigma}\right)^2} dx$

Wir substituieren $z^2 = \frac{1}{2}\left(\frac{x-\mu}{\sigma}\right)^2$, $\qquad$ also $(x-\mu)^2 = 2\sigma^2 z^2$
$\qquad\qquad\qquad\qquad\qquad\qquad\qquad$ und $dx = \sqrt{2}\sigma dz$

Das Integral $\dfrac{1}{\sigma\sqrt{2\pi}} \int\limits_{-\infty}^{\infty} (x-\mu)^2 e^{-\frac{1}{2}\left(\frac{x-\mu}{\sigma}\right)^2} dx$ geht dabei über in $\dfrac{2\sigma^2}{\sqrt{\pi}} \int\limits_{-\infty}^{\infty} z^2 e^{-z^2} dz$

Wir integrieren partiell

$$\int\limits_{-\infty}^{\infty} \frac{2\sigma^2}{\sqrt{\pi}} z^2 e^{-z^2} dz = \frac{2\sigma^2}{\sqrt{\pi}} \int\limits_{-\infty}^{\infty} z \, d\left(-\frac{1}{2} e^{-z^2}\right)$$

$$= \underbrace{\frac{2\sigma^2}{\sqrt{\pi}} \left[-z\frac{1}{2} e^{-z^2}\right]_{-\infty}^{+\infty}}_{=0} - \frac{2\sigma^2}{\sqrt{\pi}} \int\limits_{-\infty}^{\infty} \left(-\frac{1}{2} e^{-z^2}\right) dz$$

$$= \frac{\sigma^2}{\sqrt{\pi}} \int\limits_{-\infty}^{\infty} e^{-z^2} dz$$

Nach Anhang A gilt

$$\int\limits_{-\infty}^{\infty} e^{-z^2} dz = \sqrt{\pi} \quad \text{Damit wird} \quad \frac{1}{\sigma\sqrt{2\pi}} \int\limits_{-\infty}^{\infty} (x-\mu)^2 e^{-\frac{1}{2}\left(\frac{x-\mu}{\sigma}\right)^2} dx = \sigma^2$$

11.5   Übungsaufgaben

11.1 Zwei Würfel werden geworfen. Berechnen Sie den Mittelwert der Zufallsvariablen „Summe der Augenzahlen".

11.2 Eine Zufallsvariable x hat die Wahrscheinlichkeitsdichte

$$f(x) = \begin{cases} \frac{x}{2} \text{ für } 0 \leq x \leq 2 \\ \\ 0 \text{ sonst} \end{cases}$$

Berechnen Sie den Mittelwert der Zufallsvariablen x.

11.3 60% der Studenten, die das Physikstudium mit dem Ziel „Diplom-Physiker" beginnen, schließen ihr Studium erfolgreich ab.
Wie groß ist die Wahrscheinlichkeit, daß in einer Gruppe von zehn zufällig ausgewählten Physikstudenten des 1. Semesters acht das Physikdiplom erhalten?

11.4 Berechnen Sie die Mittelwerte der Zufallsvariablen x, die nach den folgenden Normalverteilungen verteilt sind

$$\text{a) } f(x) = \frac{1}{3\sqrt{2\pi}} e^{-\frac{(x-2)^2}{18}} \qquad \text{b) } f(x) = \frac{1}{\sqrt{2\pi}} e^{-\frac{(x+4)^2}{2}}$$

Lösungen

11.1 Die Wahrscheinlichkeit für die Zufallsvariable „Summe der Augenzahlen" war in Abschnitt 10.1.1 angegeben. $\bar{x} = 7$

11.2 $\bar{x} = \int\limits_{-\infty}^{+\infty} x \, f(x) \, dx = \int\limits_{0}^{2} x\frac{x}{2} \, dx = \left[\frac{x^3}{6}\right]_0^2 = \frac{4}{3}$

11.3 $p = \binom{10}{8}(0,6)^8 \cdot (0,4)^2 = 45 \cdot 0,016 \cdot 0,16 = 0,12$

11.4 Nach Abschnitt 11.3.1 hat die Zufallsvariable den Mittelwert μ

$$f(x) = \frac{1}{\sigma\sqrt{2\pi}} e^{-\frac{1}{2}\left(\frac{x-\mu}{\sigma}\right)^2}$$

Damit folgt
a) $\bar{x} = 2$ \qquad b) $\bar{x} = -4$

12 Fehlerrechnung

12.1 Aufgabe der Fehlerrechnung

Die Fehlerrechnung ist ein Teilbereich der mathematischen Statistik. Sie befaßt sich mit folgendem Sachverhalt: Gegeben sind die Ergebnisse von Messungen, wie sie im Labor durchgeführt werden. Gesucht sind Aussagen über den „wahren" Wert der gemessenen Größe und eine Abschätzung der Genauigkeit der Messung. Führt man eine Messung durch, können zwei Typen von Meßfehlern auftreten: *Systematische Fehler und Zufallsfehler.*

Systematische Fehler entstehen durch Fehler der Meßinstrumente oder des Meßverfahrens. Sie verfälschen das Ergebnis immer in eine bestimmte Richtung, so daß das Ergebnis entweder zu groß oder zu klein ausfällt. Die Ursachen für das Auftreten von systematischen Fehlern können z.b. in der falschen Eichung von Meßinstrumenten[1] oder in der Nichtberücksichtigung von Nebeneffekten liegen. So muß bei der Ortsbestimmung eines Sternes die Brechung des Lichtweges in der Erdatmosphäre beachtet werden.

Systematische Fehler sind nur durch eine kritische Analyse des Meßverfahrens und der Meßgeräte zu vermeiden. Systematische Fehler können *nicht* mit Hilfe der Fehlerrechnung entdeckt werden.

Zufallsfehler treten durch verschiedene Störeinflüsse bei Messungen auf. Sie führen dazu, daß bei der Wiederholung von Messungen nicht absolut gleiche Ergebnisse anfallen. Die Meßwerte streuen. Wird ein Gegenstand mehrmals hintereinander gewogen, erhält man unterschiedliche Ergebnisse. Auch bei größter Sorgfalt wird die Stellung des Zeigers zwischen den zwei feinsten Strichen der jeweiligen Skala nicht immer gleich abgelesen. Auch die Waage kommt nicht immer an derselben Stelle zum Stillstand. Zufallsfehler sind das Resultat einer Vielzahl von Störfaktoren, die bei Messungen nie vollständig ausgeschlossen werden können.

Der Einfluß der Zufallsfehler kann durch bessere Meßverfahren zurückgedrängt werden, die Meßgenauigkeit kann um Zehnerpotenzen verbessert werden, dennoch hat jedes Gerät eine Grenze der Meßgenauigkeit. An dieser Grenze treten immer Zufallsfehler auf.

Die Aufgabe der Fehlerrechnung läßt sich nun präziser formulieren: Zunächst ist von den Meßergebnissen auf den „wahren" Wert der gemessenen Größe zu schließen. Dann ist die Zuverlässigkeit der Messung abzuschätzen.

---

[1] Die Geschwindigkeitsanzeige durch das Autotachometer hat sehr häufig einen systematischen Fehler, der gelegentlich sogar seitens der Hersteller eingeplant ist. Meist zeigt das Tachometer eine um bis zu 5% größere Geschwindigkeit an. Erlaubt sind Abweichungen zwischen 0% und 7% Voreilung.

12.2 Mittelwert und Varianz

12.2.1 Mittelwert

Die Erdbeschleunigung soll durch einen Fallversuch bestimmt werden. Dabei wird die Fallzeit einer Kugel mit einer Stoppuhr und die Fallstrecke mit einem Metermaß gemessen. Um die Zuverlässigkeit zu erhöhen, werden die Messungen in Form einer Meßreihe wiederholt. Eine Reihe von beispielsweise 20 Messungen bezeichnet man als *Stichprobe* aller möglichen Messungen bei dieser Versuchsanordnung. Als beste Schätzung des – unbekannten „wahren" – Wertes der Fallzeit betrachtet man den arithmetischen Mittelwert[2] der N Messungen.

$$\overline{x} = \frac{1}{N} \sum_{j=1}^{N} x_i$$

Kommen einzelne Meßergebnisse mehrfach vor, läßt sich der Mittelwert mit Hilfe der Angabe von Häufigkeiten darstellen. Dabei ist $h_j = \frac{n_j}{N}$ die relative Häufigkeit[3] des Meßergebnisses x_j.

$$\overline{x} = \sum_{j=1}^{k} h_j \cdot x_j$$

Für den arithmetischen Mittelwert gilt:
Die *Summe aller Abweichungen der Einzelmessungen vom Mittelwert verschwindet*:

$$\sum_{i=1}^{N} \Delta x_i = \sum_{i=1}^{N} (x_i - \overline{x}) = 0$$

Die Zufallsfehler kompensieren sich für den Mittelwert.

12.2.2 Varianz

Die Einzelmessungen weichen aufgrund der Zufallsfehler vom Mittelwert ab. Diese Abweichungen sind umso geringer, je zuverlässiger und genauer die Messungen sind. Daher erlauben diese Abweichungen einen Rückschluß auf die Zuverlässigkeit der

---

[2] Andere Mittelwerte sind: *Geometrisches Mittel* $\overline{x}_g = \sqrt[N]{x_1 \cdot x_2 \cdot \ldots \cdot x_N}$
Harmonisches Mittel $\frac{1}{x_h} = \frac{1}{N}(\frac{1}{x_1} + \ldots + \frac{1}{x_N})$
Median: Werden N Messungen der Größe nach geordnet, so ist der Median die Größe des Meßwertes, der in der Mitte dieser Reihe liegt. Für den Median ist die Zahl der Abweichungen nach beiden Seiten gleich. Beim Median wirken sich einzelne extreme Zufallsfehler weniger aus als beim arithmetischen Mittelwert. Beispiel: mittlere Studienzeit.
[3] Beim Grenzübergang $N \to \infty$ gehen die relativen Häufigkeiten h_j in die Wahrscheinlichkeiten p_j über (vgl. 18.2).

Messung und die Größe der Zufallsfehler. Um diesen Rückschluß durchzuführen, müssen wir ein Maß für die Streuung definieren. Wir gehen dazu von den Abweichungen zwischen Einzelmessung und Mittelwert aus. Da sich positive und negative Abweichungen vom Mittelwert aufheben, verschwindet ihre Summe. Bildet man jedoch die Quadrate der Abweichungen, erhält man nur positive Werte und deren Summe verschwindet nicht mehr.

Ein zweckmäßiges Maß für die Streuung ist der Mittelwert der Quadrate der Abweichungen zwischen Einzelmessungen und Mittelwert. Dieses Maß heißt *Varianz*[4] oder Streuung.

> Definition: *Varianz* – oder Streuung – ist der Mittelwert der Abweichungsquadrate
>
> $$s^2 = \frac{1}{N} \sum_{i=1}^{N} (x_i - \overline{x})^2 \qquad (12.1)$$

Liegt eine Tabelle der relativen Häufigkeiten der Meßwerte vor, so läßt sich die Formel umschreiben zu:

$$s^2 = \sum_{j=1}^{k} h_j \cdot (x_j - \overline{x})^2$$

Die Varianz hat die Dimension des Quadrats der gemessenen physikalischen Größe. Ein Abweichungsmaß von der Dimension der Meßgröße erhalten wir, wenn wir aus der Varianz die Wurzel ziehen. Dieses Maß heißt *Standardabweichung*.

> Definition: *Standardabweichung*
>
> $$s = \sqrt{\frac{1}{N} \sum_{i=1}^{N} (x_i - \overline{x})^2} \qquad (12.2)$$

Geht man von den relativen Häufigkeiten aus, so läßt sich die Standardabweichung wie folgt ausdrücken:

$$s = \sqrt{\sum_{j=1}^{k} h_j (x_j - \overline{x})^2}$$

---

[4] Die Wahl der Abweichungsquadrate als Grundlage für das Streuungsmaß geht auf Gauß zurück (Gauß'sche Methode der kleinsten Quadrate). Der Name Varianz stammt aus dem Englischen (variance = Abweichung, Veränderung). Wir werden im folgenden den Begriff Varianz benutzen. Grund: Im Schrifttum wird der Begriff Streuung sowohl für die Varianz wie für die daraus abzuleitende Standardabweichung benutzt. Das führt zu Mißverständnissen.

Bedeutung der Standardabweichung[5]: Bei einer großen Anzahl von Messungen liegen etwa 68% aller Meßwerte x im Intervall $\overline{x} - s < x < \overline{x} + s$

Für den arithmetischen Mittelwert wird die Varianz und damit auch die Standardabweichung minimiert.

Beweis: Die Varianz ist der Mittelwert der Abweichungsquadrate von einem frei wählbaren Bezugswert $\tilde{x}$.

$$s^2 = \frac{1}{N} \sum_{i}^{N} (x_i - \tilde{x})^2$$

Der Bezugswert soll so gewählt werden, daß die Varianz zu einem Minimum wird. Wir fassen den Bezugswert als unabhängige Größe auf und suchen das Minimum nach den Regeln der Differentialrechnung:

$$\frac{d}{d\tilde{x}}(s^2) = 0 \quad = \quad \frac{d}{d\tilde{x}} \frac{1}{N} \sum_{1}^{N} (x_i - \tilde{x})^2 = \frac{1}{N} \sum_{1}^{N} 2(x_i - \tilde{x})(-1)$$

$$0 \quad = \quad \sum_{1}^{N} x_i - N \cdot \tilde{x} \qquad \tilde{x} = \frac{1}{N} \sum_{1}^{N} x_i$$

$\tilde{x}$ ist identisch mit dem arithmetischen Mittelwert $\overline{x}$. Weiter gilt

$$\frac{d^2}{d\tilde{x}^2}(s^2) = +2 \qquad \text{und damit gilt} \qquad \frac{d^2}{d\tilde{x}^2}(s^2) > 0$$

Damit ist bewiesen, daß die Varianz für $\tilde{x} = \overline{x}$ ein Minimum annimmt.

12.2.3   Mittelwert und Varianz in Stichprobe und Grundgesamtheit

Eine Stichprobe enthalte N Messungen eines Meßpunktes. Wir betrachten sie als zufällige Auswahl aus der Menge aller möglichen Messungen bei dieser Versuchsanordnung. Diese Menge aller möglichen Messungen heißt *Grundgesamtheit*. Die Grundgesamtheit ist immer größer als die Stichprobe.
Die Grundgesamtheit ist ebenso wie die Stichprobe durch Mittelwert und Varianz charakterisiert. Der Mittelwert der Grundgesamtheit ist der hypothetische „wahre" Wert. Die Werte, die sich auf die Grundgesamtheit beziehen, können immer nur aufgrund der Stichprobendaten geschätzt werden. Diese Schätzung ist umso zuverlässiger, je größer die Stichprobe ist.

---

[5] In Abschnitt 12.5 gehen wir auf diese Aussage ausführlicher ein.

Größen, die sich auf Stichproben beziehen, werden durch lateinische Buchstaben bezeichnet:

Mittelwert: $\overline{x}$

Varianz: s^2

Größen, die sich auf Grundgesamtheiten beziehen, bezeichnet man durch griechische Buchstaben:

Mittelwert: μ

Varianz: σ^2

Die Werte, die sich auf die Grundgesamtheit beziehen, können aufgrund von Stichprobendaten nur geschätzt werden. Diese Schätzungen sind es jedoch, die uns interessieren. Wir erkennen hier, daß die Ergebnisse von Messungen immer mehr oder weniger gute Schätzungen der unbekannten wahren Werte sind. Die wichtigen Formeln für diese Schätzungen müssen wir leider hier ohne Beweis mitteilen.[6]

Beste *Schätzung des Mittelwertes*: Arithmetischer Mittelwert

$$\mu \approx \overline{x} = \sum_{i=1}^{N} \frac{x_i}{N} \qquad (12.3)$$

Beste *Schätzung der Varianz*:

$$\sigma^2 \approx \frac{N}{N-1} \cdot s^2 = \frac{\sum_{i=1}^{N}(x_i - \overline{x})^2}{N-1}$$

Diese Schätzung ist um den Faktor $\frac{N}{N-1}$ größer als die Varianz der Stichprobe.

Beste *Schätzung der Standardabweichung*:

$$\sigma \approx \sqrt{\frac{N}{N-1}} \cdot s = \sqrt{\frac{1}{N-1} \cdot \sum_{i=1}^{N}(x_i - \overline{x})^2}$$

Beispiel: Die Dicke d eines Drahtes werde mehrmals gemessen. Der Mittelwert und die Standardabweichung der Grundgesamtheit sollen berechnet werden. Dazu eignet sich folgendes Schema:

---

[6] Eine Ableitung ist in diesem Zusammenhang nicht geboten, siehe dazu R. Zurmühl: Praktische Mathematik, Berlin 1965, S. 278 ff.

Für hinreichend große N ist $\frac{N}{N-1} \approx 1$ und man kann dann s^2 als Schätzung für σ^2 benutzen. Das ist in der Praxis meist der Fall.

Meßwerte x_i in mm	$x_i - \bar{x}$ in mm	$(x_i - \bar{x}_2)^2$ in mm^2
$14,1 \cdot 10^{-2}$	$-0,1 \cdot 10^{-2}$	$0,01 \cdot 10^{-4}$
$13,8$	$-0,4$	$0,16$
$14,3$	$0,1$	$0,01$
$14,2$	0	0
$14,5$	$0,3$	$0,09$
$14,1$	$-0,1$	$0,01$
$14,2$	0	0
$14,4$	$0,2$	$0,04$
$14,3$	$0,1$	$0,01$
$13,9$	$-0,3$	$0,09$
$14,4$	$0,2$	$0,04$
$\sum \quad 156,2 \cdot 10^{-2}$	0	$0,46 \cdot 10^{-4}$

1. Schritt: Wir tragen die Meßwerte der Reihe nach in die erste Spalte ein und berechnen den Mittelwert der Stichprobe.

$$N = 11$$

$$\bar{x} = \bar{d} = \frac{156,2 \cdot 10^{-2}}{11} \text{mm} = 0,142 \text{mm}$$

2. Schritt: Wir füllen die beiden letzten Spalten und berechnen die Varianz der Stichprobe.

$$s^2 = \frac{0,46 \cdot 10^{-4}}{11} \text{mm}^2 = 0,042 \cdot 10^{-4} \text{mm}^2 \tag{12.4}$$

$$s = 0,20 \cdot 10^{-2} \text{mm} = 0,002 \text{mm} \tag{12.5}$$

Beispiel: Wir schätzen Mittelwert und Varianz der Grundgesamtheit ab.

$$\mu \approx \bar{x} = 0,142 \text{mm}$$

$$\sigma^2 \approx s^2 \cdot \frac{11}{10} = \frac{0,46 \cdot 10^{-4}}{10} \text{mm}^2 = 0,046 \cdot 10^{-4} \text{mm}^2$$

$$\sigma = 0,21 \cdot 10^{-2} \text{mm}$$

12.2.4 Fehler des Mittelwerts

Wir betrachteten bisher den Mittelwert *einer* Stichprobe von N Messungen als beste Schätzung für den wahren Wert. Nicht beantwortet ist jedoch die Frage nach dem Fehler dieser Schätzung.

Wir betrachten mehrere Stichproben (Meßreihen) vom jeweils gleichen Umfang N. Die Mittelwerte dieser Stichproben streuen ebenfalls noch um den „wahren" Wert. Allerdings ist die Streuung der Mittelwerte geringer als die der Einzelwerte. Diese Streuung der Mittelwerte ist die für uns wichtigste Größe. Sie bestimmt die Zuverlässigkeit des Ergebnisses einer Meßreihe.

Es sei σ_M^2 die Varianz der Mittelwerte von Stichproben der Stichprobengröße N. Die Varianz der Einzelwerte sei σ^2.

Dann gilt für die Varianz des Mittelwertes:[7] $\sigma_M^2 = \frac{\sigma^2}{N}$

Die Standardabweichung des Mittelwertes ergibt sich daraus zu $\sigma_M = \frac{\sigma}{\sqrt{N}}$

Die Standardabweichung des Mittelwertes ist ein Genauigkeitsmaß für den Mittelwert. Sie heißt *Stichprobenfehler* oder *mittlerer Fehler des Mittelwertes.*

Definition: Standardabweichung, Stichprobenfehler oder mittlerer Fehler des Mittelwertes:

$$\sigma_M = \frac{\sigma}{\sqrt{N}} = \sqrt{\frac{\sum(x - \overline{x})^2}{N(N-1)}}$$

Durch Erhöhung der Zahl voneinander unabhängiger Messungen läßt sich also die Genauigkeit steigern. Soll der Stichprobenfehler des Mittelwertes halbiert werden, muß die Zahl der Messungen vervierfacht werden.

Bei der praktischen Berechnung ergibt sich dann für die Schätzung von σ_M

$$\sigma_M = \frac{\sigma}{\sqrt{N}} = \sqrt{\frac{\sum(x - \overline{x})^2}{N(N-1)}}$$

Beispiel: Die Bestimmung der Dicke des Drahtes im vorigen Abschnitt hatte folgendes Ergebnis:

Arithmetischer Mittelwert: $\overline{x} = 0,142 \text{mm}$

Standardabweichung: $\sigma = 0,21 \cdot 10^{-2} \text{mm}$

Stichprobenfehler; Mittlerer Fehler des Mittelwertes:

$$\sigma_M = \frac{\sigma}{\sqrt{N}} = \frac{0,21 \cdot 10^{-2}}{\sqrt{11}} \text{mm} = 0,06 \cdot 10^{-2} \text{mm}$$

$$\overline{d} = (0,142 \pm 0,0006) \text{mm}$$

12.3 Mittelwert und Varianz bei kontinuierlichen Verteilungen

Die Begriffe *Varianz* und *Mittelwert* lassen sich auf kontinuierliche theoretische Verteilungen übertragen. Gegeben sei die Wahrscheinlichkeitsdichte $p = f(x)$ einer Verteilung.[8] Bei gegebener relativer Häufigkeit einer diskreten Verteilung galt als beste Schätzung für den Mittelwert der Ausdruck:

$$Mittelwert: \overline{x} = \sum_{j=1}^{k} h_j \cdot x_j$$

---

[7]Beweis: B. L. van der Waerden: Mathematische Statistik Berlin 1965, S. 78

[8]Wahrscheinlichkeitsverteilungen sind immer theoretische Verteilungen.

Wir ersetzen die diskreten relativen Häufigkeiten h_j durch die Wahrscheinlichkeits-dichte

$p = f(x)$, gehen zum Integral über und erhalten den Mittelwert bei kontinuierlicher Verteilung

$$\mu = \int\limits_{-\infty}^{+\infty} f(x)\, x\, dx = \int\limits_{-\infty}^{+\infty} p\, x\, dx \tag{12.6}$$

Varianz: Bei gegebener relativer Häufigkeit galt als beste Schätzung für die Varianz der Grundgesamtheit der Ausdruck

$$\sigma^2 = \frac{N}{N-1} \sum_{i=1}^{k} h_i\, (x_i - \overline{x})^2$$

Der Ausdruck geht über in den Ausdruck für die Varianz bei einer kontinuierlichen Verteilung

$$\sigma^2 = \int\limits_{-\infty}^{+\infty} (x - \mu)^2 p\, dx = \int\limits_{-\infty}^{+\infty} (x - \mu)^2 f(x)\, dx \tag{12.7}$$

12.4 Normalverteilung

12.4.1 Verteilung von Zufallsfehlern

Die Grundlage aller bisherigen Betrachtungen war die Annahme, daß Zufallsfehler durch eine Normalverteilung beschrieben werden können. Diese Annahme kann plausibel gemacht werden. Zufällige Meßfehler entstehen durch Überlagerung vieler sehr kleiner Fehlerquellen: *Elementarfehler.*

Diese Elementarfehler vergrößern oder verkleinern jeweils das Meßergebnis. Der einzelne Meßfehler entsteht so als Summe zufälliger Elementarfehler – genau wie die Abweichung der Kugeln auf dem Galtonschen Brett. Von dieser Hypothese einer großen Zahl unkontrollierbarer statistischer Störeinflüsse ging Gauß aus und zeigte, daß dann die Wahrscheinlichkeitsdichte für die Verteilung der Meßwerte durch die Normalverteilungskurve beschrieben werden kann, die bereits im Kapitel Wahrscheinlichkeitsverteilungen eingeführt wurde.

$$f(x) = \frac{1}{\sigma\sqrt{2\pi}} \cdot e^{-\frac{1}{2}\left(\frac{x-\mu}{\sigma}\right)^2}$$

Die Brauchbarkeit dieses Modells hat sich empirisch erwiesen. In vielen Fällen verteilen sich tatsächlich die Meßfehler annähernd gemäß der Normalverteilung um den jeweiligen Mittelwert.

Die Annäherung an die Gaußsche Normalverteilungskurve wird umso besser, je größer die Zahl der Messungen ist. Die Messungen streuen um den Mittelwert μ. Die Standardabweichung ist σ. Mit Hilfe der Standardabweichung σ läßt sich angeben, welcher Anteil aller Meßwerte in einer bestimmten Umgebung des Mittelwertes erwartet werden kann.

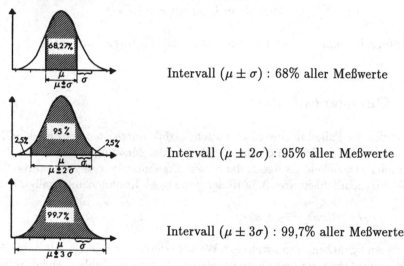

Intervall $(\mu \pm \sigma)$: 68% aller Meßwerte

Intervall $(\mu \pm 2\sigma)$: 95% aller Meßwerte

Intervall $(\mu \pm 3\sigma)$: 99,7% aller Meßwerte

Eine Abweichung um mehr als $\pm 3\,\sigma$ vom Mittelwert ist aus Zufallsgründen nur einmal bei etwa 300 Messungen zu erwarten. Praktisch bedeutet das, daß alle Meßergebnisse zwischen den Grenzen $\mu \pm 3\sigma$ liegen.

Auch die Mittelwerte von Stichproben sind normal verteilt. In Abschnitt 12.2.4 ist bereits erläutert, daß die Varianz von Mittelwerten und die Standardabweichung von Mittelwerten umso geringer sind, je größer die Zahl N der im Mittelwert zusammengefaßten Meßwerte ist. Die Varianz der Mittelwerte ist

$$\sigma_M^2 = \frac{\sigma^2}{N}$$

Standardabweichung des Mittelwertes oder Stichprobenfehler des Mittelwertes:

$$\sigma_M = \frac{\sigma}{\sqrt{N}}$$

12.4.2   Vertrauensintervall oder Konfidenzintervall

Schließen wir von $\overline{x}$ auf den wahren Wert μ, so müssen wir Abweichungen in Rechnung stellen. Diese Abweichungen sind gegeben durch den Stichprobenfehler des Mittelwertes. Wir können damit rechnen, daß der wahre Wert mit einer bestimmten

Wahrscheinlichkeit innerhalb eines durch den Stichprobenfehler gegebenen Intervalls liegt. Der „wahre Wert" liegt mit einer Wahrscheinlichkeit von

$$68\ \%\ \text{im Intervall}\ \overline{x} \pm 1 \cdot \sigma_M$$
$$95\ \%\ \text{im Intervall}\ \overline{x} \pm 2 \cdot \sigma_M$$
$$99{,}7\ \%\ \text{im Intervall}\ x \pm 3\sigma_M$$

Diese Intervalle heißen *Konfidenzintervalle* oder *Vertrauensintervalle*.

12.5 Gewogenes Mittel

Es ist häufig der Fall, daß eine physikalische Größe durch zwei verschiedene Meßverfahren bestimmt werden kann. Die Ergebnisse der Messungen werden in der Regel voneinander abweichen. Es liegen dann zwei Ergebnisse vor, deren wahrer Wert mit einer Wahrscheinlichkeit von 0,68 in den jeweiligen Konfidenzintervallen liegt:

$$\overline{x}_1 \pm \sigma_{M_1} \quad \text{bzw.} \quad \overline{x}_2 \pm \sigma_{M_2}$$

Eine bessere Schätzung des „wahren" Wertes erhalten wir, wenn wir beide Messungen zusammenfassen und einen gemeinsamen Mittelwert bilden. Dabei müssen wir berücksichtigen, daß beide Messungen sich in der Genauigkeit unterscheiden. Wir bilden nicht mehr das arithmetische Mittel aus den Einzelwerten, sondern gewichten die Messungen. Die Messung mit dem geringeren Stichprobenfehler erhält das größere Gewicht. Wir nennen den folgenden Ausdruck *Gewicht*:

$$g_i = \frac{1}{\sigma_{M_i}^2}$$

Das *gewichtete Mittel* wird dann durch folgenden Ausdruck gebildet:

$$\overline{x} = \frac{g_1\overline{x}_1 + g_2\overline{x}_2}{g_1 + g_2}$$

Es läßt sich zeigen, daß für diesen Ausdruck der Stichprobenfehler von x ein Minimum annimmt. Die Verallgemeinerung auf den Fall, daß mehr als zwei Meßreihen vorliegen, liegt auf der Hand.

Definition: *Gewogenes Mittel, gewogener Mittelwert*: $\overline{x} = \dfrac{\sum g_i\overline{x}_i}{\sum g_i}$

              Gewichte: $g_i = \frac{1}{\sigma_{M_i}^2}$

Beispiel: Der Durchmesser des Drahtes (Beispiel 12.2.3) werde durch ein zweites Meßverfahren bestimmt.
Ergebnis:
$\overline{d}_1 = (0,1420 \pm 0,0006)$ mm
$\overline{d}_2 = (0,141 \pm 0,001)$ mm
Der gewogene Mittelwert berechnet sich wie folgt:

$$g_1 = \frac{1}{\sigma_1^2} = \frac{1}{(6 \cdot 10^{-4})^2} \approx 2,778 \cdot 10^6$$

$$g_2 = \frac{1}{(10^{-3})^2} = 10^6$$

$$\overline{d} = \frac{2,778 \cdot 10^6 \cdot 0,142 + 10^6 \cdot 0,141}{3,778 \cdot 10^6} \text{mm} = 0,1417\text{mm}$$

12.6 Fehlerfortpflanzungsgesetz

Viele Größen lassen sich nicht direkt messen. Sie werden bestimmt, indem man in einen Formelausdruck verschiedene gemessene Werte einsetzt, die ihrerseits mit Fehlern behaftet sind. So wird die Dichte bestimmt, indem man die Größen Gewicht und Volumen mißt und die Meßwerte in die bekannte Formel einsetzt. Der Fehler für die Angabe der Dichte setzt sich dann zusammen aus den Stichprobenfehlern für die Messung von Volumen und Gewicht. Weiter wird im allgemeinen Fall von Bedeutung sein, wie die gemessene Größe in die Formel eingeht. Stichprobenfehler einer Größe wirken sich beispielsweise umso stärker aus, je höher die Potenz ist, mit der die Größe in die Formel eingeht.

Angenommen, eine Größe R sei nicht direkt meßbar. Sie sei eine Funktion der meßbaren Größen x und y.

$$R = f(x, y)$$

Für die Größen x und y werden die Mittelwerte $\overline{x}$, $\overline{y}$ und die Standardabweichungen der Mittelwerte σ_{Mx}, σ_{My}, bestimmt. Dann berechnet sich die Standardabweichung des Mittelwertes σ_{MR} der Größe R nach dem *Gaußschen Fehlerfortpflanzungsgesetz*. Es sei ohne Beweis mitgeteilt:

Fehlerfortpflanzungsgesetz

$$\sigma_{MR} = \sqrt{(\frac{\delta f}{\delta x})^2 \cdot \sigma_{MX}^2 + (\frac{\delta f}{\delta y})^2 \cdot \sigma_{MY}^2} \qquad (12.8)$$

Dieser Ausdruck beschreibt, wie sich die Fehler der gemessenen Größe bei der Berechnung auswirken. Die partiellen Ableitungen beziehen sich jeweils auf die Stelle $(\overline{x}, \overline{y})$.

Beispiel: Eine Spule (500 Windungen) bestehe aus Kupferdraht mit dem Durchmesser
$D = (0,142 \pm 0,0006)$ mm und der Länge $L = (94290 \pm 30)$ mm. Der spezifische Widerstand
von Kupfer betrage

$$\rho = 1,7 \cdot 10^{-5} \Omega \text{mm}$$

Ist A der Querschnitt des Drahtes, erhält man für den Ohmschen Widerstand der Spule:

$$R = \rho \frac{L}{A} = \rho \frac{L}{(\frac{D}{2})^2 \pi} = \frac{4\rho L}{\pi D^2}$$

$$= \frac{4 \cdot 1,7 \cdot 10^{-5} \cdot 94290}{\pi \cdot 0,142^2} \Omega = 101,2 \Omega$$

Die Standardabweichung σ_{M_R} soll berechnet werden. Es ist:

$$\frac{\delta R}{\delta L} = \frac{4\rho}{\pi D^2} = 9,32 \cdot 10^{-3} \frac{\Omega}{\text{mm}}$$

$$\frac{\delta R}{\delta D} = \frac{-8\rho L}{\pi D^3} = \frac{(-8) \cdot 1,7 \cdot 10^{-5} \cdot 9,429 \cdot 10^4}{\pi \cdot (0,142)^3} = 1425,6 \frac{\Omega}{\text{mm}}$$

$$\sigma_{M_R}^2 = (9,32 \cdot 10^{-3})^2 \cdot 30^2 \Omega^2 + 1425,6^2 \cdot (6 \cdot 10^{-4})^2 \Omega \approx 0,81 \Omega$$

$$\sigma_{M_R} = 0,9 \Omega \approx 1 \Omega$$

$$R = (101 \pm 1) \Omega$$

12.7   Regressionsgerade, Korrelation

12.7.1   Regressionsgerade, Ausgleichskurve

Bisher wurden Messungen untersucht, die sich auf *eine* physikalische Größe bezogen.
Wir betrachten nunmehr Experimente, bei denen *Zusammenhänge* zwischen zwei
Größen x und y untersucht werden. Es sei die Größe y gemessen, wobei die Größe
x in Intervallen variiert wurde.

Beispiel: Der zeitliche Verlauf der Abkühlung einer Flüssigkeit soll bestimmt werden. Zu diesem
Zweck wird in Intervallen von 30 sec die Temperatur der Flüssigkeit gemessen. Der Versuch werde
N-mal wiederholt. Für jeden einzelnen Zeitpunkt bilden wir den Mittelwert und die Standard-
abweichung für die Temperaturmessung. Schließlich tragen wir in ein Temperatur-Zeitdiagramm
Mittelwert und Standardabweichung ein.

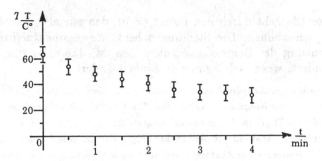

In erster Näherung gewinnen wir eine Ausgleichskurve, indem wir diejenige Kurve zeichnen, die eine möglichst gute Annäherung an die Meßwerte liefert. Dieses Verfahren, auch *Fitting* genannt, läßt sich systematisieren. Wir verallgemeinern die Methode der kleinsten Abweichungsquadrate, die uns bei einer Meßgröße zum Mittelwert führte, auf Graphen:

Wir legen die Ausgleichskurve so, daß die Summe der Quadrate
der Abstände der Meßpunkte zur Kurve möglichst klein wird.

Der Funktionstyp einer Ausgleichskurve hängt im allgemeinen von der zugrundegelegten Theorie ab. Häufige Ausgleichskurven sind: Gerade, e-Funktion, Parabel. In unserem Beispiel erwarten wir eine abklingende e-Funktion.

Ausgleichsgerade: Die Methode zur Bestimmung einer Ausgleichskurve werden wir für den Fall der Geraden darstellen.

Die Aufgabe ist: Für gegebene Meßwerte die Funktionsgleichung einer Ausgleichsgeraden $y = ax + b$ zu bestimmen. Die Gerade entspricht einer ersten Näherung. Sie heißt *Regressionsgerade*. Viele Taschenrechner enthalten heute Programme für die direkte Berechnung der Koeffizienten a und b.

Die *Ausgleichsgerade* oder *Regressionsgerade* hat die Gleichung

$$y = \frac{\sum\limits_{i=1}^{N} x_i y_i - N \overline{x}\,\overline{y}}{\sum\limits_{i=1}^{N} x_i^2 - N \overline{x}^2}\, x + \left(\overline{y} - \frac{\sum\limits_{i=1}^{N} x_i y_i - N \overline{x}\,\overline{y}}{\sum\limits_{i=1}^{N} x_i^2 - N \overline{x}^2}\, \overline{x}\right) = ax + b$$

Die Ausgleichsgerade geht durch den Punkt $(\overline{x}, \overline{y})$, den wir als „Schwerpunkt" der Meßwerte auffassen können. Die Steigung a heißt *Regressionskoeffizient*. Die anschauliche Bedeutung des Regressionskoeffizienten ist, daß er angibt, um welchen Betrag sich y ändert, wenn sich x um eine Einheit ändert.

Beweis: Die Regressionsgerade geht durch den Punkt $(\overline{x}, \overline{y})$, den „Schwerpunkt" der Messungen. Wir legen zunächst ein neues Koordinatensystem fest. Der Ursprung des neuen Koordinatensystems soll durch den Punkt $(\overline{x}, \overline{y})$ gehen. Dann hat die Regressionsgerade die Form $\hat{y} = a \cdot \hat{x}$. Im neuen Koordinatensystem ist der Abstand der Meßpunkte $(\hat{x}_i \hat{y}_i)$ von der Ausgleichsgeraden[9] $d_i = \hat{y}_i - a \cdot \hat{x}_i$. Wir summieren die Abstandsquadrate aller Meßpunkte und erhalten als Summe S

$$S = \sum d_i^2 = \sum (\hat{y}_i - a\hat{x}_i)^2$$

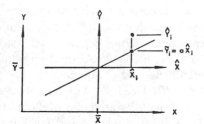

Wir fassen die Steigung a der Regressionsgeraden als Variable auf und bestimmen das Minimum von $S = S(a)$. Das ist die Methode der kleinsten Quadrate.

$$\frac{\delta S}{\delta a} = 0 = \sum 2(\hat{y}_i - a\hat{x}_i)(-\hat{x}_i)$$

$$0 = -\sum \hat{x}_i \hat{y}_i + a \sum \hat{x}_i^2$$

$$a = \frac{\sum \hat{y}_i \hat{x}_i}{\sum \hat{x}_i}$$

Die Regressionsgerade ist dann:

$$\hat{y} = \frac{\sum \hat{y}_i \hat{x}_i}{\sum \hat{x}_i} \cdot \hat{x}$$

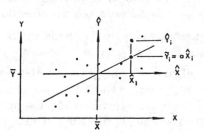

Damit haben wir die Regressionsgleichung im Schwerpunktsystem bewiesen. Die allgemeine Regressionsgleichung erhalten wir durch eine elementare Rechnung, wenn wir die lineare Koordinatentransformation in das ursprüngliche System durchführen

$$x = \hat{x} + \overline{x} \quad \text{und} \quad y = \hat{y} + \overline{y}$$

$$y - \overline{y} = \frac{\sum (x_i - \overline{x})(y_i - \overline{y})}{\sum (x_i - \overline{x})^2}(x - \overline{x})$$

Daraus ergibt sich die allgemeine Regressionsgleichung. Zu beachten ist: $\sum x_i = N\overline{x}$ $\sum y_i = N\overline{y}$

---

[9] Unserer Rechnung legen wir den vertikalen Abstand der Meßpunkte von der Geraden zugrunde. Legt man den horizontalen Abstand zugrunde, erhält man eine andere Ausgleichsgerade.

Beispiel: Der Zusammenhang zwischen Druck und Temperatur bei Gasen wird experimentell untersucht. Dazu wird ein Gasvolumen bei Zimmertemperatur in einem Zylinder eingeschlossen und das Volumen konstant gehalten. Der Druck wird mit einem Manometer gemessen. Der Zylinder wird mit Hilfe eines Thermostaten auf verschiedene Temperaturen gebracht. Für die erhaltenen Meßpunkte soll die Ausgleichsgerade bestimmt werden.

1.Schritt: In einer Tabelle sind die Meßwerte zusammengestellt. Wir bilden die für die Ermittlung der Ausgleichsgeraden notwendigen Produkte. Schließlich bilden wir die Summen, und tragen sie in die letzte Zeile ein:

x_i	x_i^2	y_i	$x_i y_i$
δ_i	δ_i^2	P_i	$\delta_i P_i$
$°C$		bar	
0	0	0.95	0.0
20	400	1.02	20.4
40	1 600	1.08	43.2
60	3 600	1.17	70.2
80	6 400	1.22	97.6
100	10 000	1.31	131.0
120	14 400	1.37	164.4
$\sum$ 420	36 400	8.12	526.8

2. Schritt: Wir bilden die Mittelwerte.

$$\overline{\vartheta} = \frac{420°C}{7} = 60°C \qquad \overline{p} = \frac{8,12 bar}{7} = 1,16 bar$$

3. Schritt: Wir setzen die erhaltenen Werte in die Formel für die Regressionsgerade ein und erhalten die Parameter der Geraden:

$$\text{Steigung } a = \frac{\sum \vartheta_i p_i - N\overline{\vartheta}\overline{p}}{\sum \vartheta_i^2 - N\overline{\vartheta}} = \frac{526,8 - 487,2}{112000} \frac{bar}{°C}$$

$$a = 0,00354 \frac{bar}{°C}$$

$$b = p - a\overline{\vartheta} = (1,160 - 0,2122) bar = 0,948 \, bar$$

Damit können wir die Ausgleichsgerade oder Regressionsgerade angeben

$$p = (0,948 + 0.00354 \cdot \vartheta) \, bar$$

Die erhaltene Gerade ist in der Abbildung gezeichnet. Wir können die Geradengleichung auf die in der Physik gewohnte Form bringen. Das konstante Glied b ist der Druck p_0 bei 0°C.

$$p = p_0 + a \cdot \vartheta \qquad p = p_0 \cdot (1 + 0,00373 \cdot \vartheta)$$

Unsere Ausgleichsgerade schneidet die Temperaturachse bei einer Temperatur von −268°C. Präzisionsmessungen ergeben einen Wert von −273.2°C für diesen Punkt, es ist der absolute Nullpunkt der Temperatur.

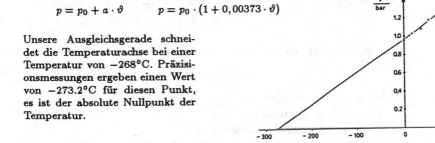

12.7.2 Korrelation und Korrelationskoeffizient

Wir betrachten die Ergebnisse von drei Untersuchungen A, B und C, in denen jeweils der Zusammenhang der Größen x und y bestimmt wurde. Für jeden Wert von x seien zwei Messungen durchgeführt. In beiden Fällen ergibt sich die gleiche Regressionsgerade. Es ist unmittelbar evident, daß die Ergebnisse A auf einen engeren Zusammenhang zwischen den Größen hindeuten, als die Ergebnisse C.

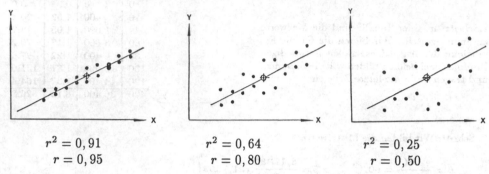

$$r^2 = 0,91 \qquad\qquad r^2 = 0,64 \qquad\qquad r^2 = 0,25$$
$$r = 0,95 \qquad\qquad r = 0,80 \qquad\qquad r = 0,50$$

Im Fall A neigen wir zu der Interpretation, daß ein linearer Zusammenhang vorliegt, die Meßergebnisse aber Zufallsfehler enthalten. Den Fall C könnten wir so interpretieren, daß nur ein lockerer Zusammenhang zwischen x und y besteht. Die Größe x kann einen geringen Einfluß auf y haben, aber y dürfte noch von anderen Variablen abhängig sein. Empirische Datensätze dieser Art können auch in der Physik und in der Technik auftreten. Hier geht es dann darum, ein Maß für die Stärke eines Zusammenhanges anzugeben, wobei zusätzliche Abhängigkeiten bestehen können, die nicht bekannt sind. Parameter, die die Stärke des Zusammenhanges zwischen Meßwerten angeben, sind

Korrelation $\quad\quad\quad\; = r^2$
Korrelationskoeffizient $= r$

Definition:

$$\text{Korrelation} \qquad r^2 = \frac{\sum \left(x_i y_i - N \overline{x}\,\overline{y}\right)^2}{\sum \left(x_1^2 - N \overline{x}^2\right) \sum \left(y_i^2 - N \overline{y}^2\right)}$$

$$\text{Korrelationskoeffizient } r = \frac{\sum x_i y_i - N \overline{x}\,\overline{y}}{\sqrt{\sum \left(x_i^2 - N \overline{x}^2\right) \sum \left(y_i^2 - N \overline{y}^2\right)}}$$

x_i, y_i sind die Meßwerte;
$\overline{x}, \overline{y}$ sind die Mittelwerte;
N ist die Anzahl der Messungen;
alle Summen werden von $i = 1$ bis $i = N$ aufsummiert.

Der Korrelationskoeffizient kann Werte zwischen $+1$ und -1 annehmen. Es bedeutet $r = 1$, daß alle Meßwerte auf einer Geraden mit positiver Steigung liegen. Dann liegt ein eindeutiger Zusammenhang vor. Es bedeutet $r = -1$, daß alle Meßwerte auf einer Geraden mit negativer Steigung liegen. Es bedeutet $r = 0$, daß kein Zusammenhang besteht. Dann bilden die Meßwerte eine kreisförmige „Punktwolke" Je mehr sich r dem Wert 1 nähert, desto mehr zieht sich der Streubereich der Meßwerte zusammen, bis bei $r = 1$ alle Meßwerte auf einer Geraden liegen.

Die Definition des Korrelationskoeffizienten mag willkürlich erscheinen, sie ist aber gut begründet. Wir haben die Regressionsgerade durch die Forderung gewonnen, daß die Summe der Abweichungsquadrate zwischen Meßwerten und Regressionsgerade zu einem Minimum gemacht wird. Dabei verbleiben Abweichungen. Die Varianz der Meßwerte gegenüber der Regressionsgeraden ist gegeben durch

$$s_{RG}^2 = \frac{\sum(y_i - \tilde{y}_i)^2)}{N}$$

Dabei bezeichnet y_i den Meßwert i und $\hat{y}_i$ den zugehörigen Punkt auf der Regressionsgeraden.

Die Varianz der Meßwerte gegenüber dem Mittelwert $\overline{y}$ ist größer, sie ist:

$$s_M^2 = \frac{\sum(y_i - \overline{y})^2}{N}$$

Ein Maß, das die Güte der Regressionsgeraden beschreibt, ist die relative Reduzierung der Varianz der Meßwerte gegenüber dem Mittelwert auf die Varianz gegenüber der Regressionsgeraden. Der Betrag dieser relativen Reduzierung der Varianz heißt *Erklärte Varianz* oder auch *Korrelation*.

Wenn alle Meßwerte auf der Regressionsgeraden liegen, verschwindet die Varianz. Dann ist die gesamte Varianz durch die Regressionsgerade erklärt. Damit ist der Anteil der erklärten Varianz gleich 1. Die Wurzel aus der Korrelation ist der häufig benutzte Korrelationskoeffizient, der oft *Produkt-Moment-Korrelation* genannt wird.

Die Korrelation wird in folgender Weise berechnet. Wir bilden die Differenz zwischen der ursprünglichen Varianz gegenüber dem Mittelwert s_M^2 und der Varianz gegenüber der Regressionsgeraden s_{RG}^2. Um diese Differenz ist die Varianz durch die Regressionsgerade reduziert.

$$\Delta s^2 = s_M^2 - s_{RG}^2$$

Jetzt bilden wir den Relativwert dieser Reduktion. Dies ist die „Korrelation" oder „erklärte Varianz":

$$r^2 = \frac{\Delta s^2}{s_M^2} \quad \frac{s_M^2 - s_{RG}^2}{s_M^2}$$

$$r^2 = \frac{s_M^2 - s_{RG}^2}{s_M^2} = \frac{\sum(y_i - \overline{y})^2 - \sum(y_i - \tilde{y}_i)^2}{\sum(y_i - \overline{y})^2}$$

Setzt man die Werte für $\hat{y}_i$ gemäß der Formel für die Regressionsgleichung ein, erhält man die oben in der Definition angegebenen Ausdrücke.

Beweis: Die Regressionsgerade geht durch den
Punkt $(\overline{x}, \overline{y})$, den Schwerpunkt der Meßwerte.
Wir legen den Ursprung unseres Koordinaten-
systems in den Punkt $(\overline{x}, \overline{y})$. Die Regressionsgerade hat dann die Form $\hat{y} = a\hat{x}$. Die Korrelation ergibt sich damit zu

$$r^2 = \frac{s_M^2 - s_{RG}^2}{s_M^2} = \frac{\sum \hat{y}_i^2 - \sum \left(\hat{y}_i - \frac{\sum \hat{x}_i \hat{y}_i}{\sum \hat{x}_i^2} \hat{x}_i \right)^2}{\sum \hat{y}_i^2}$$

$$r^2 = \frac{\sum \hat{y}_i^2 - \sum \hat{y}_i^2 + 2 \sum \hat{y}_i \hat{x}_i \frac{\sum \hat{x}_i \hat{y}_i}{\sum \hat{x}_i^2} - \sum \hat{x}_i^2 \left(\frac{\sum \hat{x}_i \hat{y}_i}{\sum \hat{x}_i^2} \right)^2}{\sum \hat{y}_i^2}$$

$$r^2 = \frac{\left(\sum \hat{x}_i \hat{y}_i \right)^2}{\sum \hat{x}_i^2 \sum \hat{y}_i^2}$$

Damit ist die Korrelation für das Schwerpunktsystem abgeleitet. Die allgemeine Gleichung für die Korrelation erhalten wir durch eine elementare Rechnung, wenn wir die lineare Koordinatentransformation in das ursprüngliche System durchführen: $x = \hat{x} + \overline{x}$, $y = \hat{y} + \overline{y}$. Das haben wir bereits bei der Berechnung der Regressionsgeraden genauso gemacht.

12.8   Übungsaufgaben

12.1   Kennzeichnen Sie bei den folgenden Beispielen die systematischen
         Fehler (S) und die zufälligen Fehler (Z):

a1)   Beim Schulsportfest werden die Zeiten für den 100m-Lauf gemessen.
         Die Zielrichter setzen ihre Stoppuhren in Gang, wenn der Schall
         des Startschusses bei ihnen angekommen ist. Dadurch entsteht ein
         Fehler.

a2)   Beginn und Ende der Zeitmessung für den 100m-Lauf sind subjek-
         tiven Schwankungen (z.B. Reaktionszeit) unterworfen.

b)   Bei einem Voltmeter ist der Nullpunkt falsch eingestellt. Folglich
         sind die angezeigten Werte mit einem Fehler behaftet.

c)   Der Widerstand einer Spule aus Kupferdraht wird durch Messung
         der Stromstärke und Spannung bestimmt. Aufgrund Ohmscher
         Erwärmung vergrößert sich der Widerstand. Dadurch tritt ein
         Fehler auf.

12.2 a) Aus einem Krater werden neun verschiedene Gesteinsbrocken
         aussortiert und ihre Dichte bestimmt. Ergebnis:
         (3,6   3,3   3,2   3,0   3,2   3,1   3,0   3,1   3,3)   g/cm^3
         Berechnen Sie das arithmetische Mittel und die Standardabweichung
         σ für die Grundgesamtheit.

b)   Die Geschwindigkeit eines Körpers, der sich gleichförmig geradlinig
         bewegt, werde zehnmal gemessen.
         v: (1,30   1,27   1,32   1,25   1,26   1,29   1,31   1,23
               1,33   1,24) m/sec
         Man berechne den Mittelwert $\bar{v}$ und die Standardabweichung σ.

12.3   Eine kontinuierliche Zufallsvariable besitze die Dichtefunktion
         $$f(x) = \begin{cases} 1 \text{ für } 0 \leq x \leq 1 \\ 0 \text{ sonst} \end{cases}$$
         Berechnen Sie den Mittelwert μ und die Varianz σ^2 dieser Verteilung.

12.4   Bestimmen Sie bei den Aufgaben 12.2 jeweils die Konfidenz-
         intervalle $\bar{x} \pm \sigma_M$ und $\bar{x} \pm 2\sigma_M$

12.5   Eine Meßgröße sei normalverteilt mit dem Mittelwert $\mu = 8$ und der
         Standardabweichung $\sigma = 1$. Wieviele aller Meßwerte sind dann kleiner
         als 7?

12.6 a) Die Seiten eines Rechtecks seien $x = (120 \pm 0,2)$ cm und
         $y = (90 \pm 0,1)$ cm. Der Flächeninhalt A und die Standard-
         $abweichung\sigma_{MA}$ sollen berechnet werden.

b)   Bestimmen Sie die spezifische Dichte ρ und die Standardab-
         weichung σ einer Eisenkugel mit der Masse $M = (1000 \pm 0,1)$ g
         und dem Durchmesser $D = (6,2 \pm 0,01)$ cm.

12.7   Die Empfindlichkeit einer Federwaage soll bestimmt werden. Hierzu
        werden Körper mit verschiedener Masse m an der Waage angebracht
        und die jeweilige Ausdehnung s gemessen.
        Meßergebnisse:
        (2g, 1,6 cm) (3g, 2,7 cm) (4g, 3,2 cm) (5g, 3,5 cm) (6g, 4 cm)
        Bestimmen Sie die Ausgleichsgerade $s = am + b$

Lösungen

12.1 a1) S   a2) Z   b) S   c) S

12.2 a)

ϱ_i in g/cm^3	$\varrho_i - \overline{\varrho}$ in g/cm^3	$(\varrho_i - \overline{\varrho}^2$ in (g(cm^3)^2
3,6	0,4	0,16
3,3	0,1	0,01
3,2	0	0
3,0	- 0,2	0,04
3,2	0	0
3,1	- 0,1	0,01
3,0	- 0,2	0,04
3,1	- 0,1	0,01
3,3	0,1	0,01
$\sum$ 28,8	0	0,28

$$\overline{\sigma} = 3,2 \text{g/m}^3 \qquad \sigma^2 = \frac{0,28}{8} = 0,035 \,(\text{g/cm}^3)^2$$
$$\sigma = 0,19 \text{g/cm}^3$$

12.2 b) Mittelwert:

$$\overline{v} = \frac{\sum v_i}{N} = \frac{12,80}{10} \text{ m/sec} = 1,28 \text{ m/sec}$$

Varianz:

$$\sigma^2 = \frac{\sum (v_i - \overline{v})^2}{N - 1} = \frac{0,011}{9} \,(m/sec)^2$$
$$= 0,00122 (m/sec)^2$$

Standardabweichung: $\sigma = 0,035 \, m/sec$

12.3 Mittelwert:

$$\mu = \int_0^1 x \, dx = \tfrac{1}{2}$$

Varianz:

$$\sigma^2 = \int_0^1 (x - \tfrac{1}{2})^2 \, dx = \tfrac{1}{12}$$

12.4 a) $\sigma_M = \frac{\sigma}{\sqrt{N}} = \frac{0{,}19\text{g/cm}^3}{3} = 0{,}06\,\text{g/cm}^3$

Konfidenzintervalle : $3{,}14\,\text{g/cm}^3 \leq \rho \leq 3{,}26\,\text{g/cm}^3$

$3{,}08\,\text{g/cm}^3 \leq \rho \leq 3{,}32\,\text{g/cm}^3$

b) $\sigma_M = \frac{0{,}035\text{m/sec}}{3{,}16} = 0{,}01\,\text{m/sec}$

Konfidenzintervalle : $1{,}27\,\text{m/sec} \leq v \leq 1{,}29\,\text{m/sec}$

$1{,}26\,\text{m/sec} \leq v \leq 1{,}30\,\text{m/sec}$

12.5 16%

12.6 a) $A = \overline{x} \cdot \overline{y} = 120 \cdot 90\text{cm}^2 = 10800\text{cm}^2$

Berechnung von s_F nach dem Gauß'schen Fehlerfortpflanzungsgesetz,

$A_x = \frac{\delta}{deltax}\,(x \cdot y) = y \qquad A = \frac{\delta}{\delta y}\,(x \cdot y) = x$

$A_x\,(\overline{x}, \overline{y}) = 90\text{cm}^2 \qquad A_y\,(\overline{x}, \overline{y}) = 120\text{cm}^2$

$\sigma_{MA}^2 = A_x^2 \cdot \sigma_x^2 + A_y^2 \cdot \sigma_y^2$

$\qquad = 90^2 \cdot (0{,}2)^2\text{cm}^2 + 120^2 \cdot (0{,}1)^2\text{cm}^2 = 468\text{cm}^2$

$\sigma_{MA} = 21{,}63\text{cm}^2 \approx 22\text{ cm }^2$

$A = (10800 \pm 22)\text{cm}^2$

12.6 b) $V = \frac{4}{3}\pi\left(\frac{D}{2}\right)^3 = 124{,}79\text{cm}^3$

$\rho = \frac{M}{V}\,\frac{1000}{124{,}79}\text{g/cm}^3 = 8{,}014\,\text{g/cm}^3$

Berechnung von σ_M nach dem Fehlerfortpflanzungsgesetz

$\frac{\delta}{\delta M}\left(\frac{M}{V}\right) = \frac{1}{V} = \frac{1}{124{,}79\text{cm}^3} = 0{,}008\frac{1}{\text{cm}^3}$

$\frac{\delta}{\delta D}\left(\frac{M}{V}\right) = \frac{\delta}{\delta D}\left(\frac{6M}{\pi D^3}\right) = \frac{-18M}{\pi \cdot D^4} = 3{,}877$

$\sigma_M^2 = 0{,}008^2 \cdot 0{,}1^2\left(\frac{\text{g}}{\text{cm}^3}\right)^2 + 3{,}88 \cdot 0{,}01^2 \cdot \left(\frac{\text{g}}{\text{cm}^3}\right)^2$

$\qquad = 0{,}0015041\left(\frac{\text{g}}{\text{cm}^3}\right)^2$

$\sigma_M = 0{,}039\frac{\text{g}}{\text{cm}^3} \approx 0{,}04\frac{\text{g}}{\text{cm}^3}$

$\rho \quad = (8{,}014 \pm 0{,}04)\frac{\text{g}}{\text{cm}^3}$

12.7 $a = 0,56$
       $b = 0,76$
       $S = 0,56$ m $+0,76$

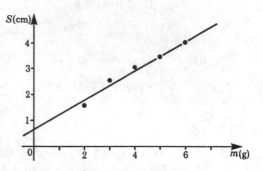

	m	m²	s	m · s
	g	g²	cm	g · cm
1	2	4	1,6	3,2
2	3	9	2,7	8,1
3	4	16	3,2	12,8
4	5	25	3,5	17,5
5	6	36	4,0	24
$\sum$	20	90	15	65,6

$\overline{m} = 4\,g \qquad \overline{s} = 3\,cm$

$$a = \frac{\sum m_i \cdot s_i - N\overline{m} \cdot \overline{s}}{\sum m_i^2 - N\,\overline{m}^2} = \frac{65,6 - 5 \cdot 4 \cdot 3}{90 - 5 \cdot 4^2} = \frac{5,6}{10} = 0,56$$

$$b = s - a\,\overline{m} = 3 - 0,56 \cdot 4 = 0,76$$

Anhang

Grundberiffe der Mengenlehre

Menge: Unter einer *Menge* versteht man die Zusammenfassung von Objekten nach einem gemeinsamen Merkmal. Die Objekte müssen sich nach dem Merkmal so klassifizieren lassen, daß eindeutig feststellbar ist, ob sie dieses Merkmal aufweisen oder nicht. Je nachdem sagt man, das Objekt gehört zur Menge oder nicht.

Element: Die einzelnen Objekte, die zur Menge gehören, bezeichnet man als *Elemente* der Menge. Wir bezeichnen die Menge mit Großbuchstaben (z.B. A) und die Elemente mit Kleinbuchstaben (z.B. a). Zur Charakterisierung einer Menge werden geschweifte Klammern benutzt. Als symbolische Schreibweise verwenden wir:

$$A = \{\, a;\ a\ \text{hat die Eigenschaft}\ E \,\}$$

Beispiel 1:   Die Menge G der ganzen Zahlen zwischen 0 und 10 läßt sich wie folgt schreiben:

$$G = \{\, a;\ a\ \text{ist eine ganze Zahl und es gilt}\ 1 \leq a \leq 9 \,\}$$

Eine Menge kann man auch dadurch definieren, daß man ihre Elemente aufzählt, z.B. läßt sich die Menge G wie folgt schreiben:
$G = \{\, 1, 2, 3, 4, 5, 6, 7, 8, 9 \,\}$
Die Reihenfolge der Aufzählung spielt keine Rolle.
Um zu kennzeichnen, daß a ein Element aus der Menge A ist, schreibt man $a \in A$. Mengen können endlich viele Elemente enthalten wie beim ersten Beispiel; die Anzahl der Elemente kann auch unendlich groß sein.

Beispiel 2:   Die Menge Z der positiven geraden Zahlen

$$Z = \{\, 2, 4, 6, \ldots, 2n, \ldots \,\}$$

Z hat unendlich viele Elemente.

Teilmenge: Eine Menge B heißt *Teilmenge* der Menge A – geschrieben $B \subset A$ – wenn alle Elemente von B auch zu A gehören.

Beispiel 3:   Die Menge $B = \{\, 1, 2, 4, 5 \,\}$ ist Teilmenge von
$A = \{\, 1, 2, 3, 4, 5, 6, 7 \,\}$

Mengen lassen sich veranschaulichen.
Gilt z.B. $A \subset B$, so läßt sich dieser Sachverhalt durch das folgende Mengenbild darstellen (s. Abb.). Solche Mengenbilder nennt man *Venndiagramme*.

$A \subset B$

Zwei Mengen A und B sind *gleich* - geschrieben A = B - wenn gilt $A \subset B$ und $B \subset A$, d.h., wenn A und B dieselben Elemente haben.

Beispiel 4:   Die Mengen $A = \{ 3, 7, 5, 2 \}$ und $B = \{ 2, 3, 5, 7 \}$ sind gleich. Die Reihenfolge, in der die Elemente einer Menge aufgezählt werden, ist also beliebig.

Durchschnitt: Als Durchschnitt $A \cap B$ der beiden Mengen A und B bezeichnet man diejenige Menge von Elementen, die sowohl zu A als auch zu B gehören.

$$A \cap B = \{ c; c \in A \text{ und } c \in B \}$$

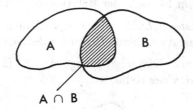

Beispiel 5: Sei $A = \{ 0, 2, 6, 10 \}$ und $B = \{ 4, 6, 8, 10 \}$ so ist $A \cap B = \{ 6, 10 \}$

Vereinigungsmenge: Diejenige Menge, die aus allen Elementen A und B besteht, wird Vereinigungsmenge genannt.

Bezeichnung: $A \cup B$.

$$A \cup B = \{ c; c \in A \text{ oder } c \in B \}$$

$A \cup B$

Beispiel 6: $A = \{ 0, 2, 4, 6, 8, 10 \}$, $B = \{ 4, 6, 8, 10 \}$

$$A \cup B = \{ 0, 2, 4, 6, 8, 10 \}$$

Leere Menge: Als *leere Menge* $\emptyset$ bezeichnet man diejenige Menge, die kein Element enthält. Sie darf nicht mit der Menge $\{0\}$ verwechselt werden, deren einziges Element die Null ist.

Beispiel 7: Sei $A = \{ 0, 2, 4, 6, 8, 10 \}$ $C = \{ 1, 3, 5, 7, 9 \}$
$\qquad\qquad\quad B = \{ 2, 6, 8, 10 \}$ $\qquad D = \{ 0, 1, 3, 5, 7, 9 \}$

so gelten folgende Beziehungen:

1. $C \subset D, d.h. C \cup D = D$

2. $C \cup (A \cup B) = \{ 0, 1, 2, 3, 4, 5, 6, 7, 8, 9, 10 \}$

3. $A \cap C = \emptyset, A \cap D = \{0\}$

Funktionsbegriff

Das *kartesische Produkt* $X \times Y$ zweier Mengen X und Y ist definiert als die Menge aller geordneten Paare (x, y), wobei gilt $x \in X$ und $y \in Y$

$$X \times Y = \{(x, y); x \in X \text{ und } y \in Y\}$$

Eine Teilmenge von $X \times Y$ heißt *Relation* R.

Ist (x, y) ein Element der Relation, so heißt x *Urbild* von y und y heißt *Bild* von x.

Definitionsbereich: Die Menge der Elemente $x \in X$, für die ein Bildelement y in der Relation existiert, heißt *Definitionsbereich* der Relation.

Wertebereich: Diejenige Menge der Y, für die ein Urbildelement existiert, heißt *Wertebereich* der Relation.

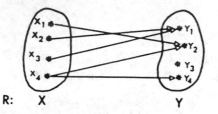

R: X   Y

$$R = \{(x_1, y_2), (x_2, y_1), (x_3, y_1), (x_4, y_2), (x_4, y_4)\}$$
Definitionsbereich: $\{x_1, x_2, x_3, x_4\}$
Wertebereich: $\{y_1, y_2, y_3\}$

Eindeutigkeit: Eine Relation R heißt *eindeutig*, wenn zu jedem x des Definitionsbereichs genau ein Paar (x, y) existiert, – oder anders ausgedrückt – wenn aus $(x_0, y_1) \in R$ und $(x_0, y_2) \in R$ folgt $y_1 = y_2$. Das ist oben in der Figur nicht der Fall.

Funktion: Eine eindeutige Relation wird *Funktion* f genannt.

Beispiel: $f = \{(x_1, y_3), (x_2, y_1), (x_3, y_4), (x_4, y_2)\}$

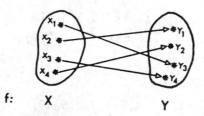

f: X   Y

Quadratische Gleichungen

Quadratische Gleichungen heißen Gleichungen der Form $ax^2 + bx + c = 0$

Quadratische Gleichungen haben im allgemeinen Fall zwei Lösungen. Wir gewinnen sie durch einen Kunstgriff. Die Glieder, die Potenzen von x enthalten, werden zu einem Ausdruck ergänzt, der algebraisch als Quadrat geschrieben werden kann.

$$ax^2 + bx + c = 0$$

Wir teilen durch a: $x^2 + \dfrac{b}{a}x + \dfrac{c}{a} = 0$

Wir addieren und subtrahieren gleichzeitig den Term $\left(\dfrac{b}{2a}\right)^2$.

$$x^2 + 2 \cdot \frac{b}{2a}x + \left(\frac{b}{2a}\right)^2 - \left(\frac{b}{2a}\right)^2 + \frac{c}{a} = 0$$

Nun können wir zusammenfassen:

$$\left(x + \frac{b}{2a}\right)^2 - \left(\frac{b}{2a}\right)^2 + \frac{c}{a} = 0$$

$$x + \frac{b}{2a} = \pm\sqrt{\left(\frac{b}{2a}\right)^2 - \frac{c}{a}}$$

Jedes Vorzeichen der Wurzel ergibt eine Lösung:

Quadratische Gleichung:	Lösungen
$ax^2 + bx + c = 0$	$x_1 = -\dfrac{b}{2a} + \sqrt{\left(\dfrac{b}{2a}\right)^2 - \dfrac{c}{a}}$
	$x_2 = -\dfrac{b}{2a} - \sqrt{\left(\dfrac{b}{2a}\right)^2 - \dfrac{c}{a}}$

Häufig findet man eine gleichwertige Darstellung, die von der bereits vereinfachten Form ausgeht: $x^2 + px + q = 0$

Quadratische Gleichung:	Lösungen
$x^2 + px + q = 0$	$x_1 = -\dfrac{p}{2} + \sqrt{\left(\dfrac{p}{2}\right)^2 - q}$
	$x_2 = -\dfrac{p}{2} - \sqrt{\left(\dfrac{p}{2}\right)^2 - q}$

Literatur

Nachschlagewerke

Lehrbücher können nie vollständig sein und alle im Studium oder in der späteren Berufspraxis auftretenden Bereiche abdecken. Mit Hilfe eines Nachschlagewerkes kann man sich über weiterführende Details bereits bekannter Sachgebiete orientieren und sich in neue Bereiche einarbeiten. Der Besitz und Gebrauch eines Nachschlagewerkes ist unerläßlich.

Stöcker, H. (Hrsg.): Taschenbuch mathematischer Formeln und moderner Verfahren. Frankfurt 1993.

Bronstein, I.N.; Semendjajew, K.A.; Musiol, G.; Mühlig, H.: Taschenbuch der Mathematik, Zürich-Frankfurt, 1993.

Dreszer, J.: Mathematik Handbuch, Zürich-Frankfurt/M.- Thun 1975.

Gellert, W.; Kästner; H. Neuber, S.: (Hrsg.) Fachlexikon ABC Mathematik, 1978.

Einführungen in die Benutzung des Computers zur Lösung mathematischer Probleme.

Es empfiehlt sich, bereits während des Studiums den Computer zu nutzen, um auch mathematische Probleme zu lösen.

Wolfram, S.: Mathematica, Addison-Wesley, New York, 1994.

Stelzer, E.: Mathematica, Ein systematisches Lehrbuch mit Anwendungsbeispielen. Addison Wesley, New York, 1993.

Heinrich, E.; Janetzko, H.D.: Das Mathematica Arbeitsbuch, Vieweg, Wiesbaden, 1994.

Kofler, M.: Maple V, Version 2. Einführung und Leitfaden für den Praktiker, Addison-Wesley, New York, 1994.

Vetsch, M.: Die Sprache Maple, Probleme Beispiele Lösungen, Internat. Thomson Publ. GmbH, 1994.

Koepf, W.; Ben-Israel, A.; Gilbert, B.: Mathematik mit Derive, Vieweg, Wiesbaden, 1993.

Koepf, W.: Höhere Analysis mit Derive, Vieweg, Wiesbaden, 1994.

Weiterführende Literatur

Collatz: Differentialgleichungen, Teubner, Stuttgart, 1981.

Courant: Vorlesungen über Differential- und Integralrechnungen (Bd. II), Springer, Berlin, 1972.

Kamke, K.: Differentialgleichungen. Akademische Verlagsgesellschaft Geest u. Portig K.G.

v. Mangoldt, H.; Knopp, K.: Höhere Mathematik 1-4, Stuttgart, 1990.

Baule, B.: Die Mathematik des Naturforschers und Ingenieurs, Frankfurt, 1979.

Sachwortverzeichnis[0]

---

[0]Das Sachwortverzeichnis ist für beide Bände zusammengefaßt. Die erste Zahl gibt den Band an, die zweite die Seite.

Nachdem Computeralgebra-Pakete wie Mathematica immer mehr Verbreitung finden, entsteht oft die Frage, welche
mathematischen Probleme damit überhaupt angegangen
werden können. Dieses Buch beschreibt die Mathematik,
wie sie Studierende an Fachhochschulen oder Universitä-
ten brauchen, an vielen Beispielen mit Hilfe von Computer-
algebra-Programmen. Damit lernt sie der Leser nicht als
Selbstzweck, sondern als Werkzeug zum Lösen seiner
mathematischen Probleme kennen.

Das Mathematica Arbeitsbuch

1994. X, 259 Seiten mit 63 Abbildungen
und 49 Übungsaufgaben. Kartoniert.
ISBN 3-528-06528-1

Das Maple Arbeitsbuch

1994. 270 Seiten mit zahlreichen Abbildungen
und Übungsaufgaben. Kartoniert.
ISBN 3-528-06591-5

von Elkedagmar Heinrich und Hans-Dieter Janetzko

Verlag Vieweg · Postfach 58 29 · 65048 Wiesbaden

vieweg